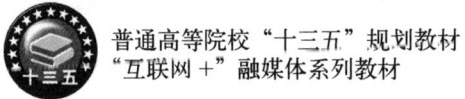
普通高等院校"十三五"规划教材
"互联网+"融媒体系列教材

Excel 在会计中的应用

朱淑梅 迟甜甜 / 主编
刘 莹 孔 蓉 / 副主编

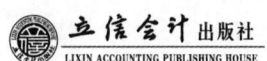
立信会计出版社
LIXIN ACCOUNTING PUBLISHING HOUSE

图书在版编目(CIP)数据

Excel 在会计中的应用 / 朱淑梅，迟甜甜主编. ——上海：立信会计出版社，2022.8
ISBN 978-7-5429-7133-3

Ⅰ.①E… Ⅱ.①朱… ②迟… Ⅲ.①表处理软件-应用-会计 Ⅳ.①F232

中国版本图书馆 CIP 数据核字(2022)第 134966 号

策划编辑　郭　光
责任编辑　郭　光

Excel 在会计中的应用

出版发行	立信会计出版社		
地　　址	上海市中山西路 2230 号	邮政编码	200235
电　　话	(021)64411389	传　　真	(021)64411325
网　　址	www.lixinaph.com	电子邮箱	lixinaph2019@126.com
网上书店	http://lixin.jd.com		http://lxkjcbs.tmall.com
经　　销	各地新华书店		
印　　刷	上海华业装潢印刷有限公司		
开　　本	787 毫米×1092 毫米	1/16	
印　　张	15.25		
字　　数	325 千字		
版　　次	2022 年 8 月第 1 版		
印　　次	2022 年 8 月第 1 次		
印　　数	1—2100		
书　　号	ISBN 978-7-5429-7133-3/F		
定　　价	48.00 元		

如有印订差错，请与本社联系调换

本书编写指导专家委员会

（排名不分先后）

罗　敏	郑州西亚斯学院
李　婷	山东城市建设职业学院
佘翠芬	广东省财经职业技术学校
童春香	福建省三明工贸学校
梁中强	广西钦州商贸学校
贾文博	广东白云学院
梁　珊	广东女子职业技术学院
熊　雯	泉州财贸职业技术学校
李子萍	广州华立学院
黎嫦庆	清远市清新区职业技术学校
梁君屏	广东省城市技师学院
崔　丹	山西应用科技学院
李婉秋	广东省粤东技师学院
熊威雁	广州涉外经济职业技术学院
黄　艳	台州市椒江区职业中等专业学校
熊威雁	广州涉外经济职业技术学院
梁中强	广西钦州商贸学校
林月兰	茂名技师学院
李二利	郑州西亚斯学院
周　燕	江门职业技术学院

导 学

亲爱的读者朋友：

不管您是一位已经掌握部分会计基础知识的在校学生，还是一位在职的企业会计人员，亦或是热爱会计行业、自学了会计理论课程的其他人士。您都可以通过学习本教材的内容，掌握如何利用Excel进行会计业务处理，汇总分析自己想要的数据，解决实际的财务问题。

为助您顺利开启Excel在会计中的应用操作，我们为您提供由朱淑梅老师主编的《Excel在会计中的应用》学生课程资源，具体包括例题及练习题操作数据、修读指导建议等。

领取流程如下：

微信扫描下图二维码，关注"智信财会"公众号，在公众号对话栏回复关键字"7133"，即可免费领取《Excel在会计中的应用》的课程资源。

关注后回复"7133"
获取学生学习资源

如果您需要更加深入学习本课程，还可以微信扫码并安装"立信实训"App，系统学习本教材所有例题的视频讲解。

编者

2022年7月

前 言

　　Excel 在会计中的应用是财经类专业的专业课程,是一门运用 Excel 进行日常账务处理的课程。本书以 Excel 2010 作为数据处理软件,以会计学理论为基础,按照理论课程的要求,设计了八章内容,包括 Excel 概述、Excel 在会计凭证中的应用、Excel 在会计账簿中的应用、Excel 在应收账款管理中的应用、Excel 在固定资产管理中的应用、Excel 在工资核算中的应用、Excel 在会计报表中的应用、Excel 在财务分析中的应用。

　　通过本课程的学习,学生可以了解 Excel 的基本知识和方法,掌握利用 Excel 工具进行会计核算系列操作,掌握利用 Excel 工具进行应收账款、固定资产、工资的处理分析,学会利用 Excel 进行财务分析,最终能够熟练掌握 Excel 在会计中的具体应用技能,形成能适应财务岗位的 Excel 工作能力。

　　本书以应用型人才培养为目标,具有以下特色:

　　1. 实用性。本书在介绍 Excel 2010 基本操作的基础上,围绕常见的会计业务设计了七个具体的 Excel 操作内容,通过实际操作,提高学生综合处理基础会计事务的能力,培养学生的综合素质。

　　2. 针对性。本书编写符合会计学、财务管理、审计学等财经类专业的人才培养要求,与各专业的课程结构和课程设置相对应。此外,本书在章节安排、重点内容选取、习题设计等方面严格按照教学目标要求和会计实务操作需求,有针对性地设计各部分内容。

　　3. 易学性。本书实例丰富,图文并茂,操作步骤明确。所有例题均提供微课视频,方便学生和读者朋友在线观看学习。章节最后配有相应的实操练习题,可供读者练习。本书配有 Excel 数据学生版与教学版。学生版提供例题与练习题的基础数据,方便学生实践操作。教学版提供给教师,方便教师教学查阅,教师资源可联系郭光老师(QQ360090452)索取。

　　本书由朱淑梅、迟甜甜、刘莹、孔蓉、孙蕾蕾、刘璐、李佳衡、孔令一、李满林、刘燕等编写。本书在编写过程中,参考和借鉴了大量相关成果,得到了立信会计出版社郭光老师的大力支持,在此表示诚挚谢意! 书中如有疏漏之处,恳请读者提出改进意见,以便我们进一步修订和完善。

编 者

2022 年 7 月

目　录

第一章　Excel 概述 ·· 1
　第一节　Excel 2010 基本介绍 ··· 2
　第二节　工作表 ··· 4
　第三节　公式与函数 ··· 19
　第四节　数据处理 ··· 27
　第五节　图表 ··· 34
　本章练习 ··· 39

第二章　Excel 在会计凭证中的应用 ··· 43
　第一节　会计凭证概述 ··· 43
　第二节　建立和处理会计科目表 ··· 44
　第三节　建立记账凭证表 ··· 53
　本章练习 ··· 67

第三章　Excel 在会计账簿中的应用 ··· 71
　第一节　会计账簿概述 ··· 71
　第二节　日记账 ··· 72
　第三节　分类账 ··· 75
　第四节　科目汇总表 ··· 87
　第五节　科目余额表 ··· 90
　本章练习 ··· 98

第四章　Excel 在应收账款管理中的应用 ·· 103
　第一节　应收账款管理概述 ··· 103
　第二节　应收账款统计 ··· 104
　第三节　逾期应收账款分析 ··· 110
　第四节　应收账款账龄分析 ··· 114

本章练习 119

第五章　Excel 在固定资产管理中的应用 122
　　第一节　固定资产概述 122
　　第二节　固定资产卡片账的管理 124
　　第三节　固定资产折旧的计提 128
　　本章练习 140

第六章　Excel 在工资核算中的应用 143
　　第一节　制作员工工资表 143
　　第二节　工资项目的设置 146
　　第三节　工资数据的查询与汇总分析 156
　　第四节　打印工资发放条 162
　　本章练习 165

第七章　Excel 在会计报表中的应用 169
　　第一节　会计报表概述 169
　　第二节　Excel 在资产负债表中的应用 170
　　第三节　Excel 在利润表中的应用 183
　　第四节　Excel 在现金流量表中的应用 187
　　本章练习 197

第八章　Excel 在财务分析中的应用 202
　　第一节　财务分析概述 202
　　第二节　财务比率分析 204
　　第三节　财务状况趋势分析 217
　　第四节　企业间财务状况的比较分析 222
　　第五节　财务状况综合分析 225
　　本章练习 231

第一章　Excel 概述

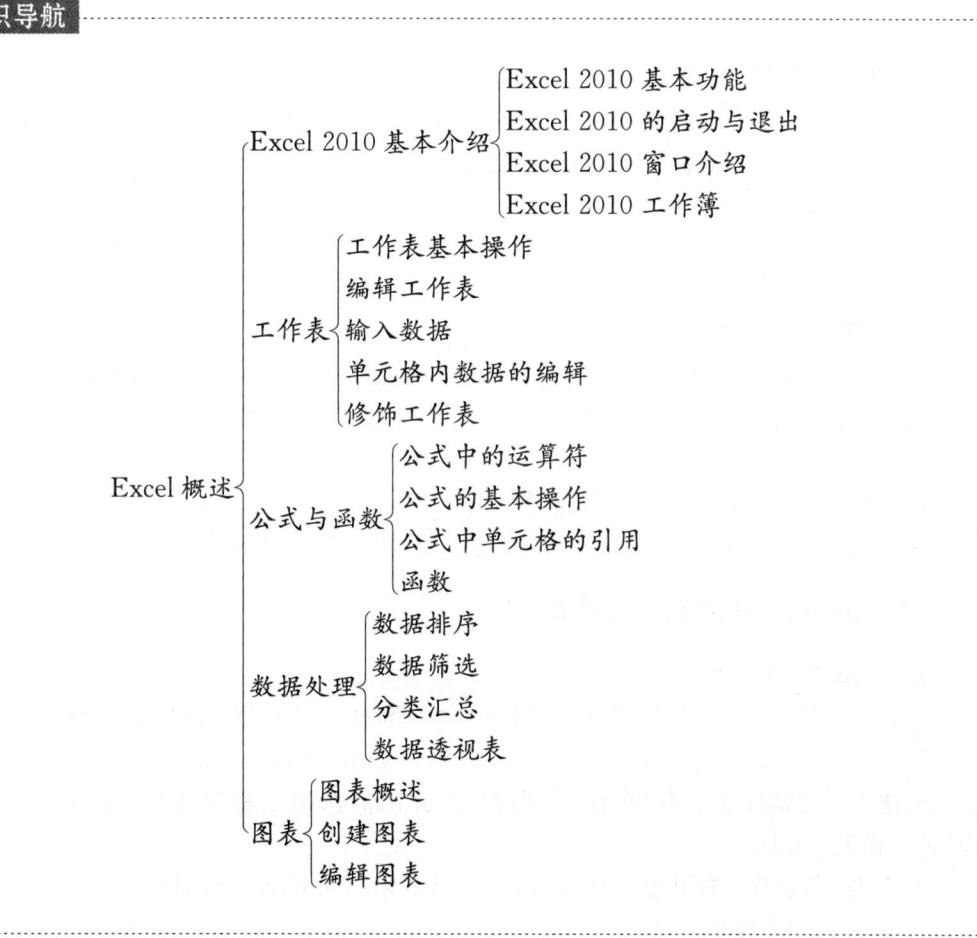

学习目标

1. 了解 Excel 的基本结构
2. 掌握 Excel 工作表的编辑方法
3. 掌握如何设置单元格格式
4. 了解函数的分类,掌握常见的财务函数运用
5. 掌握排序、筛选、分类汇总等数据处理方法
6. 掌握图表的制作方法

第一节 Excel 2010 基本介绍

一、Excel 2010 基本功能

Excel 2010 是微软公司办公自动化软件 Office 中的重要成员，是 Office 平台下的一个电子表格软件，具有强大的计算、分析能力和完美的图表功能，能够处理复杂的数据分析、科学计算等工作。

1. 快速创建数据表格

在企业中有大量的表格需要制作，如果仅仅依靠手工绘制的方式，不仅效率低下，也很容易出错，使用 Excel 软件可以轻松创建结构复杂的表格。

2. 公式与函数

Excel 2010 集成的公式与函数提供了强大的计算功能，使用这些公式与函数不仅可以进行简单的算术运算，还可以进行复杂的财务运算。

3. 数据管理分析功能

Excel 2010 提供了排序、筛选、汇总、数据透视表和数据透视图以及图表等功能，可以使数据的管理和分析更加灵活。图表的运用使得表格数据更加形象、直观。

4. 文档保护功能

Excel 2010 提供的文档保护功能不仅可以设置文档的访问权限和密码，还可以设置信息管理权限，通过设置相应的权限来控制访问、转发和打印等操作，以进一步保护文档。

二、Excel 2010 的启动与退出

1. Excel 2010 的启动

方法一：点击"开始""程序"，选择 Microsoft Excel 2010 命令，即可启动 Excel 2010。

方法二：双击桌面上的 Microsoft Excel 2010 应用程序的快捷方式。

方法三：鼠标右键单击"桌面"空白处，在弹出的快捷菜单中选择"新建""Microsoft Excel 工作表"启动。

方法四：通过双击打开已经存在的 Excel 文件来启动 Excel 应用程序。

2. Excel 2010 的退出

方法一：单击标题栏右端 Excel 窗口的关闭按钮 ×。

方法二：单击"文件"菜单中的"退出"命令。

方法三：双击 Excel 2010 标题栏最左边的控制菜单按钮，选择"关闭"命令。

方法四：同时按"Alt＋F4"组合键。

三、Excel 2010 窗口介绍

Excel 2010 工作界面由标题栏、文件菜单、快速访问工具栏、功能区、编辑栏、工作表编辑区、滚动条、缩放滑块和状态栏等组成，如图 1-1 所示。

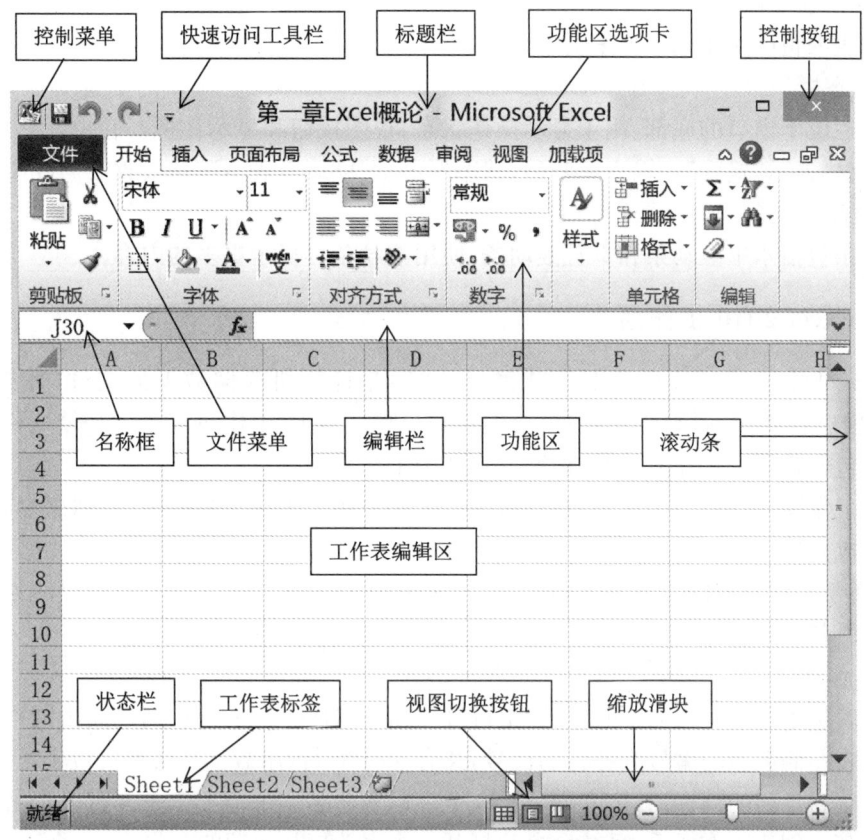

图 1-1　Excel 2010 工作窗口

1. 标题栏

标题栏位于窗口顶部,包含软件图标、快速访问工具栏、当前工作簿的文件名称和软件名称。

(1) 软件图标包含"还原""移动""大小""最小化""最大化""关闭"等命令。

(2) 快速访问工具栏包含"新建""打开""保存""撤销""恢复""升序排序""降序排序""打开最近使用的文件"等快捷方式。

2. 功能区

功能区位于标题栏下方,包含"文件""开始""插入""页面设置""公式""数据""审阅""视图"等主选项卡。

3. 编辑栏

编辑栏位于功能区下方,包含"显示或编辑单元格名称框""插入函数""数据编辑区"等功能。

(1) 名称框用于显示活动单元格地址,查找单元格地址或单元格区域,给单元格地址或单元格区域重命名。

(2) 插入函数用于插入所需要的函数。

(3) 数据编辑区用于输入或编辑当前单元格的内容、值或公式。

4. 工作表编辑区

工作表编辑区用于输入或编辑单元格。

5. 状态栏

状态栏位于窗口的底部,用于显示操作状态,视图按钮和显示比例。在单元格中输入数据时,状态栏显示"输入"。输入完毕后,状态栏显示"就绪",表示准备接收数据或命令。

6. 滚动条

滚动条包括水平滚动条和垂直滚动条,使用滚动条可显示更多的内容。

四、Excel 2010 工作簿

在 Excel 中新建的文件就是工作簿,工作簿是计算机存储数据的文件,其扩展名为".xlsx"。用户启动 Excel 软件后,系统会创建一个默认名为"工作簿1"的工作簿文件,每一个工作簿都包含若干个工作表,默认情况下有 3 个工作表。

一个工作簿文件相当于一个数据库,一个工作表相当于一个数据表,数据表由若干行和若干列组成。第一行称为表头,用于放置不重复的字段名称。每一列存放的数据类型是一致的,同属于列所对应的字段,所以每一列又称为一个字段。除表头之外的行称为记录,数据表就是由若干条记录组成的。

1. 工作表

工作表是工作簿窗口的中间区域,由行号和列标组成。每一行和列之间由网格线分隔。位于工作表左侧区域的编号为各行的行号,共有 65 536 行,用数字来命名。位于工作表上方的字母区域为各列的列标,有 256 列,用 26 个字母来命名。每个工作表都有一个名字,用户可以重命名。创建工作簿后,系统会自动打开一个名为"Sheet1"的工作表,一个工作簿最多可以包含 255 个工作表。通过单击工作表名可以切换选择工作表。

2. 单元格

单元格是组成工作表的元素,是存储数据、公式以及进行计算的基本单位。每一个工作表都是由若干个单元格组成的,每一行和每一列相交处形成的区域就是单元格,单元格地址就是用"列标行号"来表示的。例如,A1 表示第 1 行第 A 列(第 1 列)的单元格。

单击单元格,单元格四周出现粗线边框,则该单元格就被称为活动单元格或当前单元格。此时,可以在单元格或编辑框中输入、修改或显示单元格中的内容。在名称框中输入单元格地址或通过键盘的方向键可以选中单元格。

第二节 工 作 表

一、工作表基本操作

用户操作工作表会涉及工作表标签。工作表标签实际上就是工作表表名,它位于工作表的最下方,有时为了便于查找某一工作表,用户可修改工作表标签颜色。用户对工作表的操作都是通过单击或右击工作表标签来完成的。用户可通过单击工作表标签实现不同工作表之间的切换、查看工作表中的内容,或者通过右击工作表标签实现工作表的插入、删除、重

命名、移动、复制和隐藏等操作。

1. 选择工作表

单击某个工作表标签,工作表标签为白色时,可以选择该工作表为当前工作表。此时,用户可对当前工作表进行编辑。

按住快捷键 Shift,分别单击工作表标签,可以同时选择多个工作表,组成一个工作组,随后可以进行编辑。

2. 插入新工作表

方法一,单击插入位置右边的工作表,在"开始"菜单下选择"插入"下拉菜单中的"插入工作表",如图 1-2 所示。新插入的工作表就会出现在当前工作表之前。

方法二,单击插入位置右边的工作表,右击插入位置右边的工作表标签,再选择快捷菜单中的"插入"命令,此时,会出现如图 1-3 所示的对话框,选定"工作表"之后,单击"确定"按钮,新插入的工作表仍然会出现在当前工作表之前。插入的工作表就会出现在最后。

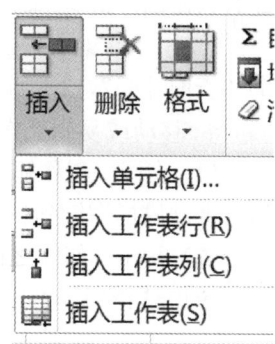

图 1-2　插入工作表

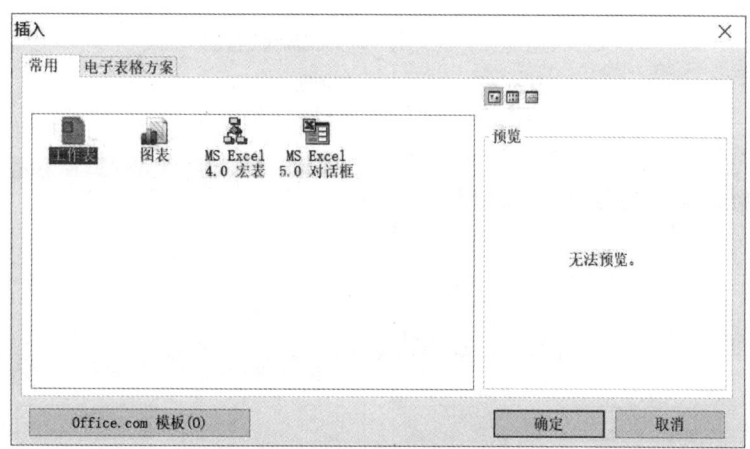

图 1-3　"插入"选项表

方法三,单击所有工作表标签最右边的按钮 ,新插入的工作表会出现在最后。

如果需要增加多张工作表,则先按住快捷键 Shift,同时选中与待增加工作表数目相同的工作表标签,然后通过右键插入工作表,就会批量新建工作表。

3. 删除工作表

方法一,选中要删除的工作表,在"开始"菜单下,选择"删除"下拉菜单中的"删除工作表",就可以删除选中工作表,如图 1-4 所示。

方法二,右键单击要删除的工作表,选择快捷菜单中的"删除"

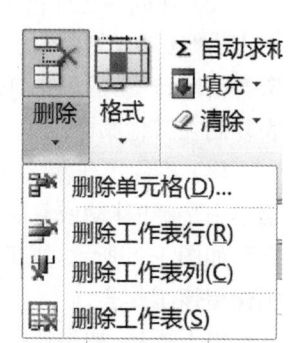

图 1-4　删除工作表

命令,即可删除。

可以通过上述两个方法删除刚才新建的空白工作表。

4. 重命名工作表

方法一,双击 Sheet1 标签,待标签名称变为黑色之后,录入新名称"固定资产折旧计提",点击回车键,重命名成功。

方法二,右键点击 Sheet1 标签,通过快捷菜单中的"重命名"命令重新输入新名称"固定资产折旧计提",点击回车键,重命名成功。

5. 移动或复制工作表

(1) 在同一工作簿内移动工作表。单击工作表标签,选定工作表"固定资产折旧计提",然后拖动鼠标左键到目标位置。

(2) 不同工作簿之间移动工作表。右键单击工作表"固定资产折旧计提"标签,在快捷菜单中选择"移动或复制",弹出"移动或复制工作表"对话框,点击"工作簿(T):"右下处的下拉箭头,如图 1-5 所示。在下拉菜单中选择"新工作簿",如图 1-6 所示,点击"确定",则工作表"固定资产折旧计提"会另外成为一个新的工作簿,原工作簿中不再保留该工作表。

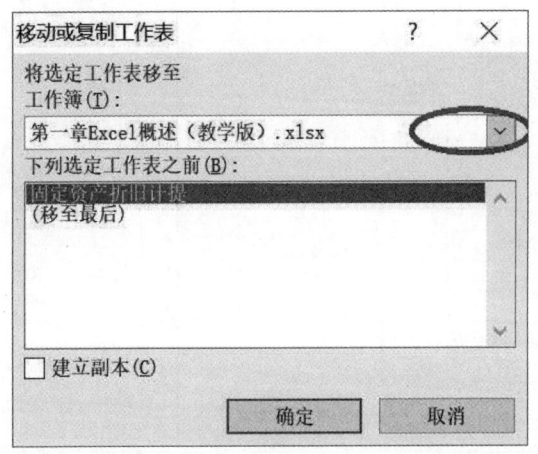
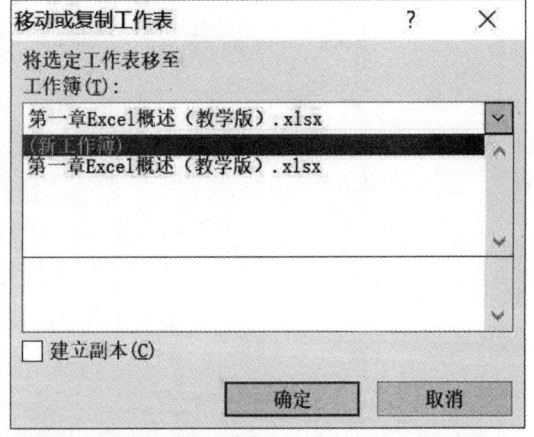

图 1-5　移动或复制工作表对话框　　图 1-6　移动或复制工作表(移动到新工作簿)

(3) 在同一工作簿内复制工作表。右键单击工作表"固定资产折旧计提",在快捷菜单中点击"移动或复制",选中"建立副本",点击"确定",如图 1-7 所示,就会出现工作表"固定资产折旧计提"的副本"固定资产折旧计提(2)"。复制工作表时,可以根据需要选择将工作表复制在其他某个工作表之前。

(4) 不同工作簿之间复制工作表。右键单击工作表"固定资产折旧计提"标签,在快捷菜单中选择"移动或复制",同样在弹出的对话框中选择"新工作簿"和"建立副本",点击"确定",如图 1-8 所示,则工作表"固定资产折旧计提"会另外成为一个新的工作簿,原工作簿中仍保留该工作表。

综上所述,如果选择"建立副本",则属于复制工作表,原有工作表和新工作表同时保留;不选择此项,则属于移动工作表,原有工作表不再保留,新工作表保留。

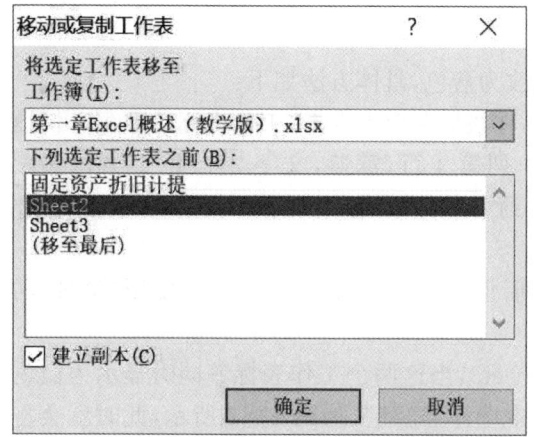

图1-7 移动或复制工作表(建立副本)

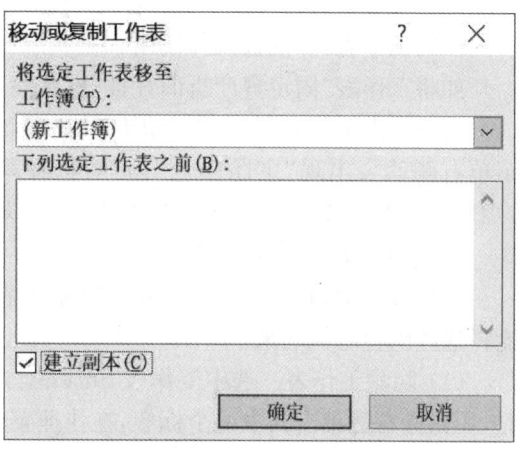

图1-8 移动或复制工作表(复制到新工作簿)

6. 保护工作表

同工作簿一样,如果不希望别人对某工作表进行编辑,可以保护该工作表,限制用户的操作权限,达到保护原始数据的目的。

右键单击工作表"固定资产折旧计提"标签,在快捷菜单中选择"保护工作表",弹出"保护工作表"对话框,需要用户输入取消保护时使用的密码(密码暂定为"1"),如图1-9所示。用户可以根据需要设定保护各项内容的权限,如果允许用户进行某项操作,则在该项内容前方的方框内打"√",点击"确定"之后,需要再次确认密码,工作表保护完成。

如果该工作表已经被保护,用户进行相关操作时会弹出对话框,如图1-10所示,只有撤销保护,才能够进行该工作表的编辑工作。撤销保护时,右键

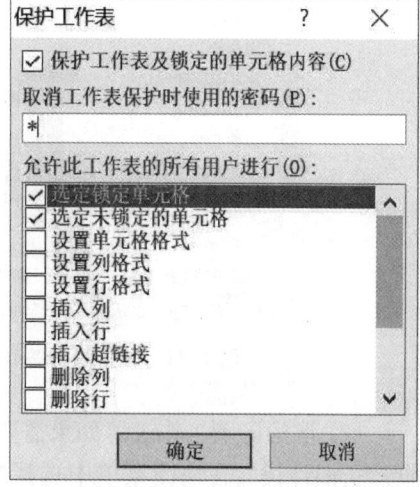

图1-9 保护工作表对话框

单击需要撤销保护的工作表标签,在快捷菜单中选择"撤销工作表保护",弹出"撤销工作表保护"对话框,在对话框中输入密码即可。

图1-10 编辑受保护工作表提示

7. 工作表标签添加颜色

在具体工作过程中,有时需要将一个工作簿中的不同工作表进行分类,此时可以使用工作表标签进行区分。例如,可以将作为工作底稿的工作表标签设置为红色,将分析汇总的工

作表标签设置为黄色,将最终呈现结果的工作表标签设置为绿色,这样就能够很快区分不同时间段的工作表,方便查找与使用。

如将工作表"固定资产折旧计提"标签颜色改为蓝色,具体方法如下:

右键单击工作表"固定资产折旧计提"标签,在快捷菜单中选择"工作表标签颜色",快捷菜单右侧就会出现"主题颜色"窗体,选择第4列第4行(深蓝,文字2,淡色40%),如图1-11所示,然后鼠标点击其他工作表,就可以看到工作表"固定资产折旧计提"的设置效果。

8. 隐藏和取消隐藏工作表

工作过程中,有一些内容不希望被别人看到,但是又不能缺少,此时可以使用"隐藏"功能将这些内容隐藏起来。

(1)隐藏工作表。选中工作表Sheet2与Sheet3,当这两个工作表标签同时显示为白色时,用鼠标右键单击其中一个标签,在快捷菜单中选择"隐藏",如图1-12所示,此时就会将两个工作表隐藏起来。

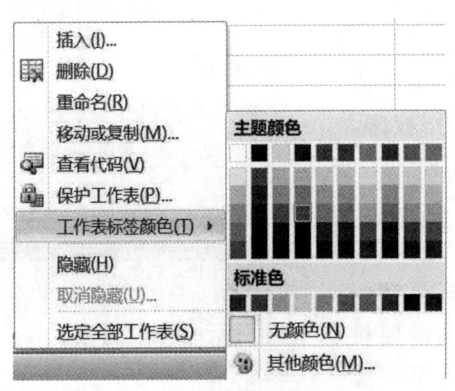

图 1-11　工作表标签颜色设置

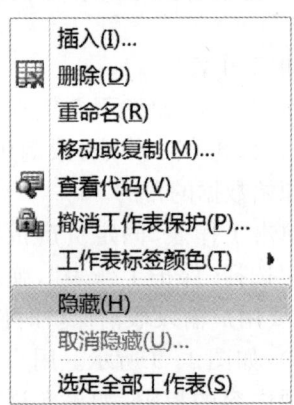

图 1-12　右键隐藏

(2)取消隐藏工作表。如果需要取消已经隐藏的工作表,用鼠标右键点击工作表"固定资产折旧计提",在快捷菜单中选择"取消隐藏",如图1-13所示,此时会弹出显示"取消隐藏"对话框,如图1-14所示,选择需要取消隐藏的工作表Sheet2与Sheet3,然后单击确定,取消隐藏成功。

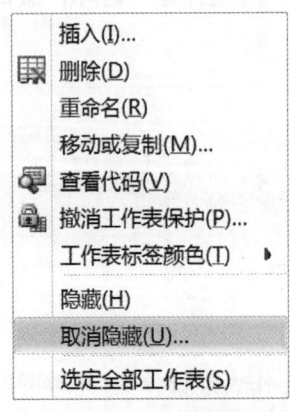

图 1-13　右键取消隐藏

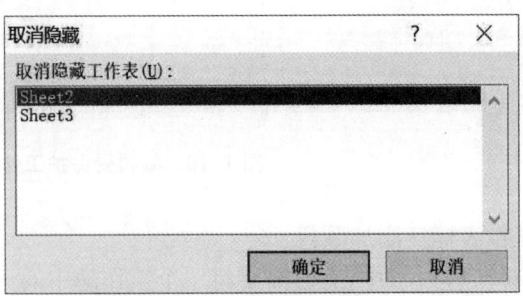

图 1-14　取消隐藏对话框

需要说明的是,只有工作簿中有已经隐藏的工作表,"取消隐藏"功能节点才是可操作状态。如果工作簿中没有已经隐藏的工作表,"取消隐藏"功能节点为灰色不可操作状态。

二、编辑工作表

1. 选定工作区域

Excel 2010 在编辑工作表或执行命令之前,首先要选择相应的单元格或单元格区域。表 1-1 是选定工作区域常用的一些操作。

表 1-1　　　　　　　　　　选定工作区域常用的操作

选择内容	具体操作
选定单个单元格	单击相应的单元格,或用光标移动到相应的单元格
选定某个单元格区域	单击选定该区域的第 1 个单元格,然后拖拽鼠标光标直至选定最后 1 个单元格
选定工作表中所有单元格	选定 1 个单元格,按"Ctrl+A"组合键
选定不相邻的单元格或单元格区域	选定第 1 个单元格,然后按住"Shift"键,再选定其他单元格或单元区域
选定较大的单元格区域	单击选定该区域的第 1 个单元格,然后按住"Shift"键,再单击该区域的最后一个单元格,通过滚动条可以使要选择的所有单元格可见
选定整行	单击行号
选定整列	单击列标
选定相邻的行或列	沿行号或列标拖拽鼠标光标;选定第 1 行或第 1 列,然后按住"Shift"键,再选定其他行或其他列
选定不相邻的行或列	选定第 1 行或第 1 列,然后按住"Ctrl"键,再选定其他行或列

2. 插入或删除单元格

选择要插入或删除单元格的位置,单击鼠标右键,选择"插入"或"删除"按钮,可插入或删除一个单元格,如图 1-15、图 1-16 所示。

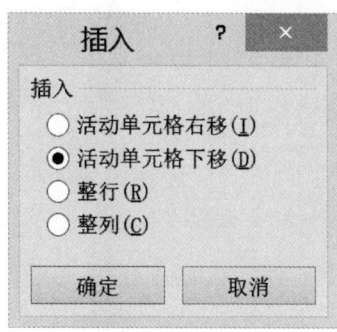
图 1-15　插入单元格

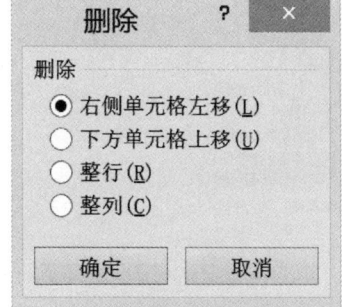
图 1-16　删除单元格

3. 插入或删除行或列

选定想要插入行或列的位置,单击鼠标右键,选择"插入"按钮,可以在该行的前面或该列的左边插入一行或一列。选定想要删除的行或列,单击鼠标右键,选择"删除"按钮,可以删除选中的该行或列。

4. 合并单元格

选定需要合并的单元格区域 A1 至 C1,单击鼠标右键,选择"设置单元格格式",如图 1-17 所示,打开"设置单元格格式"对话框,选择"对齐"中的"合并单元格",如图 1-18 所示,合并后的单元格如图 1-19 所示。

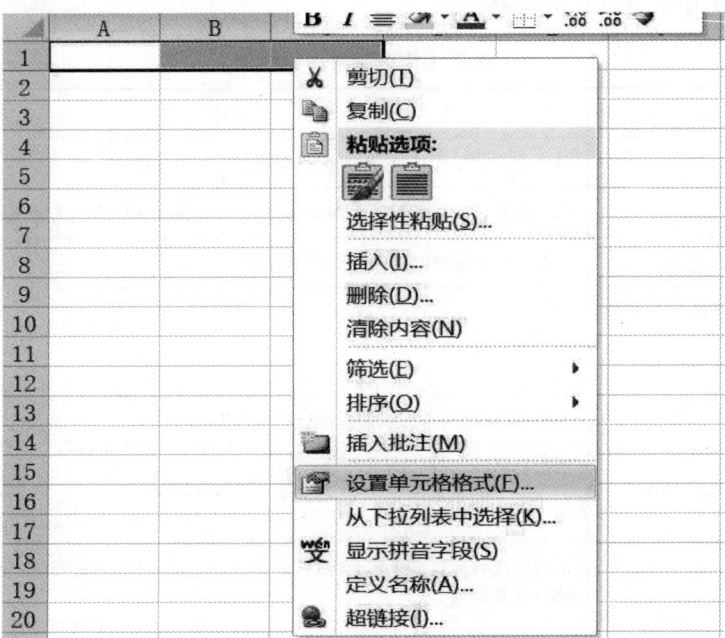

图 1-17　设置单元格格式

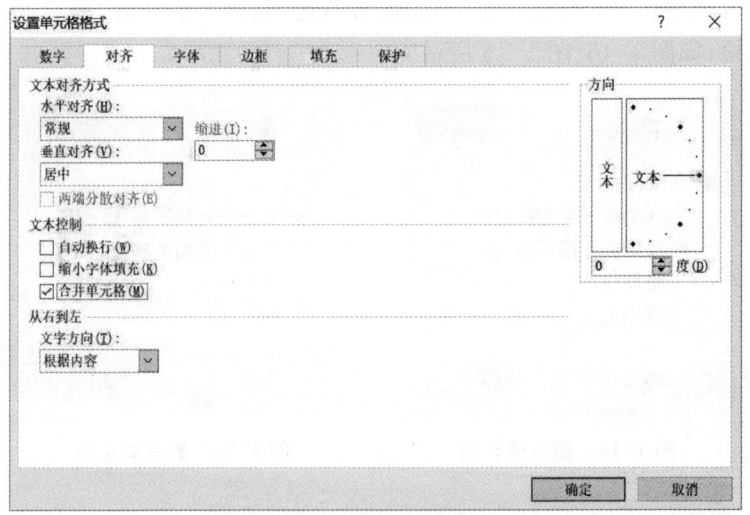

图 1-18　选择"对齐"中的"合并单元格"

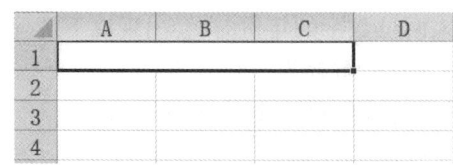

图 1-19 合并后的单元格

三、输入数据

在单元格中输入数据时,先单击目标单元格,使之成为当前单元格,然后输入数据。输入数据有三种不同的方法:①单击单元格,然后直接输入。②双击目标单元格,单元格中出现光标后即可输入数据,这种方法多用于修改单元格中的数据。③单击目标单元格,然后单击编辑栏,在编辑栏中编辑或修改数据。

(一)输入文本

文本包括文字、字母、特殊符号、数字、空格以及其他通过键盘输入的符号。文本类型数据默认为左对齐。

在向单元格内输入文本时,如果相邻的单元格中没有数据,Excel 2010 允许长文本覆盖在其右边相邻的单元格;如果相邻单元格中有数据,则当前单元格中只显示该文本的开头部分,这时可增大列宽或以自动换行的方式格式化该单元格,使单元格的全部内容显示出来。

输入文本时,输入的文本同时出现在单元格和编辑栏中,编辑栏上还会显示"取消"按钮✖、"输入"按钮✔。如果发现有错误,可以使用"Backspace"键删除光标左边的字符。

如果把数字作为文本输入,例如输入身份证号码、电话号码、"=9+45""5/19"等文本,应先在半角状态下输入单引号"'",再输入数字文本。

(二)输入数字

数值中可以出现:0、1、2、3、4、5、6、7、8、9、+、-、()、%、E、e、$。

例如:$1,234、50%、856、+856、-856、(856)、1.23E+11 等。

输入数字时应注意以下几点:

(1) 数值型数据自动靠右对齐。

(2) 输入负数有两种方式,一种是"-856",另一种是"(856)"。

(3) 输入数值时,若长度超过 11 位,则转换成科学计数法。

(4) 输入分数时,为避免系统将输入的分数视为日期,前面加 0,即输入"0""空格""分数"。例如:"0 1/2",即显示"1/2",否则显示为"1 月 2 日"。

(5) 单元格宽度太小时显示一串"#",此时可拉大列宽。

(三)输入日期和时间

1. 输入日期

Excel 中把日期和时间看成是数值类型,所以日期和时间型数据默认为右对齐。可采用以下形式输入日期:年—月—日、年/月/日、月—日、月/日。例如:2021 年 10 月 1 日、2021/10/1、21-10-1、10 月 1 日、10-01、10-1、10/01、10/1。若要以日/月/年、日—月—年、日/月、日—月的形式输入,则月份必须用英文表示。例如:1/OCT/2021、1-OCT-2021、1/OCT、1-OCT。

默认状态下,当用户输入两位数字的年份时,会出现以下情况:

第一,年份为 00～29 时,Excel 解释为 2000～2029 年。

第二,年份为 30～99 时,Excel 解释为 1930～1999 年。

2. 输入时间

输入时间用":"分隔时分秒。时间可用 12 小时制或 24 小时制,若采用 12 小时制,AM 或 A 代表上午,PM 或 P 代表下午,省略则默认为上午。

选中单元格后,按键盘上的"Ctrl+;"组合键,可以快速输入系统当前的日期。按键盘上的"Ctrl+Shift+;"组合键,可以快速输入系统当前的时间。

(四)快速输入数据的方法

(1) 在多个单元格中输入相同的数据。具体操作是:先选中要输入相同数据的单元格区域,如图 1-20 所示。在该区域的活动单元格中输入数据,按"Ctrl+Enter"组合键,其他单元格自动输入相同的数据,如图 1-21 所示。

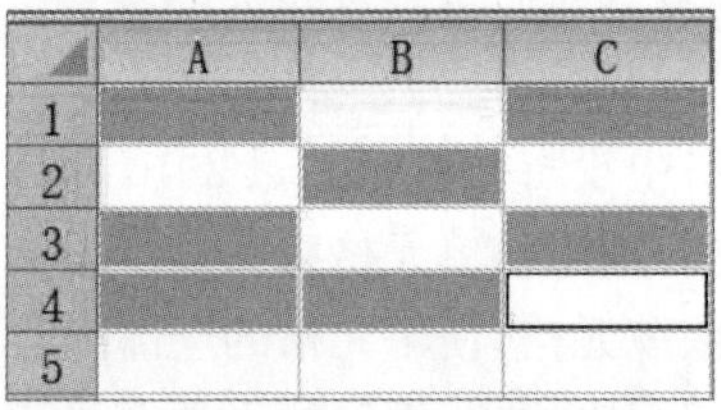

图 1-20 选中不连续的单元格

图 1-21 快速输入相同数据

(2) 在多张工作表中输入相同的数据。选中要输入相同数据的工作表,在其中一张工作表中,选中一部分区域,输入数据后,按"Ctrl+Enter"组合键即可。

(3) 记忆输入。Excel 有记忆输入功能,在同一数据列中输入已经存在的单词或词组时,只需要输入单词或词组的开头,Excel 会自动填写其余的内容。或者在输入一组数据后,使用"Alt+↓"组合键选择存储在 Excel 中的数据。

(4) 利用填充柄填充数据。当选中一个单元格后,四周边框呈现粗线的单元格为活动单元格,在该单元格的右下角有一个实心矩形,就是填充柄。将鼠标放置于实心矩形处,光标变成"+"后,按住鼠标左键拖动填充柄可以填充数据,拖动后在右侧的下拉菜单中选择不同的选项,填充的效果不同。选择"复制单元格"可以填充相同的数据,选择"填充序列"可以累加填充数据,如图 1-22 所示。

(5) 填充命令。送择菜单"开始→编辑→填充"命令可以设置向上、下、左、右填充,如图 1-23 所示。选择菜单"开始→编辑→填充→系列"命令,可生成等差序列或等比序列,如图 1-24 所示。

图 1-22 填充柄填充数据

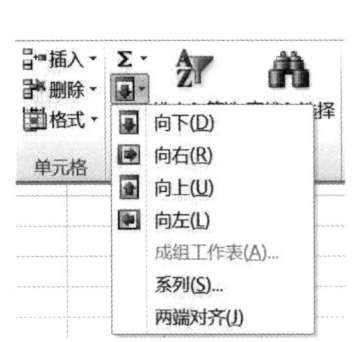

图1-23 "填充"命令

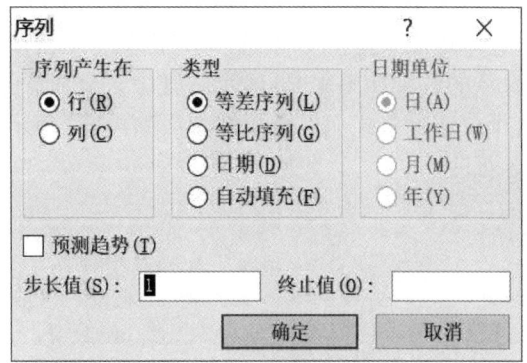

图1-24 "序列"对话框

四、单元格内数据的编辑

1. 修改单元格数据

（1）编辑栏修改法：选中单元格，单击编辑栏，然后修改数据。

（2）单元格修改法：双击单元格，出现光标后，再对数据进行修改。

2. 移动单元格

（1）粘贴法。选中要移动的单元格或单元格区域，然后单击鼠标右键，选择"剪切"按钮或按"Ctrl＋X"组合键，将光标移至目标单元格位置，单击鼠标右键，选择"粘贴"按钮或按"Ctrl＋V"组合键即可。

（2）拖动法。选中要移动的单元格或单元格区域，将鼠标指向所选单元格或单元格区域的黑色边框（注意要避开填充柄），按住鼠标左键并拖动鼠标至目标单元格位置，然后释放鼠标即可。

3. 复制单元格

（1）粘贴法。选中要复制的单元格或单元格区域，然后单击鼠标右键，选择"复制"按钮或按"Ctrl＋C"组合键，然后将光标移至目标单元格位置，单击鼠标右键，择"粘贴"按钮或按"Ctrl＋V"组合键即可。

（2）拖动法。选中要复制的单元格或单元格区域，将鼠标指向所选单元格或单元格区域的黑色边框（注意要避开填充柄），同时按住"Ctrl"键和鼠标左键，并拖动鼠标至目标单元格位置，然后释放鼠标即可。

4. 删除单元格区域

选中要删除的单元格或单元格区域，单击鼠标右键，选择"删除"按钮，然后根据需要选择不同的单选按钮即可，如图1-25所示。

5. 清除单元格

当发现单元格中的数据有误或不再需要时，可以清除其内容。具体做法如下：

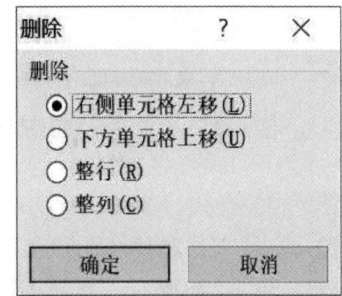

图1-25 单元格或单元格区域删除对话框

方法一,选中要清除数据的单元格或单元格区域,然后按"Delete"键。

方法二,选中要清除数据的单元格或单元格区域,选择"开始"功能区的"清除"命令。"清除"命令的选项如图1-26所示。其中,"全部清除"表示清除单元格的数据及格式,"清除格式"表示仅清除格式而保留数据,"清除内容"表示仅清除数据而保留格式,"清除批注"表示仅清除批注。

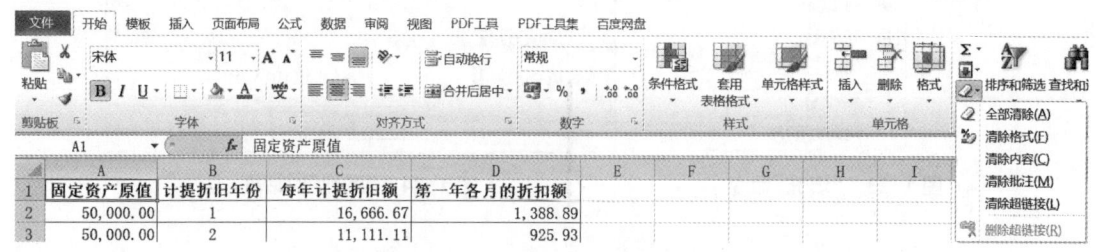

图1-26　清除命令中的选项

方法三,选中要清除数据的单元格或单元格区域,单击鼠标右键,选择"清除内容"按钮,如图1-27所示。

6. 查找和替换

通过查找和替换功能,可以快速定位和找到需要的信息,或对替换的单元格数据进行替换。

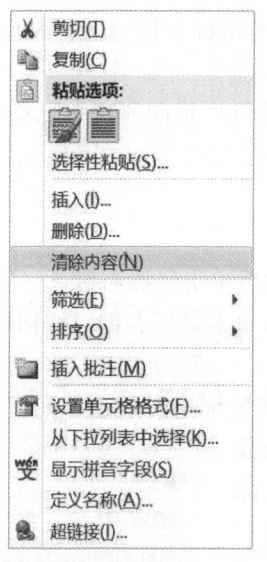

图1-27　清除单元格的鼠标右键对话框

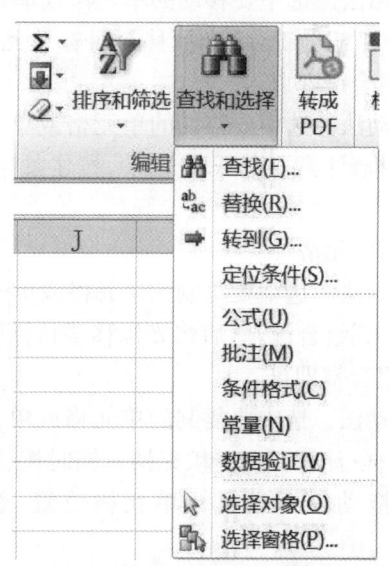

图1-28　功能区查找和选择命令

(1) 查找。首先执行功能区的"查找和选择"命令,如图1-28所示,或按"Ctrl+F"组合键,弹出"查找和替换"的"查找"对话框,如图1-29所示。在"查找内容"栏中输入要查找的信息,单击"查找下一个"按钮,含有查找信息的单元格就被一一找出。

(2) 替换。首先单击"查找和选择"命令中的"替换"选项卡,或按"Ctrl+H"组合键,弹出"查找和替换"的"替换"对话框,如图1-30所示。然后在"查找内容"栏中输入要查找的信息,

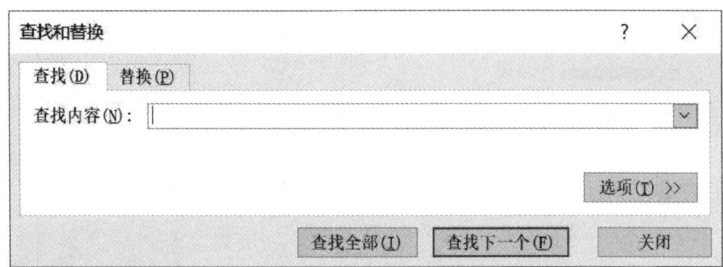

图 1-29 "查找和替换"对话框中的"查找"界面

在"替换为"栏中输入要替换为的内容,单击"全部替换"按钮,工作表中所有要替换的单元格将全部被替换。若单击"替换"按钮,则工作表中所有要替换的单元格将被逐一检查替换。

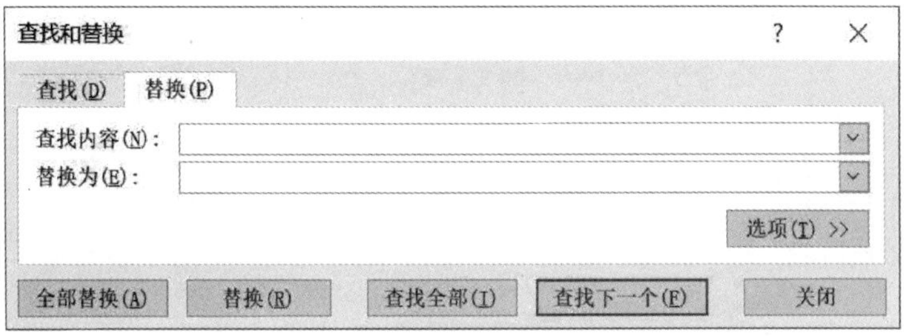

图 1-30 查找和替换对话框中的"替换"界面

五、修饰工作表

通过对 Excel 外观参数(文字大小、字体、颜色、对齐方式、单元格边框线、底纹以及表格的行高和列宽等)的设置,可以美化工作表,从而更有效地显示数据内容。

1. 设置单元格格式

用户可以对 Excel 中的单元格设置各种格式,包括设置单元格中数字的类型、文本的对齐方式、字体、单元格的边框以及单元格保护等。不仅可以对单个单元格和单元格区域设置格式,还可以同时对一个或多个工作表设置格式。设置单元格格式的操作步骤如下:

第一步,选择需要进行格式设置的单元格或者单元格区域。

第二步,选择"格式""设置单元格格式"命令,或者点击鼠标右键,打开"设置单元格格式"对话框,如图 1-31 所示。

第三步,在"设置单元格格式"对话框中设置格式后,单击"确定"按钮即可。

(1)设置数据的对齐方式。如果需要改变数据的对齐方式,将"设置单元格格式"对话框切换到"对齐"选项卡,如图 1-32 所示,在"对齐"选项卡中进行对齐方式的设置。其中包括设置水平对齐方式、垂直对齐方式、文本控制选项。

(2)设置单元格字体。要设置单元格字体,需要将"设置单元格格式"对话框切换到"字体"选项卡,如图 1-33 所示,包括设置字体、字形、字号,设置下划线、颜色,设置普通字体,设置特殊效果等功能。

图 1-31 "设置单元格格式"对话框

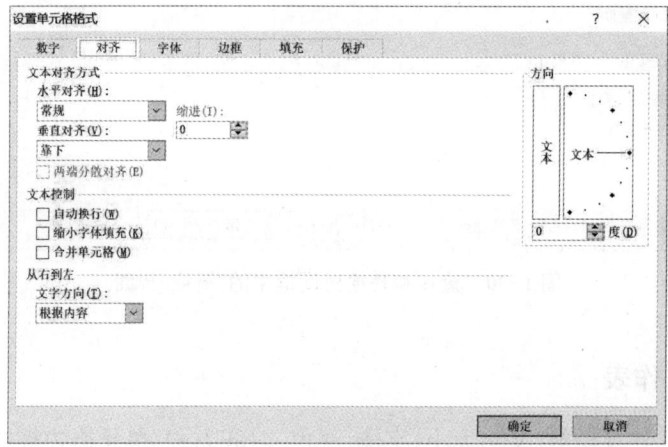

图 1-32 "对齐"选项卡

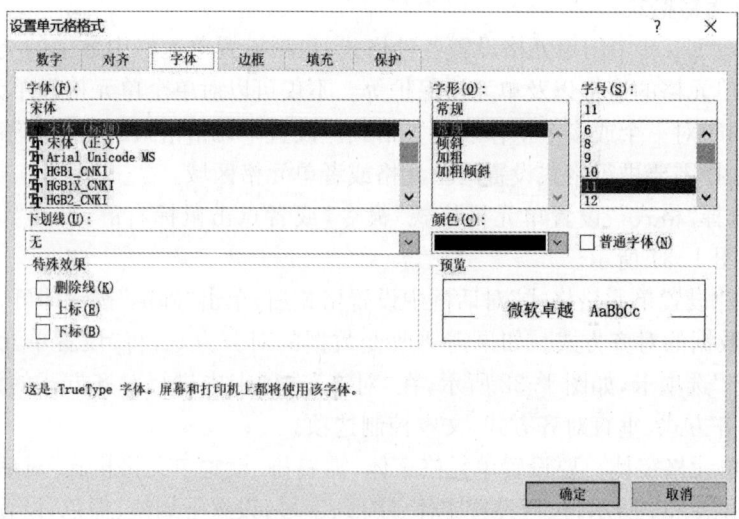

图 1-33 "字体"选项卡

(3)设置单元格边框。在工作表中给单元格添加边框可以突出显示工作表数据,使工作表更加清晰明了。要设置单元格边框,需要将"设置单元格格式"切换到"边框"选项卡下,如图1-34所示。可以选择设置边框线条的样式、线条颜色、外边框线条、内部线条等。

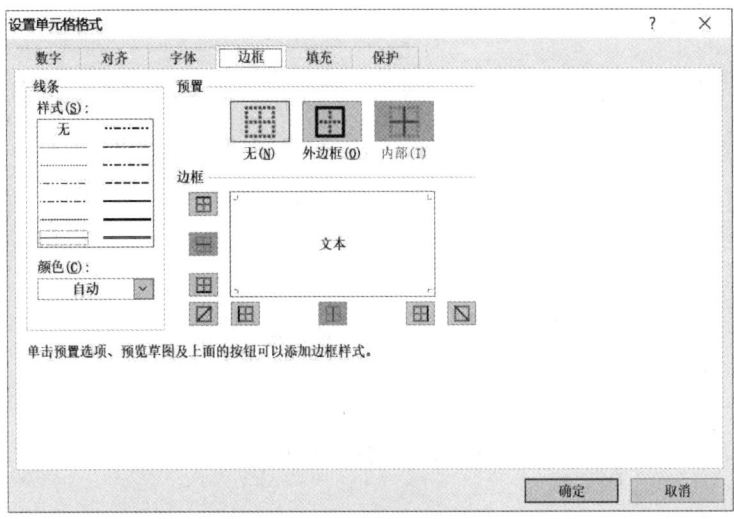

图1-34 "边框"选项卡

(4)设置单元格填充。如果想改善工作表的视觉效果,可以为单元格添加图案填充。将"设置单元格格式"切换到"填充"选项卡下,如图1-35所示,对填充样式、填充颜色、填充效果等进行设置。

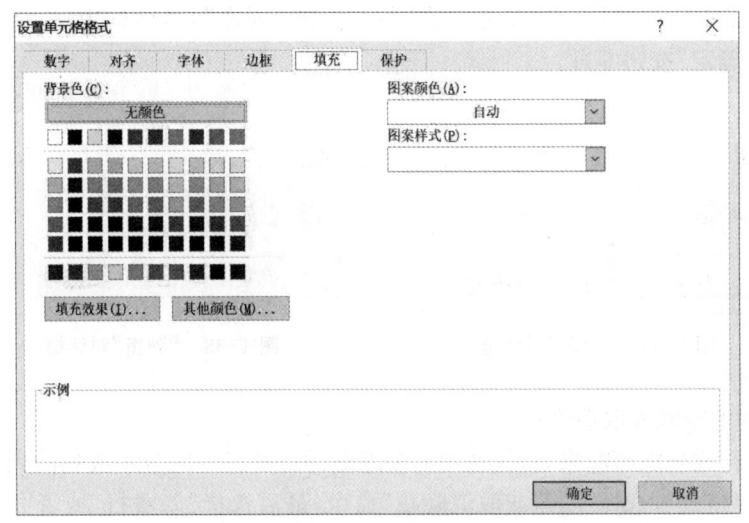

图1-35 "填充"选项卡

(5)设置单元格保护。可以为单元格设置保护,防止非法修改。将"设置单元格格式"对话框切换到"保护"选项卡,如图1-36所示,即可对单元格进行保护设置。

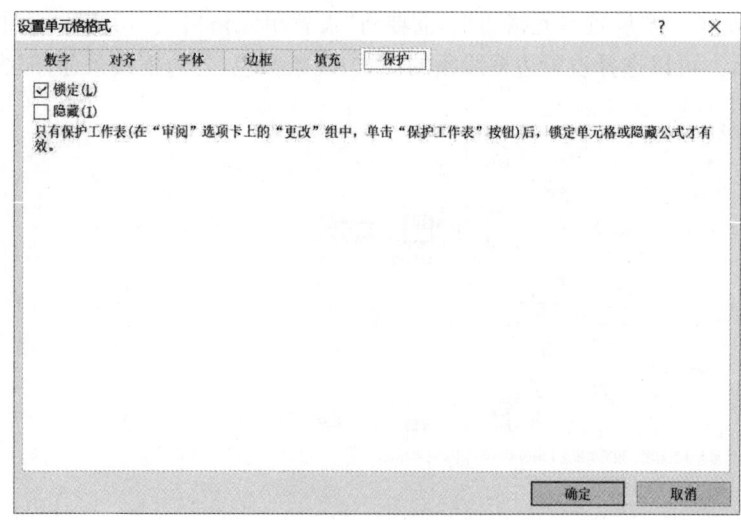

图 1-36 "保护"选项卡

2. 设置行高和列宽

工作表默认行高为 13.5，列宽为 8.38。设置行高和列宽，可以用鼠标直接在工作表中拖拽，也可以利用菜单命令进行修改。

（1）使用鼠标拖拽。将鼠标移到行号区数字上、下边框分界处，或者列号区字母的左、右边框分界处，然后按住鼠标左键并拖动调整行高或列宽至所需位置后释放鼠标即可。

（2）使用菜单命令修改。选择"开始""格式""行高"（或"列宽"），打开"行高"（或"列宽"）对话框，如图 1-37、图 1-38 所示。在"行高"（或"列宽"）对话框中输入行高值或列宽值，然后单击"确定"按钮即可。

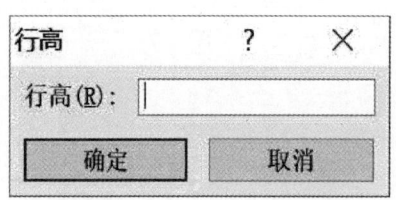
图 1-37 "行高"对话框

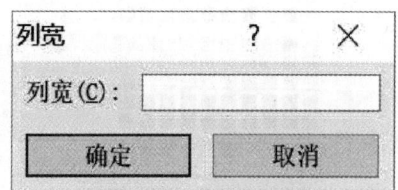
图 1-38 "列宽"对话框

3. 行或列的隐藏或取消隐藏

要将某些行或列隐藏起来，首先选中需要隐藏的行的行号区数字或列的列号区字母，然后选择"开始""格式"，选择"隐藏或取消隐藏"命令，最后选择"隐藏行"或者"隐藏列"即可，如图 1-39 所示。如果要将隐藏的行或列显示出来，先要选择包含隐藏行或列的上下行行号区数字或左右列的列号区字母，然后选择"开始""格式"，选择"隐藏或取消隐藏"命令，最后选择"取消隐藏行"或"取消隐藏列"命令即可，如图 1-39 所示。

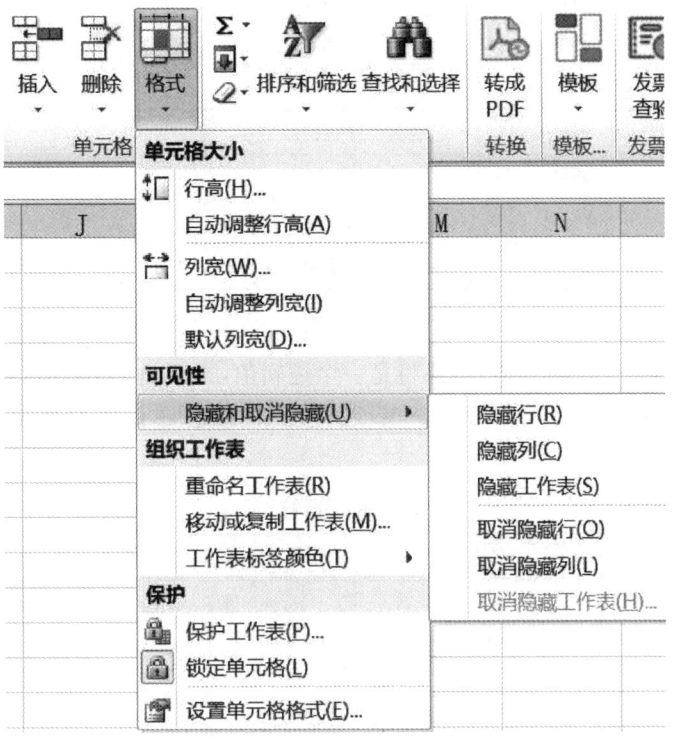

图 1-39 "隐藏或取消隐藏"命令

第三节 公式与函数

Excel 提供的公式主要用于计算。使用公式既可以进行简单的计算，如加、减、乘和除，也可以完成很复杂的计算，如财务、统计和科学计算等。简单地说，公式就是一个等式，或者说是连续的一组数据和运算符组成的序列。公式的基本格式为：公式＝表达式。

公式必须由"＝"开始，表达式由单元格名称、运算符、函数以及常数组成。

一、公式中的运算符

（一）运算符的类型

运算符是公式计算的核心，通过运算符可以进行各种数据类型的运算。Excel 中的运算符有四种类型：算术运算符、比较运算符、文本运算符和引用运算符，它们的功能与组成如下所述。

1. 算术运算符

算术运算符用于完成基本的数学运算，连接数字和产生数字结果，各算术运算与用途如表 1-2 所示。

表 1-2　　　　　　　　　　　　算术运算符

算术运算符	名称	用途	示例
＋	加号	加	3＋3
－	减号	"减"以及表示负数	3－1
＊	星号	乘	3＊3
／	斜杠	除	3/3
％	百分号	百分比	20％
＾	脱字符	乘方	3^2(结果与3＊3相同)

2. 比较运算符

比较运算符用于比较两个值,结果将是一个逻辑值,即不是"TRUE"(真)就是"FALSE"(假)。这类运算符还用于按条件做下一步运算,各比较算术运算符名称与用途如表1-3所示。

表 1-3　　　　　　　　　　　　比较运算符

比较运算符	名称	用途	示例
＝	等号	等于	A1＝B1
＞	大于号	大于	A1＞B1
＜	小于号	小于	A1＜B1
＞＝	大于等于号	大于等于	A1＞＝B1
＜＝	小于等于号	小于等于	A1＜＝B1
＜＞	不等于	不等于	A1＜＞B1

3. 文本运算符

文本运算符可用于加入或连接一个或更多字符串来产生一大段文本。例如,在单元格中输入"＝"A"&"B"",结果将是"AB",文字串联符"&"即起到了连接作用。

4. 引用运算符

引用运算符可以将单元格区域合并起来进行计算,如表1-4所示。

表 1-4　　　　　　　　　　　　引用运算符

引用运算符	名称	含义	示例
：(冒号)	区域运算符	对两个引用之间,包括两个引用在内的所有单元格进行引用	"A1:A3",表示 A1,A2,A3
,(逗号)	联合运算符	将多个引用合并为一个引用	"A1,A3",表示 A1 和 A3
(空格)	交叉运算符	对两个引用共有的单元格进行引用	"A1:C5　B2:D7",表示 B2:C5

(二) 运算符的优先级

如果公式中使用了多个运算符,Excel将按表1-5所列的顺序进行运算。如果公式中包含了相同优先级的运算符,如同时包含了乘法和除法运算符,Excel将从左到右进行计算。如果要修改计算的顺序,可把需要先计算的部分放在一对圆括号内。

表 1-5　　　　　　　　　　　　　运算符的优先级

运算符	说明	优先级
:(冒号)(空格),(逗号)	引用运算符	1
-(减号)	负号	2
%(百分号)	百分比	3
^(插入符号)	乘幂运算	4
*(星号)/(正斜线)	乘法运算和除法运算	5
+(加号)-(减号)	加法运算和减法运算	6
&	文本连接符	7
=、<、>、<=、>=、<>	比较运算符	8

二、公式的基本操作

1. 建立公式

方法一，直接输入公式。选择要输入公式的单元格，先输入等号"＝"，然后输入计算表达式。如果使用的是函数向导，Excel 会自动在公式前面插入等号，按 Enter 键完成公式的输入。

方法二，使用公式选项板输入公式。如果创建含有函数的公式，那么公式选项板有助于输入工作表函数和公式。具体操作如下：

(1) 选择要输入公式的单元格。

(2) 直接单击编辑栏中的按钮 f_x，或者选择"公式"→"插入函数"，弹出"插入函数"对话框，如图 1-40 所示。

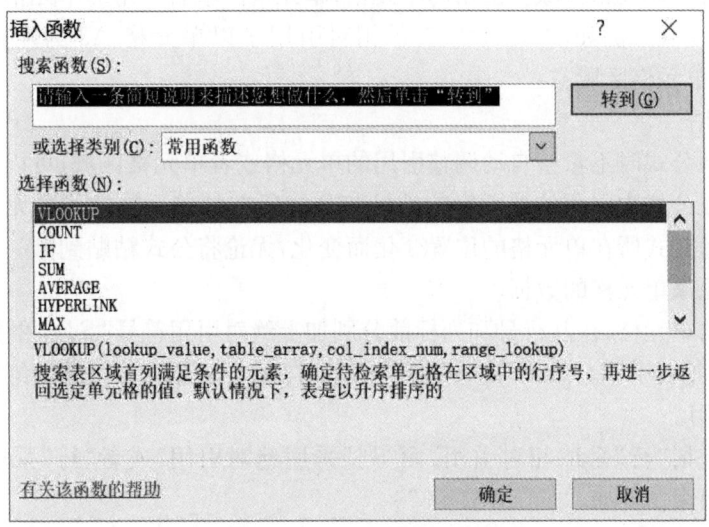

图 1-40 "插入函数"对话框

(3) 在"或选择类别"下拉列表框中选择需要的函数类型以及要使用的函数,确定后弹出"函数参数"对话框。如果不确定需要的函数属于哪一个类型,可以选择"全部"。

(4) 在设定所有函数参数后,计算结果将出现在"函数参数"对话框中,单击"确定"按钮,完成公式的输入。

2. 修改公式

如果发现公式错误,可以对其进行修改。单击需要修改公式的单元格,在编辑栏中对公式进行修改,也可以双击单元格,在单元格中对公式进行修改。

三、公式中单元格的引用

Excel 公式中,可以通过引用来代替单元格中的实际数值。可以引用本工作簿中任意一个工作表中任意单元格的数据,也可以引用其他工作簿中任意单元格的数据。引用单元格数据以后,公式的运算值会随着引用单元格的数据变化而变化。当引用的单元格数据被修改后,公式的运算值将自动修改。

(一) 引用类型

在 Excel 中,根据引用的单元格或被引用的单元格之间的位置关系,可以将引用分为相对引用、绝对引用和混合引用三种。

1. 相对引用

相对引用是指包含公式的单元格与被引用的单元格之间的位置是相关的。单元格或单元格区域的引用是相对于包含公司的单元格的相对位置,即如果将公式从某个单元格复制或填充到其他单元格,公式中引用的单元格的地址也会发生改变,相对引用将会自动调整计算结果。例如,单元格 B2 的公式为"=A2",属于相对引用,若将 B2 的公式复制到单元格 B3,B3 的公式将自动调整为"=A3"。

可以用列标与行号作为单元格的相对引用。例如,C8 表示相对引用了第 C 列第 8 行的单元格,也可以用"单元格区域左上角的单元格:单元格区域右下角的单元格"表示相对引用了某一单元格区域。例如,"A3:D6"表示相对引用了以单元格 A3 为左上角,以单元格 D6 为右下角的单元格区域。

2. 绝对引用

如果在复制公式时不希望自动调整引用的单元格或者单元格区域,可以使用绝对引用。绝对引用就是在公式中引用的单元格的地址与公式所在的单元格的位置无关,被引用的单元格的地址不随公式所在单元格的位置变化而变化,无论将公式粘贴到哪一个单元格,公式所引用的还是原来单元格的数据。

绝对引用的单元格,在其行号和列标前分别加上绝对引用符号"$"。例如,"$B$5"表示单元格 B5 的绝对引用,"$B$5:$F$9"表示对"B5:F9"单元格区域的绝对引用。

3. 混合引用

混合引用是指"行"采取相对引用,而"列"采用绝对引用,或者"行"采取绝对引用,而"列"采用相对引用。例如,"$B6""B$6"。

混合引用的作用在于,当复制公式时,保持某行或者某列的地址固定不变,即如果公式所在单元格的位置改变,则相对引用的部分自动调整,绝对引用的部分保持不变。如果在多行或多列复制公式,则相对引用自动调整,而绝对引用不做调整。

4. 相对引用、绝对引用、混合引用之间的切换

为了简化绝对引用、相对引用、混合引用的输入问题,可以根据需要在它们之间进行切换。Excel 2010 设立 F4 快捷键,对单元格的各种引用进行相互切换。操作时,先选中包含公式的单元格,然后在编辑栏中用鼠标选定要更改的单元格引用,每按一次 F4 键,选定的单元格引用就在相对引用、绝对引用、混合引用之间循环变化。

(二)引用单元格

1. 引用同一工作簿的不同工作表中的单元格(跨工作表)

公式的引用可以在同一工作簿中的不同单元格之间进行,即在同一工作簿中,一个工作表可以引用其他工作表中的单元格数据,引用格式为:"工作表名称!单元格或单元格区域的地址"。

2. 引用其他工作簿中的单元格(跨工作簿)

公式的引用可以在不同工作簿中的单元格之间进行,即在不同工作簿中,可以引用其他工作簿中的某个工作表中的单元格数据。引用格式为:"路径名\[工作簿名]工作表名!单元格或单元格区域的地址"。

四、函数

Excel 用预置的工作表函数进行数学、文本、逻辑的运算或者查找工作表信息。与直接使用公式进行计算相比,使用函数进行计算的速度更快。例如,公式"=(A1+A2+A3+A4+A5)/5"与使用函数公式"=AVERAGE(A1:A5)"是一样的,但是使用函数公式速度更快,而且占用工具栏的空间更少,可以减少输入出错的机会。

函数的语法以函数的名称开始,后面是左括号以及逗号隔开的参数和右括号。如果函数要以公式的形式出现,则在函数名前输入等号。格式为:"=函数名(参数列表)"。

(一)函数分类

Excel 提供了大量的函数,这些函数按功能可以分为以下几种类型。

(1) 数字和三角函数,可以处理数学计算。

(2) 文本函数,用于在公式中处理字符串。

(3) 逻辑函数,可以判断真假值,或者检验符号。

(4) 数据库函数,用于分析数据清单中的数值是否符合特定条件。

(5) 统计函数,可以对选定区域的数据进行统计分析。

(6) 查找和引用函数,可以在数据清单或者表格中查找特定数据,或者查找某一单元格的引用。

(7) 日期与时间函数,用于公式中日期和时间值的分析和处理。

(8) 过程函数,用于工程分析。

(9) 信息函数,用于确定存储在单元格中数据的类型。

(10) 财务函数,可以进行一般的财务计算。本节将重点介绍财务函数。

(二)输入函数

输入函数与输入公式的过程类似。可以在单元格中直接输入函数的名称、参数,这是最

快的方法。如果不能确定函数的拼写以及函数的参数,则可以使用函数向导插入函数。具体操作见前述建立公式的操作。

(三) 常见函数

Excel 中的函数有 200 多个,下面将列出本书中主要用到的函数及其参数。

1. DDB 函数

(1) 用途:利用双倍余额递减法或其他方法来计算指定期限某项固定资产的各期折旧额。

(2) 语法:DDB(cost,salvage,life,period,factor)。

(3) 参数:①cost 指固定资产的初始取得成本。②salvage 指固定资产的残值(预计净残值)。③life 指固定资产的预计可使用年限。④period 指需要计算折旧的期限,必须与 life 使用相同的衡量单位。⑤factor 用于指定余额递减法,可省略,默认为 2,表示双倍余额递减法。

2. SLN 函数

(1) 用途:利用年限平均法计算某项固定资产的各期折旧额。

(2) 语法:SLN(cost,salvage,life)。

(3) 参数:cost,salvage,life 参数说明同 DDB 函数。

3. SYD 函数

(1) 用途:利用年数总和法计算指定期间内某项固定资产的各期折旧额。

(2) 语法:SYD(cost,salvage,life,period)。

(3) 参数:cost,salvage,life,period 参数说明同 DDB 函数。

4. VDB 函数

(1) 用途:利用双倍余额递减法或其他方法来计算指定期间内某项固定资产的折旧总额。

(2) 语法:VDB(cost, salvage, life, start_period, end_period, factor, no_switch)。

(3) 参数:①cost,salvage,life 参数说明同 DDB 函数。②start_period 为计算折旧的起始期间,该参数必须与 life 使用相同的衡量单位。③end_period 为计算折旧的截止期间,该参数必须与 life 使用相同的衡量单位。④factor 用于指定余额递减法,可以省略,默认值为 2,表示双倍余额递减法。⑤no_switch 是个逻辑值参数,指定当折旧额大于余额递减法计算值时,是否转为直线折旧法。如果该参数值为"TRUE",表示不转为直线折旧法;如果为"FALSE"或被忽略,表示当折旧额大于余额递减法计算值时应转为直线折旧法。

5. DATE 函数

(1) 用途:返回代表特定日期的序列号。如果在输入函数前,单元格格式为"常规",则结果将设为日期格式。

(2) 语法:DATE(year,month,day)。

(3) 参数:①year 可以为一到四位数字。如果 year 位于 0(零)到 1899(包含)之间,则表格会将该值加上 1900,再计算年份。例如:DATE(108,1,2)将返回 2008(1900+108)年 1 月 2 日。如果 year 位于 1900 到 9999(包含)之间,则表格将使用该数值作为年份。例如:DATE(2021,12,31)将返回 2021 年 12 月 31 日。如果 year 小于 0 或大于等于 10 000,则表格将返回错误值"♯NUM!"。②month 代表月份的数字。如果所输入的月份大于 12,将从指定年份的一月份开始往上加算。例如:DATE(2021,14,2),将返回代表 2022 年 2 月 2 日的序列号。③day 代表在该月份中第几天的数字。如果 day 大于该月份的最大天数,则将从指定月份的第一天开始往上累加。例如,DATE(2021,1,35)返回代表 2021 年 2 月 4 日的序列号。

6. DAYS360 函数

(1) 用途:按照一年 360 天的算法(每个月以 30 天计,一年共计 12 个月),返回两日期间相差的天数。

(2) 语法:DAYS360(start_date, end_date, method)。

(3) 参数:①start_date 为计算期间天数的开始日期。②end_date 为计算期间天数的终止日期。③method 是一个逻辑值,它指定在计算中是采用欧洲方法还是美国方法。如果该参数值为"TRUE",表示采用欧洲方法,若起始日期和终止日期为某月的 31 号,则等于当月的 30 号;如果为"FALSE"或被忽略,表示采用美国方法,若起始日期为某月的最后一天,则等于当月的 30 号,若终止日期为某月的最后一天,并且起始日期早于某月的 30 号,则终止日期等于下个月的 1 号,否则终止日期等于当月的 30 号。

注意:应使用 DATE 函数来输入日期,或者将日期作为其他公式或函数的结果输入。

7. NOW 函数

(1) 用途:返回日期时间格式的当前日期和时间。如果在输入函数前,单元格的格式为"常规",则结果将设为日期格式。

(2) 语法:NOW()。

(3) 参数:该函数不需要参数。

函数 NOW 只有在重新计算工作表,或执行含有此函数的宏时改变。它并不会随时更新。

8. INT 函数

(1) 用途:将数字向下舍入到最接近的整数。

(2) 语法:INT(number)。

(3) 参数:number,指需要进行向下舍入取整的实数。

9. SUM 函数

(1) 用途:用于计算一系列数字之和。

(2) 语法:SUM(number1, number2, ...)。

(3) 参数:number1, number2 为 1 到 30 个需要求和的参数,它们可以是数字、公式、范围、或者产生数字的单元格引用。

10. SUMIF 函数

(1) 用途:对满足条件的单元格求和。

(2) 语法:SUMIF(range, criteria, sum_range)。

(3) 参数:①range 为用于条件判断的单元格区域。②criteria 为确定哪些单元格将被相加求和的条件,其形式可以为数字、表达式或文本。例如,条件可以表示为 32、>32 或 apples。③sum_range 是需要求和的实际单元格。

11. MOD 函数

(1) 用途：返回两数相除的余数。结果的正负号与除数相同。

(2) 语法：MOD(number, divisor)。

(3) 参数：①number 为被除数。②divisor 为除数。

12. VLOOKUP 函数

(1) 用途：用于搜索某个单元格区域的第 1 列，然后返回该区域相同行上任意单元格的值。

(2) 语法：VLOOKUP(lookup_value, table_array, col_index_num, [range_lookup])。

(3) 参数：①lookup_value 是指要在表格区域的第 1 列中搜索的值。lookup_value 参数可以是值或引用，如果 lookup_value 参数提供的值小于 table_array 参数第 1 列中的最小值，则 VLOOKUP 将返回错误值"♯N/A"。②table_array 是指包含数据的单元格区域，可以使用对区域（如 A2:D8）或区域名称的引用。table_array 第 1 列中的值是由 lookup_value 搜索的值，这些值可以是文本、数字或逻辑值，文本不区分大小写。③col_index_num 是 table_array 参数中必须返回的匹配值的列号。col_index_num 参数为 1 时，返回 table_array 第 1 列中的值；col_index_num 参数为 2 时，返回 table_array 第 2 列中的值，依此类推。如果 col_index_num 小于 1，则 VLOOKUP 返回错误值"♯VALUE!"；如果大于 table_array 的列数，则 VLOOKUP 返回错误值"♯REF!"。④range_lookup 是一个可选的逻辑值，指定希望 VLOOKUP 查找精确匹配值还是近似匹配值。如果 range_lookup 为"TRUE"或被省略，则返回精确匹配值或近似匹配值，如果找不到精确匹配值，则返回小于 lookup_value 的最大值。另外，必须按升序排列 table_array 第 1 列中的值；否则，VLOOKUP 可能无法返回正确的值。如果 range_lookup 为"FALSE"，则 VLOOKUP 将只查找精确匹配值，同时不需要对 table_array 第 1 列中的值进行排序。如果 table_array 的第 1 列中有 2 个或更多值与 lookup_value 匹配，则使用第一个找到的值。如果找不到精确匹配值，则返回错误值"♯N/A"。

13. CONCATENATE 函数

(1) 用途：将多个文本字符串合并为一个文本字符串。

(2) 语法：CONCATENATE(text1, text2,…)。

(3) 参数：text1, text2,…是 1 到 255 个要合并的文本字符串。可以是字符串、数字或对单个单元格的引用。

14. LEN 函数

(1) 用途：返回文本字符串中的字符个数。

(2) 语法：LEN(text)。

(3) 参数：text 是指需要计算长度的文本字符串，包括空格。

15. IF 函数

(1) 用途：如果指定条件的计算结果为"TRUE"，IF 函数将返回某个值；如果该条件的计算结果为"FALSE"，将返回另一个值。例如，如果 A1 大于 10，则公式"＝IF(A1>10,"大于 10","不大于 10")"将返回"大于 10"；如果 A1 小于或等于 10，则返回"不大于 10"。

(2) 语法：IF(logical_test, [value_if_true], [value_if_false])。

（3）参数：①logical_test 是指计算结果可能为"TRUE"或"FALSE"的任意值或表达式。例如，"A10＝100"就是一个逻辑表达式；如果单元格 A10 中的值等于 100，表达式的计算结果为"TRUE"；否则为"FALSE"。此参数可使用任何比较运算符。②value_if_true 是指 logical_test 参数的计算结果为"TRUE"时所要返回的值。③value_if_false 是指 logical_test 参数的计算结果为"FALSE"时所要返回的值。

16. IFERROR 函数

（1）用途：如果公式的计算结果为错误值，则返回指定的值；否则将返回表达式自身的值。

（2）语法：IFERROR(value，value_if_error)。

（3）参数：①value 为检查是否存在错误的参数。②value_if_error 是指公式计算错误时返回的值。计算以下错误类型："♯N/A""♯VALUE!""♯REF!""♯DIV/0!""♯NUM!""♯NAME?"或"♯NULL!"。

17. ISNA 函数

（1）用途：判断一个值是否为"♯N/A"，正确返回"TRUE"，否则"FALSE"。

（2）语法：ISNA(value)。

（3）参数：value 是指需要进行检测的数值。检测值可以是一个单元格、公式，或者是一个单元格、公式或数值的名称。

18. AND 函数

（1）用途：检查是否所有参数均为"TRUE"，所有参数的逻辑值为真时，返回"TRUE"；只要一个参数的逻辑值为假，即返回"FALSE"。

（2）语法：AND(logical1，logical2，…)。

（3）参数：logical1，logical2，…是 1 到 255 个结果为"TRUE"或"FALSE"的检测条件，检测内容可以是逻辑值、数组或引用。如果数组或引用参数中包含文本或空白单元格，则这些值将被忽略。如果指定的单元格区域内包括非逻辑值，则 AND 将返回错误值"♯VALUE!"。

第四节　数据处理

一、数据排序

数据排序就是让数据根据不同的字段值排列。例如，同一张工作表按照员工编号排序和按照基本工资排序，得到的排列结果不同。在 Excel 中，进行数据排序的方法主要有以下两种：

方法一，选中单元格，在"开始→编辑"功能区中单击"排序和筛选"按钮，可以选择升序或降序以及自定义排序这三种排序方式，如图 1-41 所示。

方法二，选中单元格，在"数据→排序和筛选"功能区，通过单击选择升序或降序命令来进行排序，如图 1-42 所示。

当排序的字段有重复值时，需要加一个字段区分，这就是多列排序。多列排序一般可以通过在"开始→编辑"功能区中单击"排序和筛选"按钮,然后在下拉菜单中选择"自定义排序"的方式实现,或者在"数据→排序和筛选"功能区中单击"排序"按钮,即可弹出"排序"对话框。

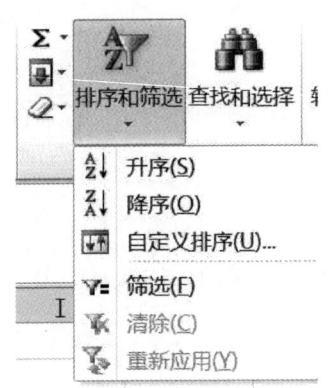

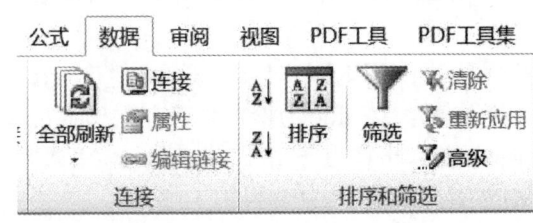

图1-41 "排序和筛选"下拉菜单　　　　图1-42 "数据→排序和筛选"功能区排序命令

【例1-1】 烟台兴茂机械制造有限公司的员工信息如图1-43所示。

要求:请根据"性别+基本工资"进行多列排序。

	A	B	C	D	E	F
1	员工编号	姓名	部门	性别	员工类别	基本工资
2	1001	刘东	管理部门	男	管理人员	8700
3	1002	王玉莹	管理部门	女	管理人员	6600
4	1003	张洪庆	管理部门	男	管理人员	6500
5	1004	刘玲	管理部门	女	管理人员	3500
6	1005	陈伟	管理部门	男	管理人员	3500
7	2001	从加深	生产车间	男	生产工人	6500
8	2002	吴妮妮	生产车间	女	生产工人	5500
9	2003	赵宇	生产车间	男	生产工人	3800
10	2004	宋思明	生产车间	男	生产工人	3200
11	2005	陈丹	生产车间	男	生产工人	3900
12	2006	林立衡	生产车间	男	生产工人	3200
13	3001	刘青青	销售部门	女	销售人员	8000
14	3002	杨峰	销售部门	男	销售人员	5000
15	3003	付冬冬	销售部门	男	销售人员	3200

图1-43 烟台兴茂机械制造有限公司员工信息

【操作步骤】

第一步,选中员工信息表数据区域中的任一单元格,单击"数据→排序和筛选"功能区中的"排序"按钮,弹出"排序"对话框。

第二步,在"主要关键字"下拉列表中选择"性别","排列依据"默认"数值","次序"默认"升序",然后点击"添加条件",在"次要关键字"下拉列表中选择"基本工资","排列依据"默认"数值","次序"默认"升序",如图1-44所示,单击"确定"按钮,即可完成排序,排序结果如

图1-45所示。

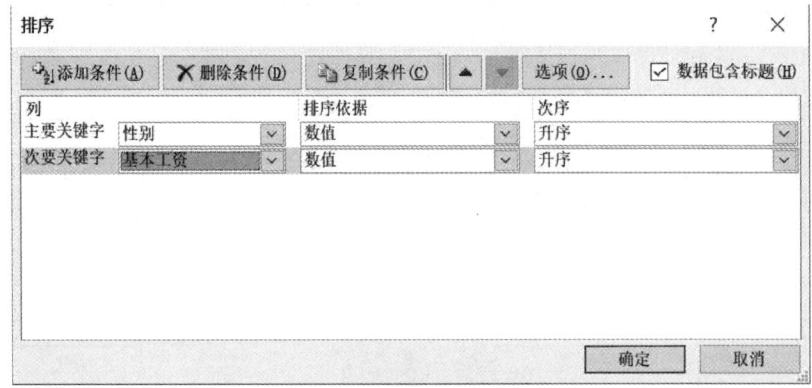

图1-44 "排序"对话框

	A	B	C	D	E	F
1	员工编号	姓名	部门	性别	员工类别	基本工资
2	2004	宋思明	生产车间	男	生产工人	3200
3	2006	林立衡	生产车间	男	生产工人	3200
4	3003	付冬冬	销售部门	男	销售人员	3200
5	1005	陈伟	管理部门	男	管理人员	3500
6	2003	赵宇	生产车间	男	生产工人	3800
7	2005	陈丹	生产车间	男	生产工人	3900
8	3002	杨峰	销售部门	男	销售人员	5000
9	1003	张洪庆	管理部门	男	管理人员	6500
10	2001	从加深	生产车间	男	生产工人	6500
11	1001	刘东	管理部门	男	管理人员	8700
12	1004	刘玲	管理部门	女	管理人员	3500
13	2002	吴妮妮	生产车间	女	生产工人	5500
14	1002	王玉莹	管理部门	女	管理人员	6600
15	3001	刘青青	销售部门	女	销售人员	8000

图1-45 排序结果

二、数据筛选

数据筛选是一种在大量信息中查找指定条件数据的便捷方法。它把符合条件的记录列出显示，把不符合条件的记录暂时隐藏起来。Excel提供了自动筛选和高级筛选两种筛选方式。

1. 自动筛选

单击数据区域中的任一单元格，选择"数据→排序和筛选"功能区，然后单击"筛选"按钮，工作表每一列标题的右侧都会显示自动筛选的下拉按钮，单击按钮会出现下拉列表。如图1-46所示的"员工类别"下拉按钮下勾选"管理人员"，即可筛选出所有管理人员员工的基本信息。

如果在下拉按钮下选择"文本筛选→自定义筛选"，则会弹出"自定义自动筛选方式"对话框，如图1-47所示，在此对话框中用户可以自己设置筛选条件。

2. 高级筛选

高级筛选同自动筛选一样用来筛选区域,但不显示列的下拉列表,而是在数据区域外创建一个条件区域,专门用来输入筛选条件。

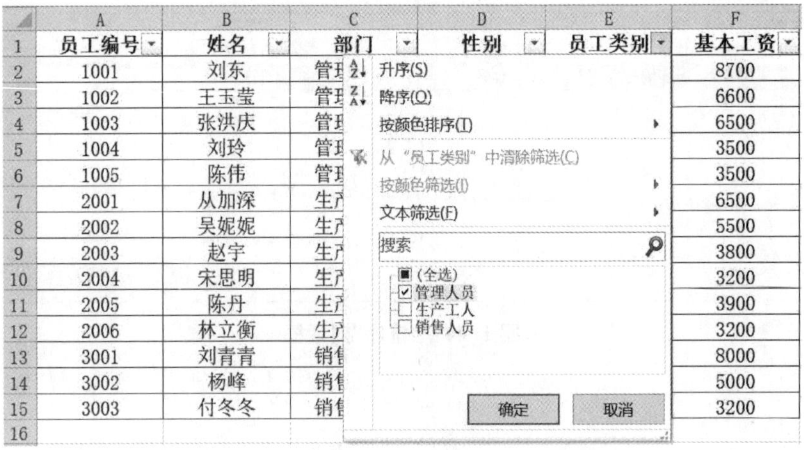

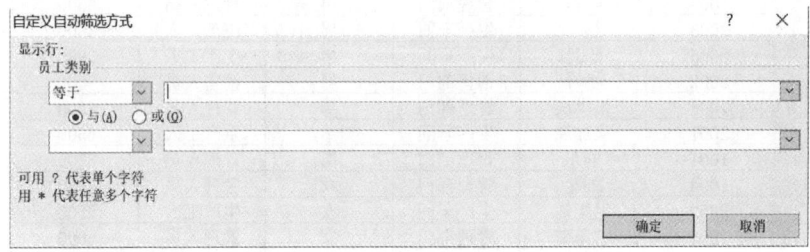

图 1-46 自动筛选设置

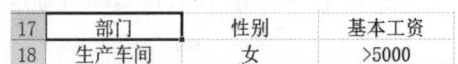

图 1-47 "自定义自动筛选方式"对话框

创建条件区域必须满足以下两点:

(1) 条件区域和数据区域必须至少隔开一个空行或空列。

(2) 条件区域一般由两行组成,第一行输入作为筛选条件的字段名(必须是数据区域的表头含有的字段名),第二行输入筛选条件。

【例 1-2】 沿用[例 1-1]的员工信息表。

要求:请用高级筛选方式筛选出员工信息表中生产车间基本工资在5 000元以上的女员工。

【操作步骤】

第一步,在单元格 A17 至 C18 区域中创建条件区域,如图 1-48 所示。

	部门	性别	基本工资
17			
18	生产车间	女	>5000

图 1-48 创建条件区域

第二步,单击需要参与筛选的数据区域中的任一单元格,在"数据→排序和筛选"功能区中单击"高级"命令,弹出"高级筛选"对话框。"方式"默认为"在原有区域显示筛选结果","列表区域"直接默认为"＄Ａ＄1:＄Ｆ＄15","条件区域"选择"员工信息！＄Ａ＄17:＄Ｃ＄18",如图1-49所示。确定后即得到筛选后的结果,如图1-50所示。

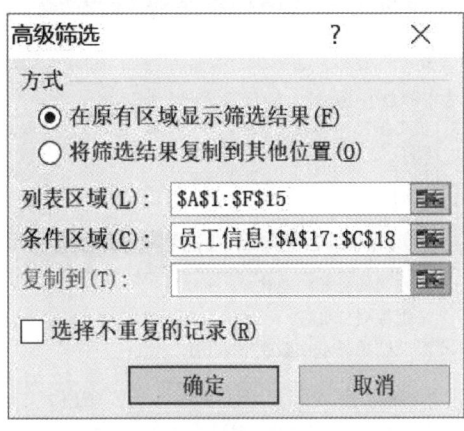

图 1-49　设置"高级筛选对话框"

	A	B	C	D	E	F
1	员工编号	姓名	部门	性别	员工类别	基本工资
8	2002	吴妮妮	生产车间	女	生产工人	5500
16						
17	部门	性别	基本工资			
18	生产车间	女	>5000			

图 1-50　高级筛选结果

三、分类汇总

Excel提供的分类汇总功能可以用来对同一类数据进行汇总。在做任何分类汇总前都要先排序。

【例1-3】　沿用[例1-1]的员工信息表。

要求:请汇总员工信息表中男员工和女员工的基本工资金额。

【操作步骤】

第一步,根据"性别"字段进行排序。选中员工信息表数据区域中的任一单元格,单击"数据→排序和筛选"功能区中的"排序"按钮,弹出"排序"对话框。在"主要关键字"下拉列表中选择"性别","排列依据"默认"数值","次序"默认"升序",然后点击确定。

第二步,单击数据区域中的任一单元格,在"数据→分级显示"功能区中单击"分类汇总"命令,弹出"分类汇总"对话框。

第三步,在"分类汇总"对话框中设置"分类字段"为"性别","汇总方式"为"求和","选定汇总项"为"基本工资",如图1-51所示,单击"确定"按钮即可汇总不同性别员工的基本工资金额,结果如图1-52所示。在"分类汇总"对话框中单击"全部删除"按钮可以删除分类汇总结果。

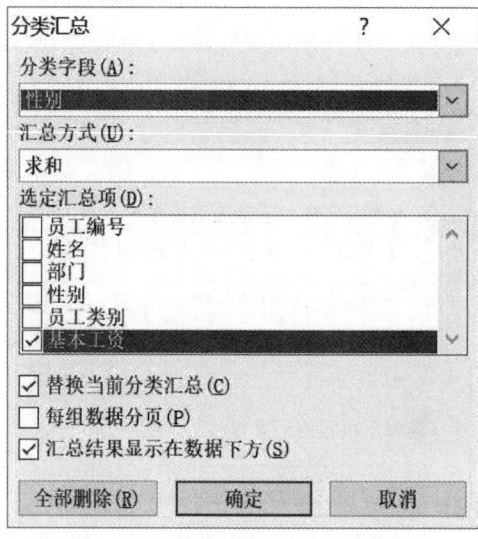

图 1-51　设置"分类汇总"对话框

1 2 3		A	B	C	D	E	F
	1	员工编号	姓名	部门	性别	员工类别	基本工资
	2	1001	刘东	管理部门	男	管理人员	8700
	3	1003	张洪庆	管理部门	男	管理人员	6500
	4	1005	陈伟	管理部门	男	管理人员	3500
	5	2001	从加深	生产车间	男	生产工人	6500
	6	2003	赵宇	生产车间	男	生产工人	3800
	7	2004	宋思明	生产车间	男	生产工人	3200
	8	2005	陈丹	生产车间	男	生产工人	3900
	9	2006	林立衡	生产车间	男	生产工人	3200
	10	3002	杨峰	销售部门	男	销售人员	5000
	11	3003	付冬冬	销售部门	男	销售人员	3200
	12				男 汇总		47500
	13	1002	王玉莹	管理部门	女	管理人员	6600
	14	1004	刘玲	管理部门	女	管理人员	3500
	15	2002	吴妮妮	生产车间	女	生产工人	5500
	16	3001	刘青青	销售部门	女	销售人员	8000
	17				女 汇总		23600
	18				总计		71100

图 1-52　分类汇总结果

四、数据透视表

数据透视表是 Excel 提供的一种动态交互式数据分析工具,用户可以多维组织和汇总数据。在用户创建透视表前,必须将所有筛选和分类汇总的结果取消。

【例 1-4】　沿用[例 1-1]的员工信息表。

要求:请建立一个不同部门、不同员工类别男女员工基本工资的数据透视表。

【操作步骤】

第一步，在数据区域中任意选中一个单元格，在"插入→表格"功能区中单击"数据透视表"的下拉按钮，选择"数据透视表"命令，弹出"创建数据透视表"对话框。选定需要分析的数据区域，如图1-53所示，单击"确定"按钮。

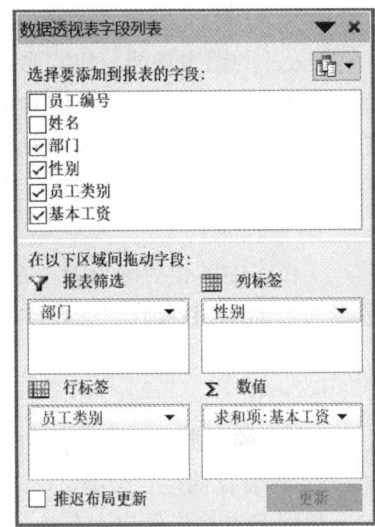

图1-53 "创建数据透视表"对话框　　　　图1-54 设置数据透视表

第二步，在数据透视表形成过程中，把"部门"拖至"报表筛选"，把"性别"拖至"列标签"，把"员工类别"拖至"行标签"，把"基本工资"拖至"数值"，如图1-54所示。

以下是数据透视表中各参数的含义：

页：用于筛选参与数据分析的记录。

行：作为透视表中横向统计的依据字段。

列：作为透视表中纵向统计的依据字段。

数值：需要进行计数、求和、求平均等运算的字段。

第三步，设置完成后会自动产生数据透视表，创建完成后的数据透视表如图1-55所示。单击"部门"旁的下拉按钮，选择"管理部门"选项，单击"确定"按钮，则可以得到管理部门管理人员不同性别员工的基本工资数据表，如图1-56所示。

	A	B	C	D
1	部门	(全部)		
2				
3	求和项:基本工资	列标签		
4	行标签	男	女	总计
5	管理人员	18700	10100	28800
6	生产工人	20600	5500	26100
7	销售人员	8200	8000	16200
8	总计	47500	23600	71100

	A	B	C	D
1	部门	管理部门		
2				
3	求和项:基本工资	列标签		
4	行标签	男	女	总计
5	管理人员	18700	10100	28800
6	总计	18700	10100	28800

图1-55 创建完成后的数据透视表　　　图1-56 管理部门管理人员不同性别员工的基本工资数据表

第五节 图　表

一、图表概述

Excel 的图表功能可以将数据图形化，更直观地显示数据。应用图表功能不仅可以把数据形象地表示出来，而且可以对图表中的数据进行预测分析，得到一系列数据的变化趋势。Excel 的图表功能将工作表中枯燥的数据转化为形象简洁的图表，可以更快捷地为用户传递有效信息。

1. 数据系列

工作表中转化为图表的一系列数值的集合称为数据系列。创建图表必须以工作表中的数据为基础。如要画出"高校学生成绩表"中各班级的平均分图表，各班级平均分就构成了一个数据系列。

2. 引用

Excel 的数据系列中可以包括若干数值点，用"引用"作为各数据系列中数据点的标题。

3. 图表存储位置分类

根据图表在工作表中存放的位置不同，图表分为嵌入式图表和图表工作表。

（1）嵌入式图表。嵌入式图表是把图表直接插入数据所在的工作表中，用于说明工作表的数据关系。

（2）图表工作表。图表工作表又称独立图表，是指将创建的图表放在一个专门的工作表中，该工作表只有这一张图表，图表工作表主要用于需要单独显示图表的情况。

4. 图表类型

Excel 提供了多种图表类型，每种图表类型还包括了若干不同的子类型，子类型是在图表类型的基础上变化而来的。用户在创建图表前需要根据数据表现形式决定使用哪种图表类型，每种类型都有其各自的特点。常见图表类型及其用途如表 1-6 所示。

表 1-6　　图表类型及用途

图表类型	用途
柱形图	用于显示一段时间内数据的变化或者各项的比较关系
条形图	用于描述各项之间的差异变化或者显示各个项目与整体之间的关系
折线图	用于显示数据的变化趋势
饼图	用于显示一个数据系列中各项占总体的比例关系
面积图	用于显示局部和整体之间的关系，更强调幅值随时间的变化趋势
散点图	多用于科学数据，用于比较不同数据系列中的数值，以反映数值之间的关联性
圆环图	用于显示多个数据系列局部和整体之间的比例关系

(续表)

图表类型	用途
雷达图	用于多个数据系列之间的总和值的比较,各个分类沿各自的数值坐标轴相对于中间呈辐射分布,同一序列的数值之间折线相连
股价图	用于分析股票价格的走势
曲面图	用于确定两组数据之间的最佳逼近
气泡图	一种特殊类型的散点图

二、创建图表

嵌入式图表和图表工作表只是存储位置不同,创建方式类似。下面以柱形图为例介绍创建图表的过程,具体如下:

(1)选取数据。打开"固定资产折旧计提"工作表,选择"计提折旧年份"和"每年计提折旧额"两列数据,即单元格 B1 至单元格 C7 区域。

(2)插入图表。打开"插入"选项卡,单击"图表"选项右下角的按钮,弹出"插入图表"对话框,如图 1-57 所示。选择所需要的图表类型,单击"确定"按钮,即可在当前工作表中插入图表,如图 1-58 所示。

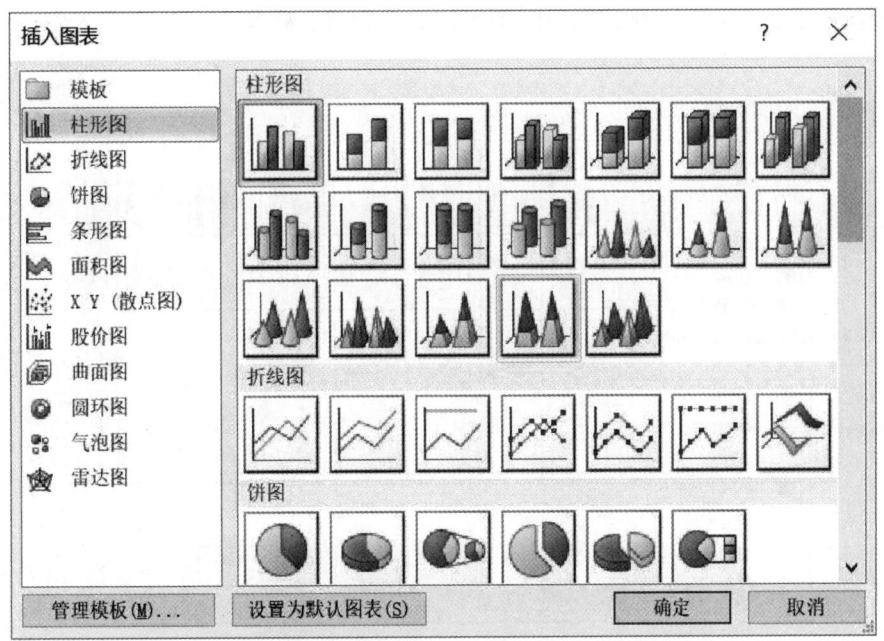

图 1-57 "插入图表"对话框

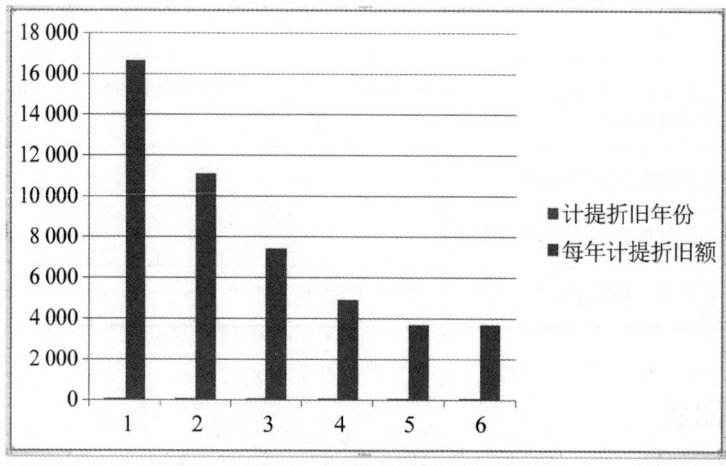

图 1-58　创建完成的柱形图

三、编辑图表

1. 改变图表类型

创建图表后,用户可以根据需要选择更适合当前的图表类型。

具体操作为:单击"固定资产折旧计提"工作表中创建完成的柱形图,然后右击鼠标,在弹出的快捷菜单中选择"更改图表类型"命令,弹出"更改图表类型"对话框,如图 1-59 所示。选择需要的图表类型,单击"确定"按钮,即可完成图表类型更改。

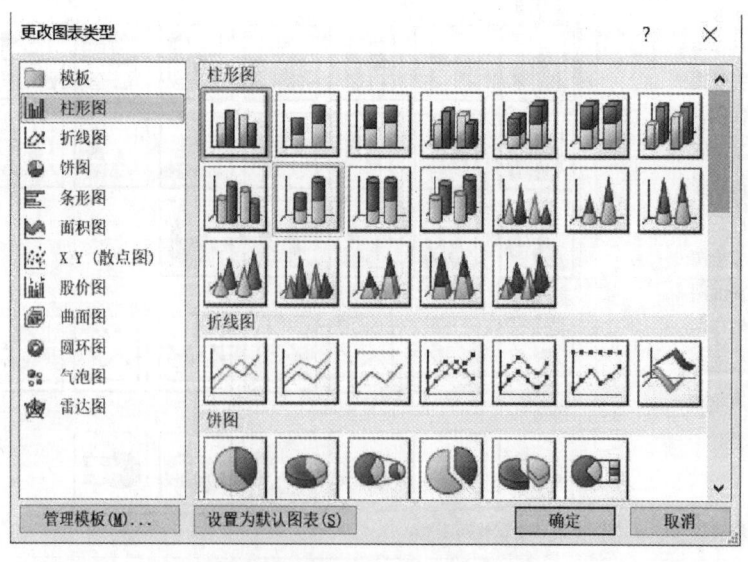

图 1-59　"更改图表类型"对话框

2. 移动图表

单击需要移动的图表，然后右击鼠标，在弹出的快捷菜单中选择"移动图表"命令，弹出"移动图表"对话框，如图 1-60 所示，然后根据需要选择图表的位置即可。

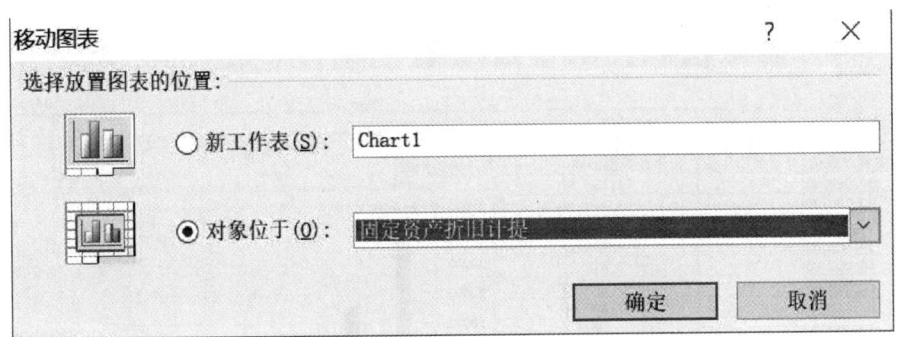

图 1-60 "移动图表"对话框

3. 选择数据源

由于图表与其数据源之间在创建图表时建立了链接关系，因此用户可以根据需要随时更改图表的数据源。

具体操作为：单击选定图表，然后右击鼠标，在弹出的快捷菜单中选择"选择数据"命令，弹出"选择数据源"对话框，如图 1-61 所示。在对话框中选择图表数据区域、图例项和水平（分类）轴标签等，单击"确定"按钮即可。

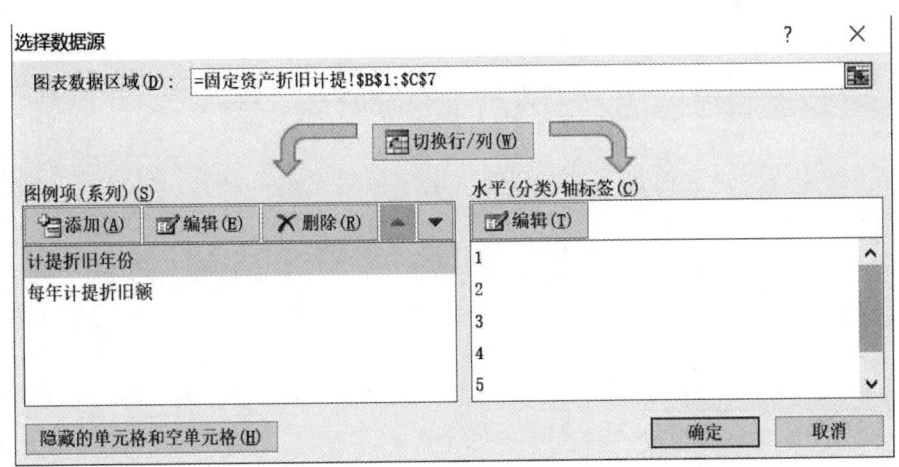

图 1-61 "选择数据源"对话框

4. 添加图表元素

创建图表后，可以根据需要添加图表元素。图表元素主要包括图表标题、坐标轴标题、图例、数据标签、模拟运算表、坐标轴、网格线、趋势线以及误差线等。

具体操作为：单击选定图表，然后右击鼠标，选择"图表工具"中的"布局"选项，如图1-62所示。选择需要添加的图表元素，按需要进行设置即可。

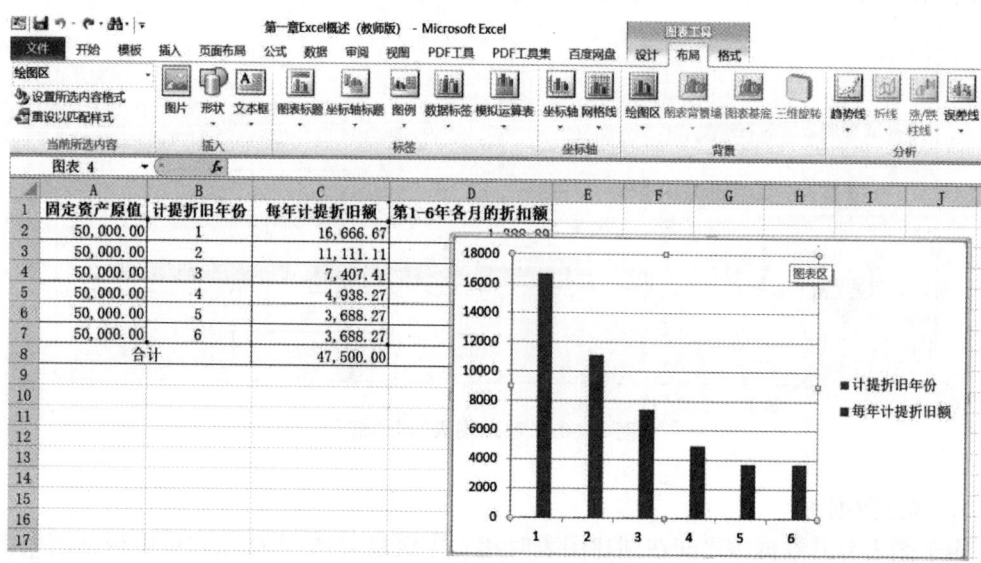

图1-62　添加图表元素

本章练习

一、单项选择题

1. 在 Excel 2010 中,选定整个工作表的方法是( )。
   A. 双击状态栏　　　　　　　　B. 选定 1 个单元格,按"Ctrl+A"组合键
   C. 双击标题栏　　　　　　　　D. 按下 Alt 键的同时双击第一个单元格

2. 在 Excel 2010 中产生图表的源数据发生变化后,图表将( )。
   A. 不会改变　　　　　　　　　B. 发生改变,但与数据无关
   C. 发生相应的改变　　　　　　D. 被删除

3. 下列关于 Excel 2010 的说法中,错误的是( )。
   A. Excel 2010 不具有数据库管理能力
   B. Excel 2010 具有图表处理、数据透视表及数据透视图等能力
   C. Excel 2010 具有强大的数据分析能力
   D. Excel 2010 具有文档保护功能

4. 在 Excel 2010 中,若单元格 C1 中的公式为"=A1+B2",将其复制到单元格 E5,则 E5 中的公式是( )。
   A. =C3+A4　　B. =C5+D6　　C. =C3+D4　　D. =A3+B4

5. 在 Excel 2010 中,数值型数据默认的对齐方式是( )。
   A. 左对齐　　　B. 右对齐　　　C. 居中对齐　　　D. 两端对齐

6. 在 Excel 2010 中,在单元格中输入"=12>24",确认后,此单元格显示的内容为( )。
   A. FALSE　　B. =12>24　　C. TRUE　　D. 12>24

7. 在 Excel 2010 中,删除工作表中与图表链接的数据时,图表将( )。
   A. 被删除　　　　　　　　　　B. 必须用编辑器删除相应的数据点
   C. 不会发生变化　　　　　　　D. 自动删除相应的数据点

8. 在同一工作簿中,Sheet1 工作表中的 A3 单元格要引用 Sheet3 工作表中 C5 单元格中的数据,其引用表述为( )。
   A. =C5　　B. =Sheet3!C5　　C. =C5!Sheet3　　D. =Sheet3#C5

9. 在单元格中输入"=2*3+INT(5.8)",将显示( )。
   A. 12　　　B. 18　　　C. 11　　　D. 16

10. 在 Excel 2010 中选择"自动筛选"命令后,在清单上的( )出现下拉式按钮图标。
    A. 字段名处　　　　　　　　　B. 所有单元格内
    C. 空白单元格内　　　　　　　D. 底部

11. 在 Excel 2010 中,默认情况下,输入日期:2022/5/30 时,单元格中显示的是( )。

A. 2022-5-30　　　B. 2022/5/30　　　C. 5-30-2022　　　D. 30-5-2022

12. 工作簿是指（　　）。

A. 在 Excel 环境中用来存储和处理工作数据的文件

B. 以一个工作表的形式存储和处理数据的文件

C. 图表

D. 数据库

13. Excel 2010 工作簿文件在默认情况下会打开（　　）个工作表。

A. 1　　　　　　B. 2　　　　　　C. 3　　　　　　D. 255

14. 创建数据透视表的功能是在（　　）栏。

A. 开始　　　　　B. 插入　　　　　C. 页面布局　　　D. 视图

15. 绝对引用单元格 C1 的表达式为（　　）。

A. C1　　　　　　B. ＄C＄1　　　　C. (C1)　　　　　D. ＃C＃1

二、多项选择题

1. Excel 2010 工作界面由（　　）组成。

A. 标题栏　　　　B. 功能区　　　　C. 工作表编辑区　　D. 状态栏

2. 关于 Excel 2010 的窗口介绍，以下说法正确的有（　　）。

A. 标题栏位于窗口顶部，包含软件图标、快速访问工具栏、当前工作簿的文件名称和软件名称

B. 编辑栏位于功能区下方，包含"显示或编辑单元格名称框""插入函数""数据编辑区"等功能

C. 工作表编辑区只能用于编辑单元格

D. 滚动条包括水平滚动条和垂直滚动条，但无法显示更多的内容

3. 文本包括了（　　）。

A. 文字　　　　　　　　　　　　　B. 字母

C. 其他通过键盘输入的符号　　　　D. 特殊符号

4. Excel 2010 中以下输入日期正确的有（　　）。

A. 1-10-21　　　B. 21-10-1　　　C. 10月1日　　　D. 10/1

5. 公式中的运算符有（　　）。

A. 应用运算符　　B. 文本运算符　　C. 比较运算符　　D. 计算运算符

6. 下列各项中，属于引用类型的有（　　）。

A. 相对引用　　　B. 绝对引用　　　C. 公式引用　　　D. 混合引用

7. 图标的类型有（　　）。

A. 饼图　　　　　B. 柱状图　　　　C. 面积图　　　　D. 雷达图

8. 下列运算符中，属于引用运算符的有（　　）。

A. ：（冒号）　　B. ，（逗号）　　C. 空格　　　　　D. /（斜杠）

三、判断题

1. Microsoft Office Excel 2010 是 Microsoft 公司推出的 Office 系列办公软件中的电子表格处理软件，是办公自动化集成软件包的重要组成部分。　　　　　　　　　　　　　　　（　　）

2. 启动 Excel 程序后,会自动创建文件名为"文档 1"的 Excel 工作簿。（　　）

3. 工作表是指在 Excel 环境中用来存储和处理工作数据的文件。（　　）

4. Excel 工作簿是 Excel 用来计算和存储数据的文件。（　　）

5. Excel 2010 工作簿的扩展名是".XLSX"。（　　）

6. Excel 的多个单元格使用的公式一样时,可以直接进行拖拽。（　　）

7. 在默认情况下,一个新的工作簿中含有三个工作表,它们的名称分别是 Sheet1、Sheet2、Sheet3。（　　）

8. 正在处理的单元格称为活动单元格。（　　）

9. IF 函数能实现多重判断。（　　）

10. 编辑栏用于编辑当前单元格的内容。如果该单元格中含有公式,则公式的运算结果会显示在单元格中,公式本身会显示在编辑栏中。（　　）

11. 不相邻的单元格也可以实现合并。（　　）

12. 当单元格 D1 的计算公式涉及单元格 A1 内容时,单元格 A1 的内容发生变化,需在单元格 D1 中重新输入该计算公式才能实现数据更新。（　　）

13. 对工作表设置保护后,仍可执行对工作表打印区域的设置。（　　）

14. 在拖拽公式时,对需要锁定的单元格可以在该单元格的行和列之前加上 $。（　　）

15. 如果在复制粘贴单元格的日期后,在新单元格中日期显示为"40909",这是因为粘贴时原来的日期格式没有保留。（　　）

四、思考题

1. Excel 分别有哪几种运算符的类型?

2. 如何重命名工作表?

3. 相对引用、绝对引用、混合引用之间如何切换?

4. Excel 提供了大量的函数,这些函数按功能如何进行分类?

五、业务操作题

1. 2022 年 4 月 30 日,烟台兴茂机械制造有限公司员工信息如图 1-63 所示。

	E	F	G	H	I	J	K
1	员工编号	姓名	部门	性别	年龄	员工类别	基本工资
2	1001	赵浩	管理部门	男	45	总经理	9600
3	1002	杨悦	管理部门	女	40	管理人员	6600
4	1003	张扬	管理部门	男	36	管理人员	5400
5	2001	张远	财务部门	女	38	部门经理	7800
6	2002	陈伟	财务部门	男	32	管理人员	4500
7	3001	刘鑫	生产车间	男	43	部门经理	6500
8	3002	朱长林	生产车间	女	42	生产工人	5300
9	3003	杨新明	生产车间	男	35	生产工人	4600
10	3004	孙伟伟	生产车间	男	31	生产工人	3800
11	3005	吴丽丹	生产车间	女	28	生产工人	3100
12	3006	蒋志豪	生产车间	男	27	生产工人	3200
13	4001	徐飞翔	销售部门	男	46	部门经理	8000
14	4002	赵林浩	销售部门	男	37	销售人员	5000
15	4003	黄洁	销售部门	女	28	销售人员	3200
16	5001	沈毅	采购部门	男	41	部门经理	7000
17	5002	章丽丽	采购部门	女	32	采购人员	5000

图 1-63　烟台兴茂机械制造有限公司员工信息

要求：

（1）对"基本工资"由高到低进行排序。

（2）筛选出"生产车间"员工的信息。

（3）根据部门类别汇总出各部门基本工资的平均值。

2. 某高校会计与金融学院1901-3班学生某学期的成绩如图1-64所示。

要求：

（1）计算每名学生的总成绩和平均成绩（保留两位小数）。

（2）按照"平均成绩"由低到高进行排序。

（3）将平均成绩在80分以上的学生筛选出来。

（4）利用分类汇总，按性别统计学生中级财务会计的平均成绩。

（5）绘制各学生的平均成绩折线图。

	A	B	C	D	E	F	G	H	I	J
1	学号	姓名	性别	中级财务会计	税务会计	成本会计	管理学原理	线性代数	总成绩	平均成绩
2	001	王薇	男	85	78	75	68	54		
3	002	黎明	男	67	89	86	58	65		
4	003	赵良	女	82	92	65	76	78		
5	004	王晓燕	女	70	56	53	63	63		
6	005	张福海	男	74	80	66	47	76		
7	006	卓飞	男	93	96	68	97	68		
8	007	柳丽	女	67	52	65	84	93		
9	008	郑中恒	女	79	77	76	89	58		
10	009	任中兴	男	73	52	59	77	76		
11	010	邓辉	男	61	63	74	58	67		
12	011	张志远	女	90	82	83	65	79		
13	012	刘明明	女	94	89	83	89	87		
14	013	林海峰	男	92	89	88	79	90		

图1-64　学生成绩

注：学生可扫码本书封面二维码，回复关键词获取业务操作题基础数据。

第二章　Excel 在会计凭证中的应用

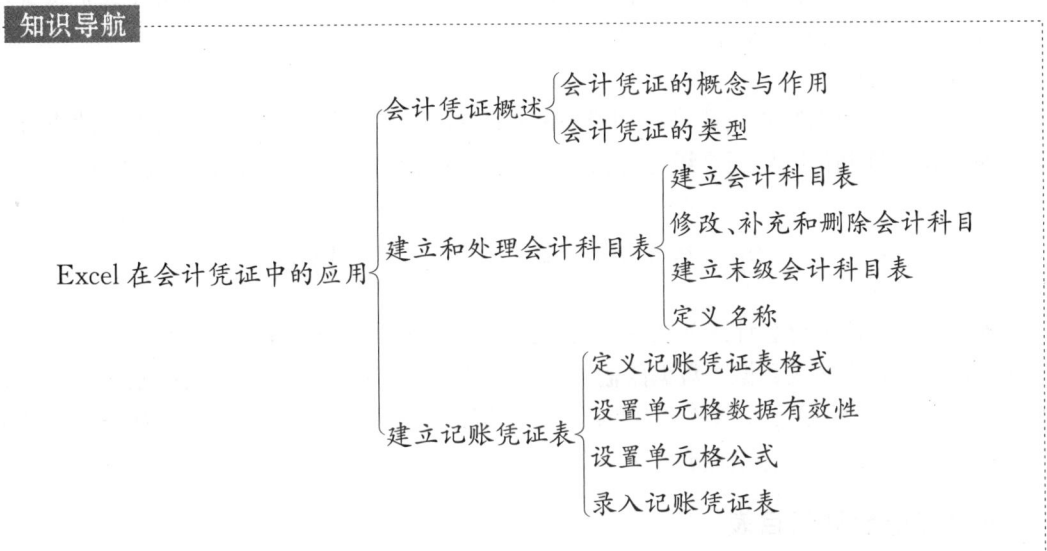

学习目标

1. 了解会计凭证有关基本概念
2. 掌握利用 Excel 建立和处理会计科目表
3. 掌握利用 Excel 修改和删除会计科目
4. 掌握利用 Excel 建立记账凭证表

第一节　会计凭证概述

一、会计凭证的概念与作用

会计凭证是指记录经济业务,明确经济责任的书面证明,是登记账簿的依据。填制和审核会计凭证,既是会计工作的开始,也是会计对经济业务进行监督的重要环节。会计凭证在会计核算中具有十分重要的意义,主要表现在以下几个方面:

(1) 填制和取得会计凭证,可以及时正确地反映各项经济业务的完成情况。
(2) 审核会计凭证,可以更有力地发挥会计的监督作用,使会计记录合理、合法、有效。
(3) 填制和审核会计凭证,可以加强经济管理中人员的责任感。

二、会计凭证的类型

会计凭证按其填制的程序及其在经济管理中的用途,分为原始凭证和记账凭证。

1. 原始凭证

原始凭证是指在经济业务发生时取得或填制的,用以证明经济业务的发生或完成等情况,并作为原始依据的会计凭证。原始凭证必须真实、完整、规范、及时和正确,必须有经办人的签字。此外,只有经过审核后的原始凭证才能作为记账依据。审核原始凭证是保证会计记录真实和正确、充分发挥会计监督作用的重要环节。

2. 记账凭证

记账凭证是根据原始凭证进行归类、整理编制的会计分录凭证,是登记账簿的直接依据。从原始凭证到记账凭证是经济信息转换成会计信息的过程,是会计初始确认阶段。

第二节 建立和处理会计科目表

在利用 Excel 进行会计账务处理时,首先要建立会计科目表。建立会计科目表时,需要在 Excel 工作表中输入数据。数据的输入方法有两种:一种方法是直接在单元格中输入数据;另一种方法是使用"记录单"输入数据。由于记录单的方式便于建立、删除和查找会计科目,因此在本节中,我们将重点介绍使用记录单方式建立会计科目表。

一、建立会计科目表

会计科目表是指按照经济业务的内容和经济管理的要求,对会计要素的具体内容进行分类核算的会计科目所构成的集合。为了便于编制记账凭证、登记账簿、查阅账目,用户还应在对会计科目进行分类的基础上,为每个会计科目编一个固定的号码,即科目编号。科目编号能清楚地表示会计科目所属的类别及其在类别中的位置。

【例2-1】 烟台兴茂机械制造有限公司部分资产类科目信息如表2-1所示。

要求:根据表2-1的基本资料,建立烟台兴茂机械制造有限公司会计科目表。

表 2-1　　　　　　　　　部分资产类科目信息表

科目编码	总账科目	一级明细科目	二级明细科目
1001	库存现金		
1002	银行存款		
100201	银行存款	中国农业银行	
1015	其他货币资金		
101501	其他货币资金	银行本票	
1121	应收票据		
112101	应收票据	银行承兑汇票	

(续表)

科目编码	总账科目	一级明细科目	二级明细科目
11210101	应收票据	银行承兑汇票	威海华山机械有限公司
11210102	应收票据	银行承兑汇票	济南邦瑞机电有限公司
1122	应收账款		
112201	应收账款	威海华山机械有限公司	
112202	应收账款	济南信达汽车配件有限公司	

【操作步骤】

第一步,新建工作簿"第二章 Excel 在会计凭证中的应用.xlsx",打开工作簿,新建工作表,将 Sheet1 重命名为"会计科目表",如图 2-1 所示。

第二步,选中单元格 A1:D1,单击"合并后居中"按钮,在合并后的单元格中输入"烟台兴茂机械制造有限公司会计科目表",设置字体为宋体 14 号、加粗。选择第一行,设置行高为 30 磅。

第三步,在单元格 A2:D2 中依次输入"科目编号""总账科目""一级明细科目"和"二级明细科目"。选中单元格 A2:D2,设置对齐方式为"居中对齐",设置字体为宋体 12 号、加粗,如图 2-2 所示。

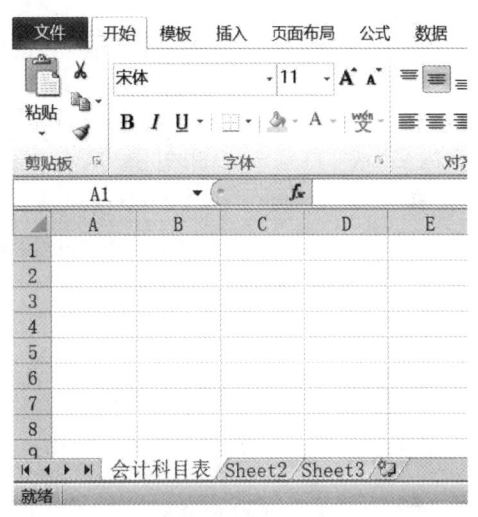

图 2-1 对工作表 Sheet1 进行重命名

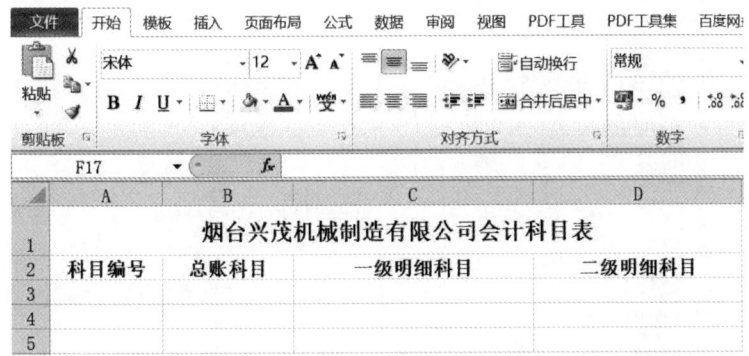

图 2-2 输入"科目编号""总账科目""一级明细科目"和"二级明细科目"

第四步,在"数据"中添加"记录单"。单击"文件"→"选项"→"自定义功能区",在"自定义功能区(B)"中选择"主选项卡",在"主选项卡"列表中选择"数据"→单击"新建组",在"数据"中会新增"新建组(自定义)",然后选中"新建组(自定义)"→单击"重命名",在弹出的"重命名"对话框中将"显示名"修改为"记录单",如图 2-3 所示,再单击"重命名"对话框中的"确定"。在"从下列位置选择命令"中选择"不在功能区的命令"→在下拉列表中单击"记录单"→"添加"→"确定",如图 2-4 所示。

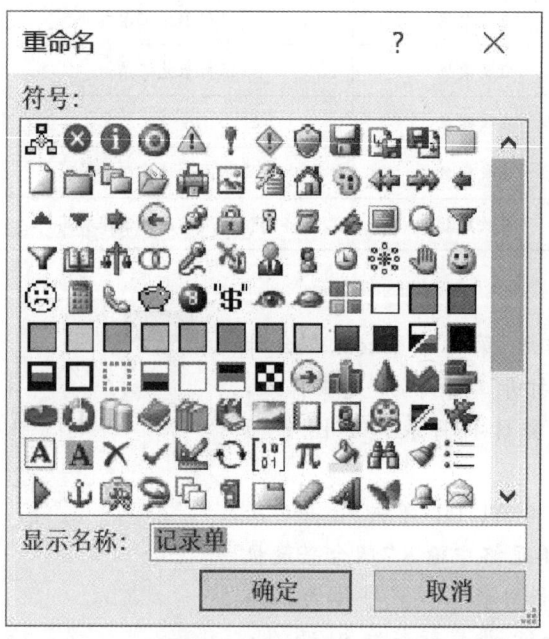

图 2-3 重命名新建组

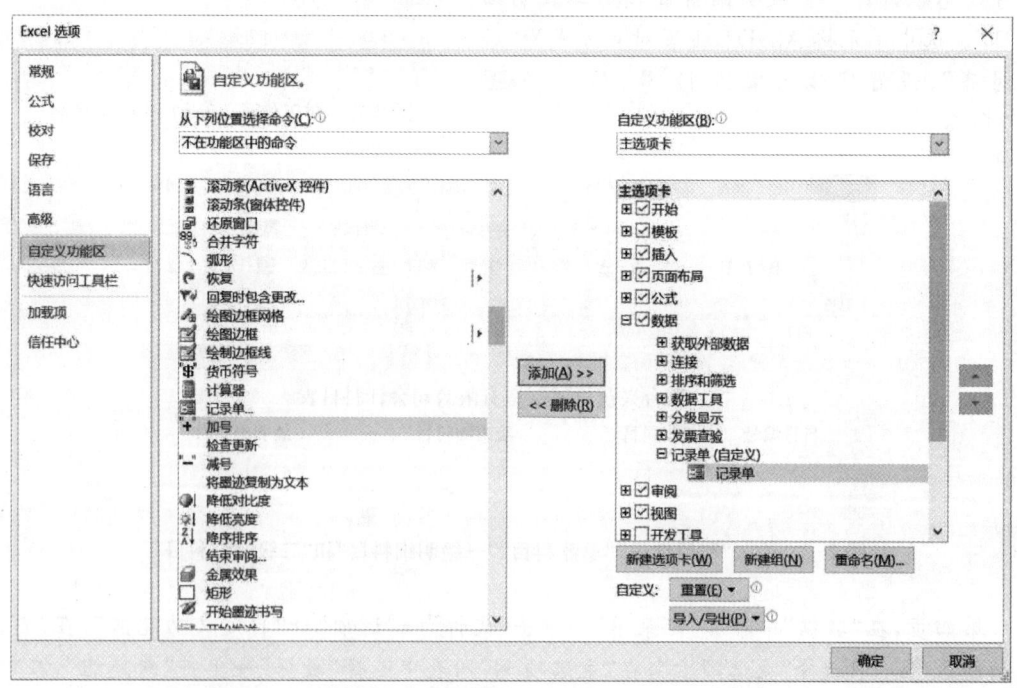

图 2-4 在"数据"中添加"记录单"

第五步,选定单元格区域 A1:D2,"数据→记录单",出现如图 2-5 所示的提示。

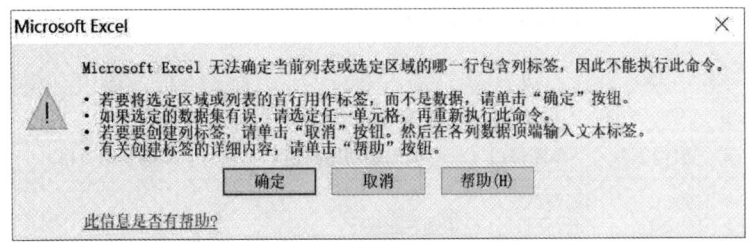

图 2-5　记录单提示窗口

第六步,单击"确定"按钮,打开"会计科目表"记录单对话框,如图 2-6 所示。

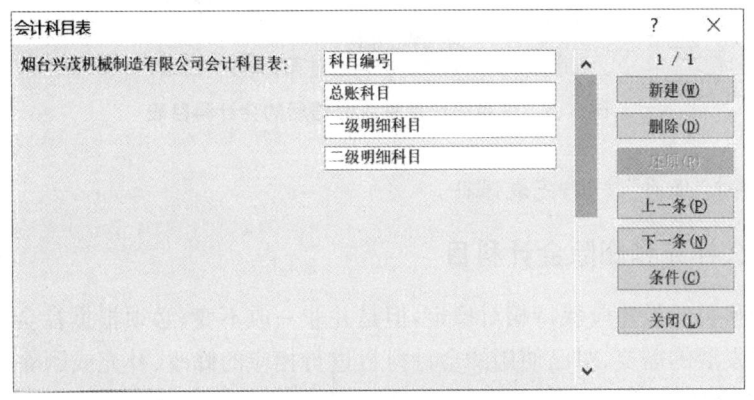

图 2-6　"会计科目表"记录单对话框

第七步,单击"新建"按钮,在"科目编码"文本框录入"1001",在"总账科目"文本框录入"库存现金",如图 2-7 所示。

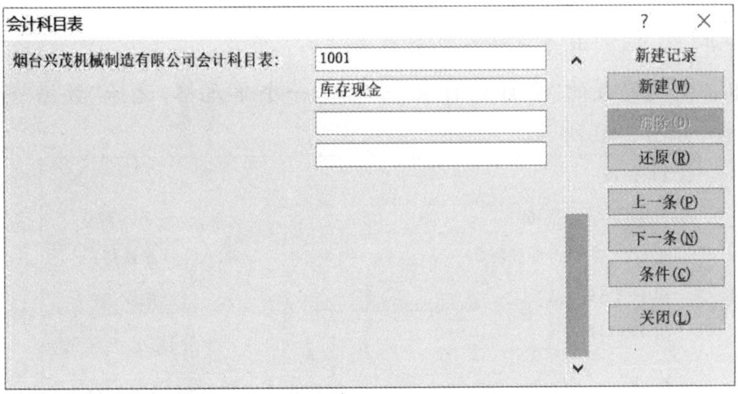

图 2-7　在记录单中录入会计科目信息

第八步,单击"新建"按钮,在"科目编码"文本框录入"1002",在"总账科目"文本框录入"银行存款",单击"新建"。在"科目编码"文本框录入"100201",在"总账科目"文本框录入"银行存款",在"一级明细科目"文本框中录入"中国农业银行"。依次录入公司会计科目,完成后单击"关闭"按钮完成会计科目的添加并关闭记录单。选中单元格区域A3:D14,设置对齐方式为左对齐,形成会计科目表,如图2-8所示。

	A	B	C	D
1	烟台兴茂机械制造有限公司会计科目表			
2	科目编号	总账科目	一级明细科目	二级明细科目
3	1001	库存现金		
4	1002	银行存款		
5	100201	银行存款	中国农业银行	
6	1015	其他货币资金		
7	101501	其他货币资金	银行本票	
8	1121	应收票据		
9	112101	应收票据	银行承兑汇票	
10	11210101	应收票据	银行承兑汇票	威海华山机械有限公司
11	11210102	应收票据	银行承兑汇票	济南邦瑞机电有限公司
12	1122	应收账款		
13	112201	应收账款	威海华山机械有限公司	
14	112202	应收账款	济南信达汽车配件有限公司	

图2-8 使用记录单输入数据后的会计科目表

第九步,单击"保存"按钮,完成保存。

二、修改、补充和删除会计科目

企业会计科目的设置应保持相对稳定,但是并非一成不变,必须根据社会经济环境变化和本单位业务发展的需要,对已使用的会计科目进行相应的修改、补充或删除。

(一)修改会计科目

【例2-2】 沿用[例2-1]的资料。

要求:将[例2-1]会计科目表中的"银行存款——银行本票"科目修改为"银行存款——外埠存款"科目。

【操作步骤】

第一步,打开[例2-1]中建立的会计科目表。

第二步,单击需要修改的"会计科目表"中任意一个单元格,选择"数据→记录单",打开"记录单"对话框,如图2-9所示。

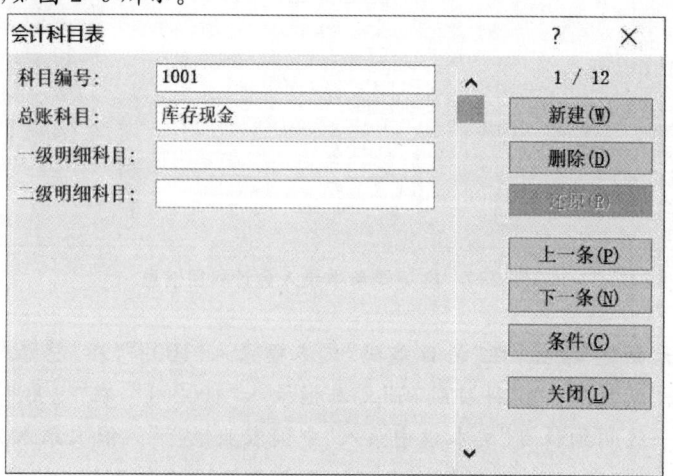

图2-9 "会计科目表"记录单对话框

第三步,单击"下一条"按钮找到"101501 其他货币资金——银行本票"的记录,在记录中将一级明细科目"银行本票"修改为"外埠存款",如图 2-10 所示。

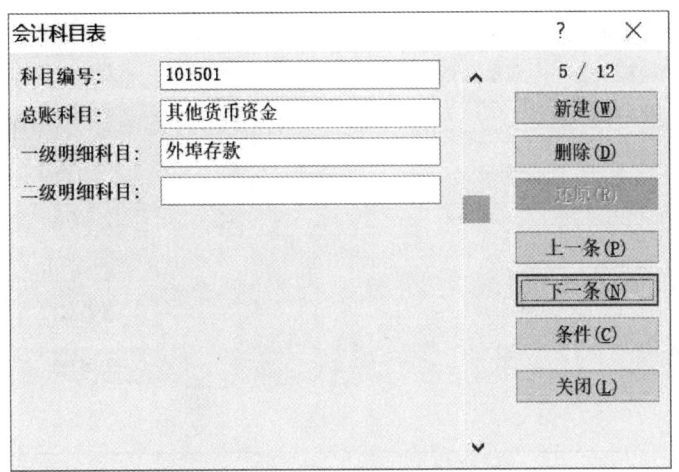

图 2-10 对会计科目表进行修改

第四步,单击"关闭"按钮更新当前显示的记录并关闭记录单,完成会计科目的修改,修改后的会计科目表,如图 2-11 所示。

	A	B	C	D
1	烟台兴茂机械制造有限公司会计科目表			
2	科目编号	总账科目	一级明细科目	二级明细科目
3	1001	库存现金		
4	1002	银行存款		
5	100201	银行存款	中国农业银行	
6	1015	其他货币资金		
7	101501	其他货币资金	外埠存款	
8	1121	应收票据		
9	112101	应收票据	银行承兑汇票	
10	11210101	应收票据	银行承兑汇票	威海华山机械有限公司
11	11210102	应收票据	银行承兑汇票	济南邦瑞机电有限公司
12	1122	应收账款		
13	112201	应收账款	威海华山机械有限公司	
14	112202	应收账款	济南信达汽车配件有限公司	

图 2-11 修改后的会计科目表

(二) 补充会计科目

【例 2-3】 沿用[例 2-2]的资料。

要求:在[例 2-2]会计科目表中补充"2001 短期借款"科目。

【操作步骤】

第一步,打开[例 2-2]中修改会计科目后的会计科目表。

第二步,单击需要修改的"会计科目表"中任意一个单元格,选择"数据→记录单",打开"记录单"对话框。

第三步,单击"新建"按钮,在"科目编码"文本框录入"2001",在"总账科目"文本框录入

"短期借款",如图2-12所示。

```
会计科目表                          ?    ×
科目编号：    2001              ∧    新建记录
总账科目：    短期借款                新建(W)
一级明细科目：                        删除(D)
二级明细科目：                        还原(R)
                                     上一条(P)
                                     下一条(N)
                                     条件(C)
                                     关闭(L)
                               ∨
```

图 2-12　在记录单中补充会计科目

第四步,单击"关闭"按钮补充当前显示的记录并关闭记录单,完成会计科目的补充,补充后的会计科目表,如图 2-13 所示。

	A	B	C	D
1	烟台兴茂机械制造有限公司会计科目表			
2	科目编号	总账科目	一级明细科目	二级明细科目
3	1001	库存现金		
4	1002	银行存款		
5	100201	银行存款	中国农业银行	
6	1015	其他货币资金		
7	101501	其他货币资金	外埠存款	
8	1121	应收票据		
9	112101	应收票据	银行承兑汇票	
10	11210101	应收票据	银行承兑汇票	威海华山机械有限公司
11	11210102	应收票据	银行承兑汇票	济南邦瑞机电有限公司
12	1122	应收账款		
13	112201	应收账款	威海华山机械有限公司	
14	112202	应收账款	济南信达汽车配件有限公司	
15	2001	短期借款		

图 2-13　补充科目后的会计科目表

(三) 查询并删除会计科目

可以利用记录单快速查找数据清单记录的功能,找到某一个会计科目并进行删除。

【例 2-4】　沿用[例 2-3]的资料。

要求：查找[例 2-3]会计科目表中的"11210102 应收票据——银行承兑汇票——济南邦瑞机电有限公司"科目,并将其删除。

【操作步骤】

第一步,打开[例 2-3]中补充会计科目后的会计科目表。

第二步,单击需要修改的"会计科目表"中任意一个单元格,选择"数据→记录单",打开

"记录单"对话框。

第三步,单击"条件"按钮,在"科目编码"文本框录入"11210102",单击"下一条"按钮,如图 2-14 所示。

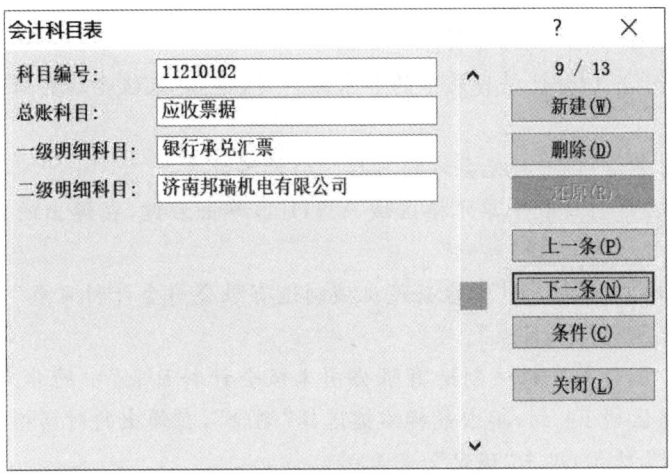

图 2-14 在记录单中查询会计科目

第四步,单击"删除"按钮,系统将弹出如图 2-15 所示的警告对话框。

第五步,单击"确定"按钮,单击"记录单"对话框中的"关闭"按钮,完成会计科目的删除操作。删除会计科目后的会计科目表,如图 2-16 所示。

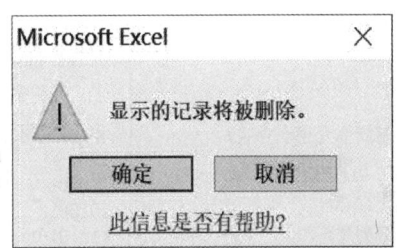

图 2-15 删除提示对话框

	A	B	C	D
1	烟台兴茂机械制造有限公司会计科目表			
2	科目编号	总账科目	一级明细科目	二级明细科目
3	1001	库存现金		
4	1002	银行存款		
5	100201	银行存款	中国农业银行	
6	1015	其他货币资金		
7	101501	其他货币资金	外埠存款	
8	1121	应收票据		
9	112101	应收票据	银行承兑汇票	
10	11210101	应收票据	银行承兑汇票	威海华山机械有限公司
11	1122	应收账款		
12	112201	应收账款	威海华山机械有限公司	
13	112202	应收账款	济南信达汽车配件有限公司	
14	2001	短期借款		

图 2-16 删除科目后的会计科目表

三、建立末级会计科目表

在"会计科目表"右侧建立"末级会计科目表",即将"会计科目表粘贴在右侧,并删除表中的非末级科目。

【例 2-5】 沿用[例 2-4]的资料。

要求:删除[例 2-4]会计科目表中的非末级科目,建立"末级会计科目表"。

【操作步骤】

第一步,打开[例 2-4]中补充会计科目后的会计科目表。

第二步,选中会计科目表中单元格区域 A1:D14,单击右键,在弹出的对话框中选择"复制",选中单元格 F1,右键选择"粘贴"。

第三步,选中单元格 F1,将"烟台兴茂机械制造有限公司会计科目表"改为"烟台兴茂机械制造有限公司末级会计科目表"。

第四步,选中"烟台兴茂机械制造有限公司末级会计科目表"中的非末级科目"1002 银行存款",即单元格区域 F4:I4,单击鼠标右键选择"删除",在弹出的对话框中选择"下方单元格上移",如图 2-17 所示,单击"确定"。

第五步,同理,删除其他非末级科目,也可按住 Ctrl 键同时选择多个非末级科目删除。完成烟台兴茂机械制造有限公司末级会计科目表,如图 2-18 所示。

F	G	H	I
烟台兴茂机械制造有限公司末级会计科目表			
科目编号	总账科目	一级明细科目	二级明细科目
1001	库存现金		
100201	银行存款	中国农业银行	
101501	其他货币资金	外埠存款	
11210101	应收票据	银行承兑汇票	威海华山机械有限公司
112201	应收账款	威海华山机械有限公司	
112202	应收账款	济南信达汽车配件有限公司	
2001	短期借款		

图 2-17 选择"下方单元格上移"   图 2-18 末级会计科目表

四、定义名称

设置"定义名称"的具体步骤如下:

第一步,选中"会计科目表"工作表中的列 A:D,单击"公式→定义名称"按钮。

第二步,在弹出的"新建名称"对话框中,"名称"文本框录入"会计科目表","范围"选择"工作簿","引用位置"右侧默认为"=会计科目表!$A:$D",如图 2-19 所示。

第三步,单击"确定",完成"定义名称"设置。同理,定义"会计科目表!$F:$I"区域,名称为

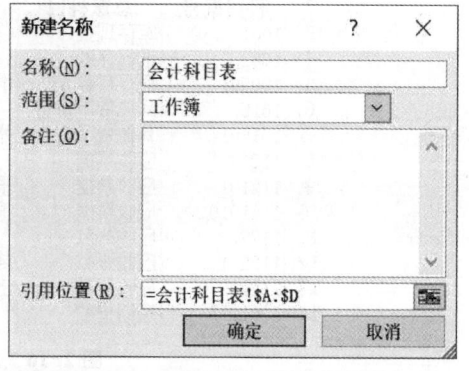

图 2-19 定义"会计科目表"名称

"末级会计科目表"。定义"会计科目表！＄F3：＄F9"区域,名称为"末级会计科目编码"。

第三节 建立记账凭证表

在电算化财务工作中,作为凭证、账簿和报表三大账务处理流程的起始点,记账凭证的填制是最基础的,也是工作量最大的。作为账表等文件的数据来源,只有保证记账凭证的信息正确、完整的录入系统,才能正确地生成账簿和报表。

建立 Excel 电算化处理的记账凭证,首先要定义记账凭证表的格式及公式,再根据企业当期会计业务录入本月会计分录,即可得到本月的记账凭证表。

一、定义记账凭证表格式

定义记账凭证表格式的具体操作步骤如下:

第一步,打开"第二章 Excel 在会计凭证中的应用.xlsx"工作簿,将"Sheet2"重命名为"记账凭证表"。

第二步,选择单元格 A1:L1,单击"合并后居中"按钮,在合并后的单元格中输入"烟台兴茂机械制造有限公司记账凭证表",设置字体为宋体 14 号、加粗。选择第二行,设置行高为 30 磅。

第三步,在单元格 A2:L2 依次输入"年""月""日""序号""凭证编号""摘要""科目编码""总账科目""一级明细科目""二级明细科目""借方金额""贷方金额",设置单元格为合适的宽度,设置字体为宋体 12 号、加粗、居中。选择第一行,设置行高为 24 磅。

第四步,选中单元格 A2:L2,单击"开始→字体"功能区域中的"填充颜色 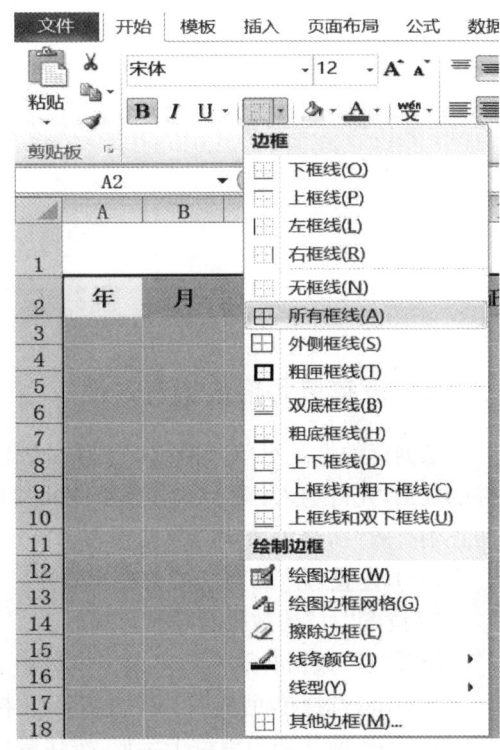"按钮,选择黄色,将其填充为黄色。

第五步,选中单元格区域 A2:L50,单击"开始→字体"功能区域中的"边框"按钮,选择"所有边框",如图 2-20 所示。设置完成的记账凭证表如图 2-21 所示。

图 2-20 设置边框

图 2-21 记账凭证表

第五步，选择列B:D，设置其单元格格式，选择数字分类为"文本"，选择列K:L，设置单元格格式，选择数字分类为"会计专用"，小数位数为"2"，货币符号为"无"，单击"确定"，如图2-22所示。

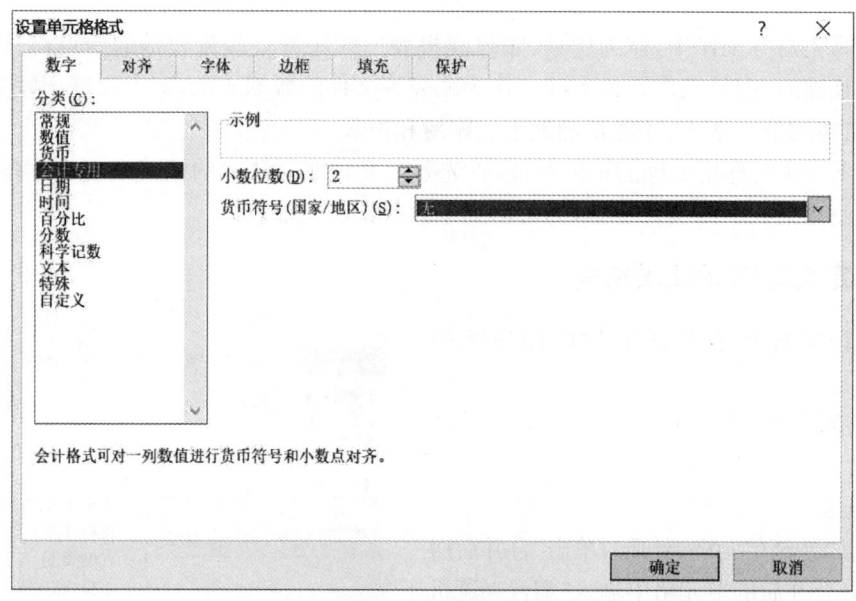

图2-22 "数字"选项卡设置

二、设置单元格数据有效性

数据有效性是对单元格或单元格区域输入的数据从内容到数量上的限制。对于符合条件的数据，允许输入；对于不符合条件的数据，则禁止输入。这样就可以依靠系统检查数据的正确有效性，避免错误的数据录入。

（一）设置"月"和"日"的数据有效性

1. 设置"月"的数据有效性

设置"月"数据有效性具体操作步骤如下：

第一步，选择单元格N2，设置其单元格属性为"文本"，输入"01"，将鼠标放在单元格N2的右下角使其变为黑色十字形，按住鼠标左键向下填充至单元格N13。

第二步，选中单元格B3，单击"数据→数据有效性"按钮，打开"数据有效性"对话框，在"设置"选项卡"允许"下拉菜单中选择"序列"，在"来源"输入框中选择区域"＄N＄2:＄N＄13"，如图2-23所示。

第三步，单击"出错警告"选项卡，设置"错误信息"为"月份非法！"，单击"确定"，如图2-24所示。

第四步，将鼠标放在单元格B3的右下角使其变为黑色十字形，按住鼠标左键向下填充可完成B列其他单元格的数据有效性设置。

第五步，在单元格B3中输入14，按回车键，系统会提示"月份非法！"，如图2-25所示。

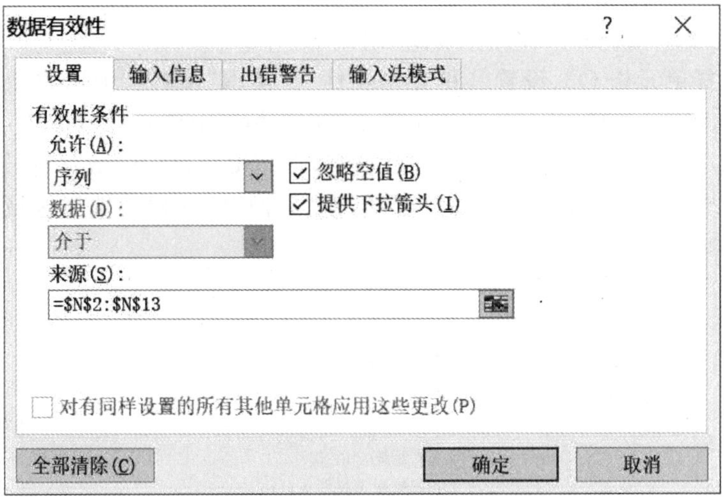

图 2-23　设置凭证月份数据有效性

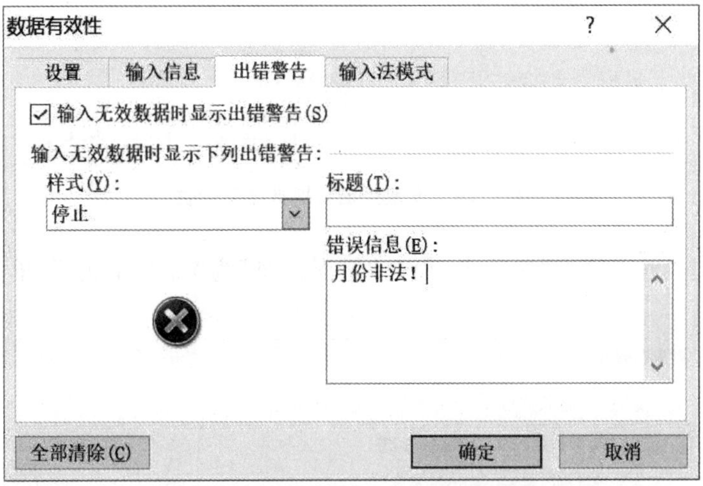

图 2-24　设置凭证月份数据出错警告

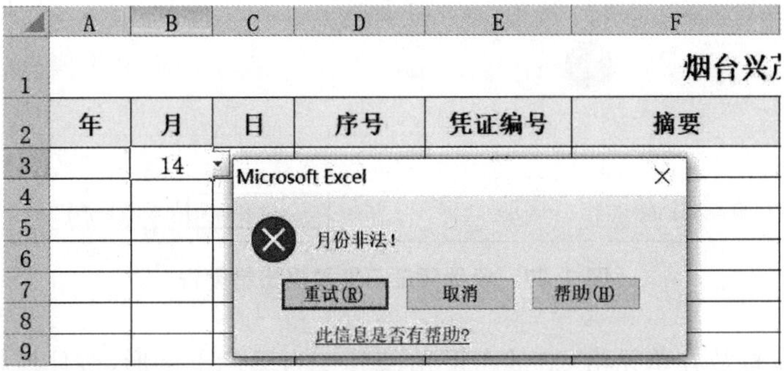

图 2-25　"月份非法！"提示

2. 设置"日"的数据有效性

设置"日"数据有效性的具体操作步骤如下：

第一步，选择单元格 O2，设置其单元格属性为"文本"，输入"01"，将鼠标放在单元格 O2 的右下角使其变为黑色十字形，按住鼠标左键向下填充至单元格 O32。

第二步，选中单元格 C3，单击"数据→数据有效性"按钮，打开"数据有效性"对话框，在"设置"选项卡"允许"下拉菜单中选择"序列"，在"来源"输入框中选择区域"＄O＄2：＄O＄32"，如图 2-26 所示。

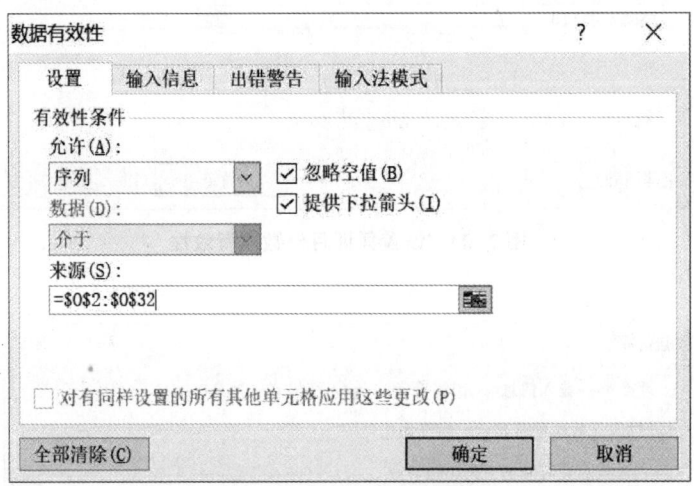

图 2-26 设置凭证日期数据有效性

第三步，单击"出错警告"选项卡，设置"错误信息"为"日期非法！"，单击"确定"，如图 2-27 所示。

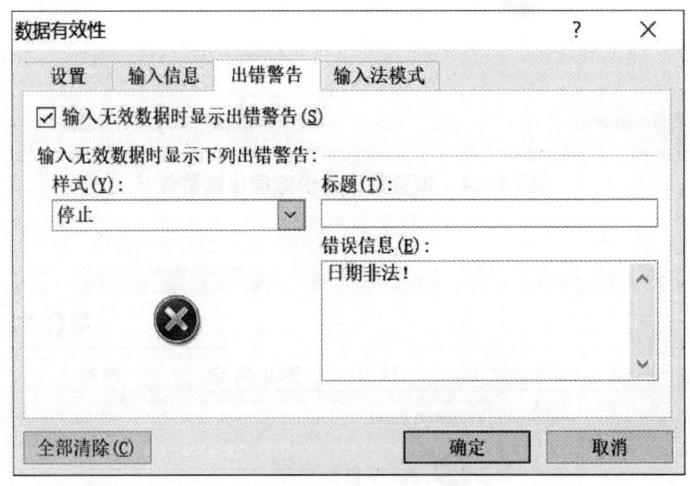

图 2-27 设置凭证日期数据出错警告

第四步，将鼠标放在单元格 C3 的右下角使其变为黑色十字形，按住鼠标左键向下填充可完成 C 列其他单元格的数据有效性设置。

第五步,在单元格 C3 中输入 42,按回车键,系统会提示"日期非法!",如图 2-28 所示。

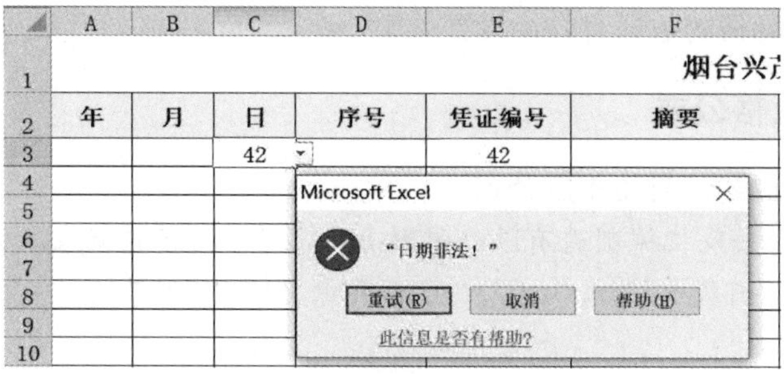

图 2-28 "日期非法!"提示

(二) 设置"科目编码"的数据有效性

设置"科目编码"数据有效性具体操作步骤如下:

第一步,选中单元格 G3,单击"数据→数据有效性"按钮,打开"数据有效性"对话框,在"设置"选项卡"允许"下拉菜单中选择"序列",在"来源"输入框中录入"=末级会计科目编码",如图 2-29 所示。

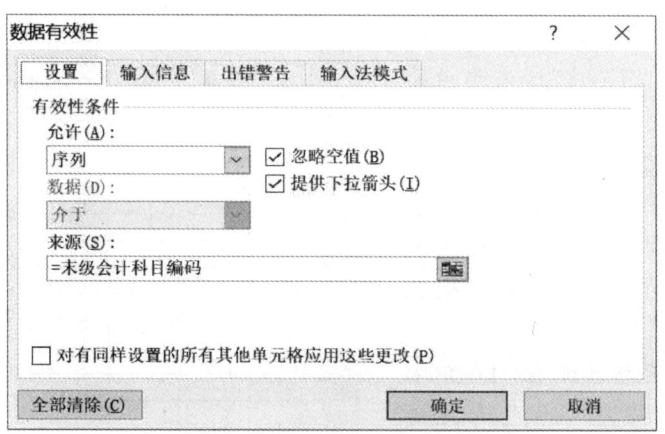

图 2-29 设置科目编码数据有效性

第二步,单击"出错警告"选项卡,设置"错误信息"为"科目无效!",单击"确定",如图 2-30 所示。

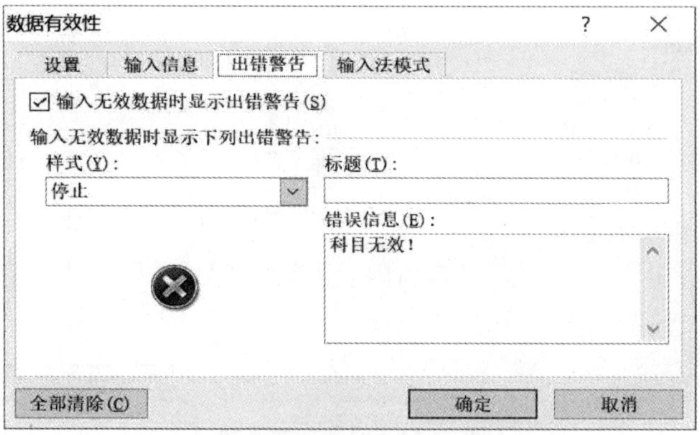

图 2-30 设置科目编码数据出错警告

第三步,将鼠标放在单元格 G3 的右下角使其变为黑色十字形,按住鼠标左键向下填充可完成 G 列其他单元格的数据有效性设置。

三、设置单元格公式

(一)设置"凭证编号"自动生成公式

【例 2-6】 烟台兴茂机械制造有限公司财务人员在"记账凭证表"的"年"中输入 2021,"月"中输入"12","日"中输入"01","序号"中输入"001"后,可自动生成"凭证编号"20211201001。

要求:设置"凭证编号"自动生成的公式。

【操作步骤】

第一步,选中单元格 E3,选择"公式→文本→CONCATENATE",如图 2-31 所示。

第二步,在弹出的"函数参数"对话框的"Text1"输入框中输入"A3",在"Text2"输入框中输入"B3","Text3"输入框中输入"C3","Text4"输入框中输入"D3",如图 2-32 所示。

第三步,单击"确定",将鼠标放在单元格 E3 的右下角使其变为黑色十字形,按住鼠标左键向下填充可完成 E 列其他单元格的凭证编号自动生成公式。

第四步,在单元格区域 A3:D3 中依次输入"2021""12""01""001",单元格 E3 中会自动出现"20211201001",如图 2-33 所示。

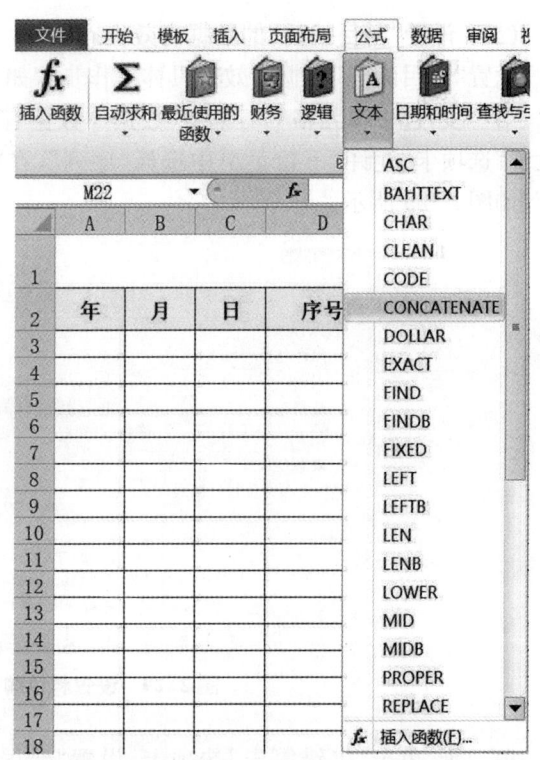

图 2-31 打开 CONCATENATE 函数

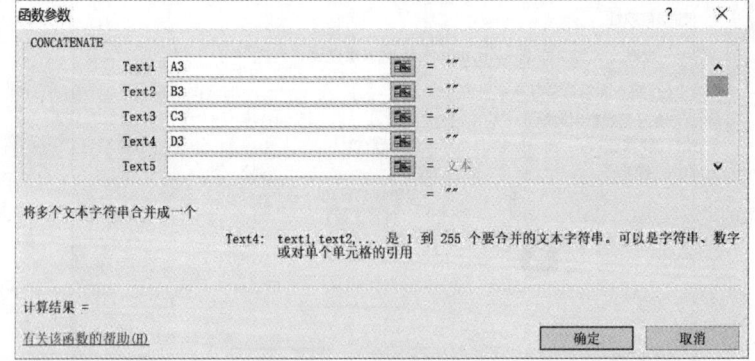

图 2-32 设置文本函数

	A	B	C	D	E
1					
2	年	月	日	序号	凭证编号
3	2021	12	01	001	20211201001

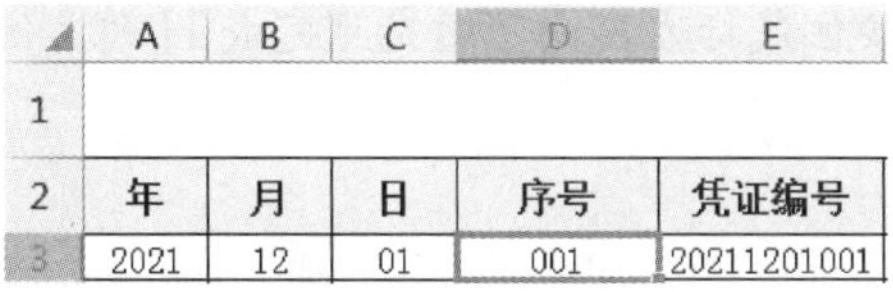

图 2-33　自动生成凭证编号

(二) 设置“总账科目”“一级明细科目”“二级明细科目”自动生成公式

进入经济业务记录的工作后，先登记业务发生的时间，再用会计语言“会计科目”来记录企业发生的经济活动。在输入经济业务时，为了节约时间，可以利用 Vlookup()函数，自动显示会计科目。

【例 2-7】 烟台兴茂机械制造有限公司财务人员在“科目编码”中输入“11210101”后，“总账科目”可自动生成“应收票据”，“一级明细科目”可自动生成“银行承兑汇票”，“二级明细科目”可自动生成“威海华山机械有限公司”。

要求：设置“总账科目”“一级明细科目”和“二级明细科目”自动生成的公式。

【操作步骤】

(1) 设置“总账科目”自动生成的公式。

第一步，选中单元格 H3，选择“公式→逻辑→IF”，如图 2-34 所示。

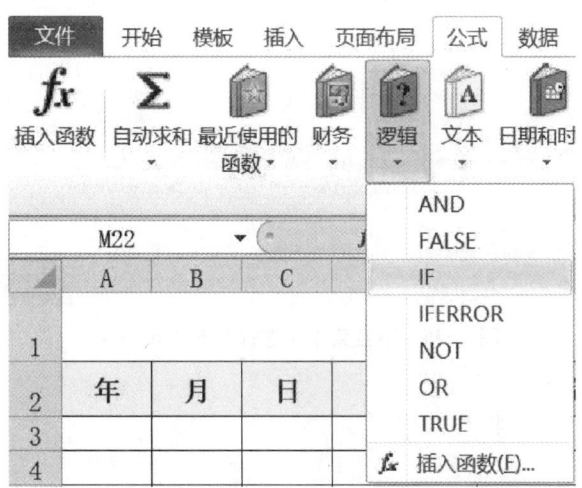

图 2-34　IF 函数

第二步，在弹出的“函数参数”对话框中，“Logical_test”输入框中输入“G3=""”，“Value_if_true”输入框中输入双引号“""”，双引号必须为英文状态下的双引号，如图 2-35 所示。

第三步，单击“Value_if_false”输入框，单击如图 2-36 所示的下拉菜单，选择 Vlookup() 函数。

第四步，在弹出的“函数参数”对话框中，“Lookup_value”输入框中输入“G3”；“Table_array”输入框中输入“末级会计科目表”；“Col_index_num”输入框中输入“2”；“Range_lookup”输入框中输入“0”，如图 2-37 所示。

第五步，单击“确定”按钮，完成“总账科目”自动生成的公式。将鼠标放在单元格 H3 的右下角使其变为黑色十字形,按住鼠标左键向下填充可完成 H 列其他单元格的数据有效性设置。

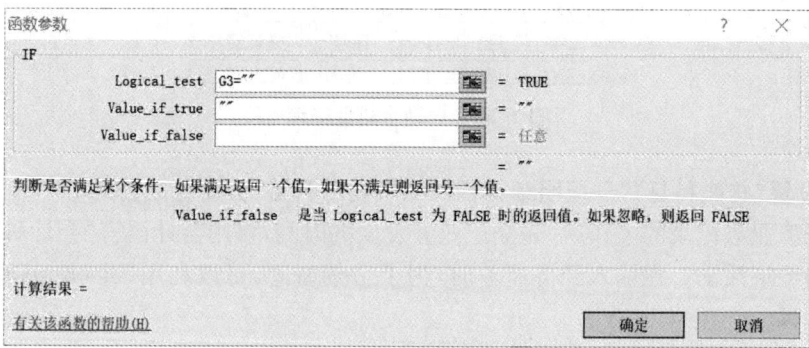

图 2-35　设置总账科目公式 1

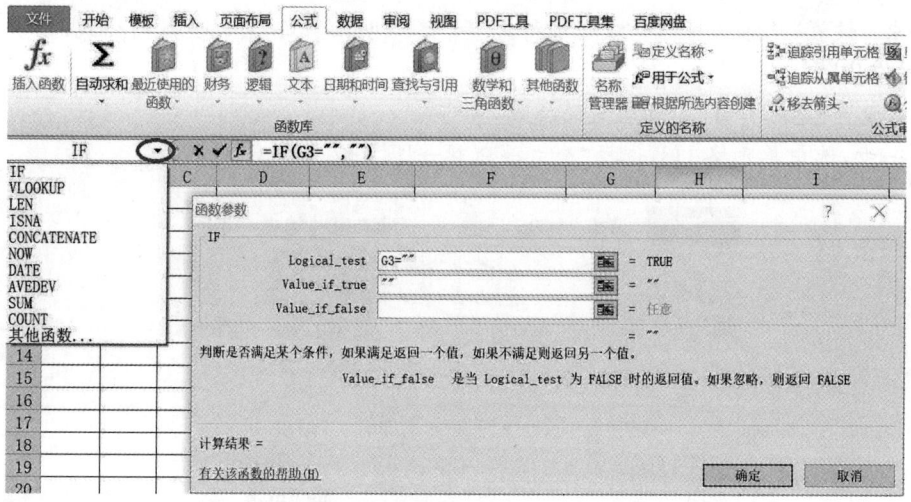

图 2-36　下拉菜单中选择"Vlookup"函数

图 2-37　设置总账科目公式 2

（2）设置"一级明细科目"自动生成的公式。

第一步,选中单元格I3,选择"公式→逻辑→IF",弹出IF函数对话框。

第二步,单击"Logical_test"输入框,单击如图2-36所示的下拉菜单,选择LEN()函数。若下拉菜单中没有Len()函数,可以选择如图2-36所示下拉菜单中的"其他函数",在弹出的"插入函数"对话框中,"或选择类别"选择"全部","选择函数"选择"LEN()",如图2-38所示。

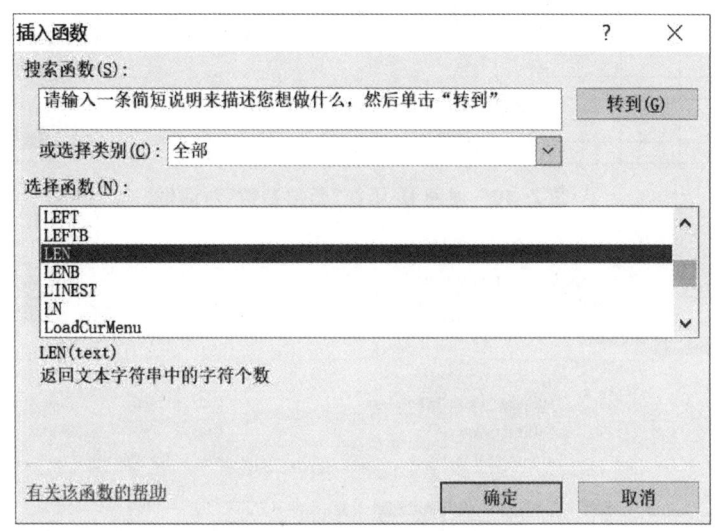

图2-38 插入"LEN()"函数

第三步,在弹出的"函数参数"对话框中,"Text"输入框中输入"G3",如图2-39所示。

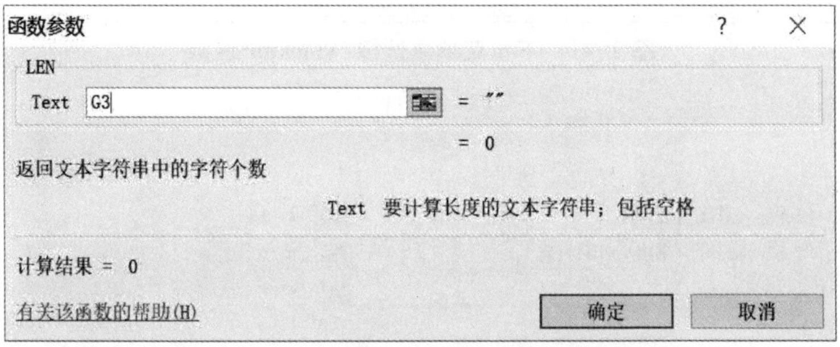

图2-39 设置"LEN()"函数参数

第四步,单击编辑栏后的空白区,如图2-40中标记所示位置,返回到IF函数的"函数参数"对话框。

第五步,"Logical_test"输入框"LEN(G3)"后面继续输入公式"<=4","Value_if_true"输入框中输入""""",双引号为英文状态下的双引号;单击"Value_if_false"输入框,单击如图2-41所示的下拉菜单,选择Vlookup()函数。

第六步,在弹出的"函数参数"对话框中,"Lookup_value"输入框中输入"G3";"Table_array"输入框中输入"末级会计科目表";"Col_index_num"输入框中输入"3";"Range_lookup"输入框中输入"0",如图2-42所示。

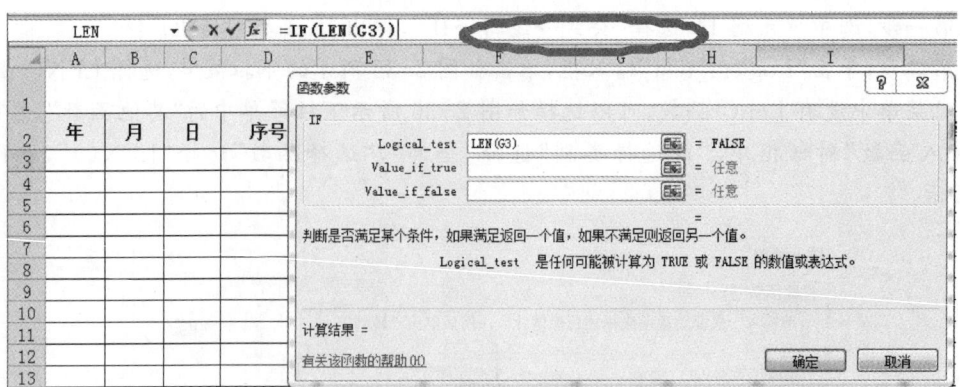

图 2-40　返回 IF 函数"函数参数"对话框

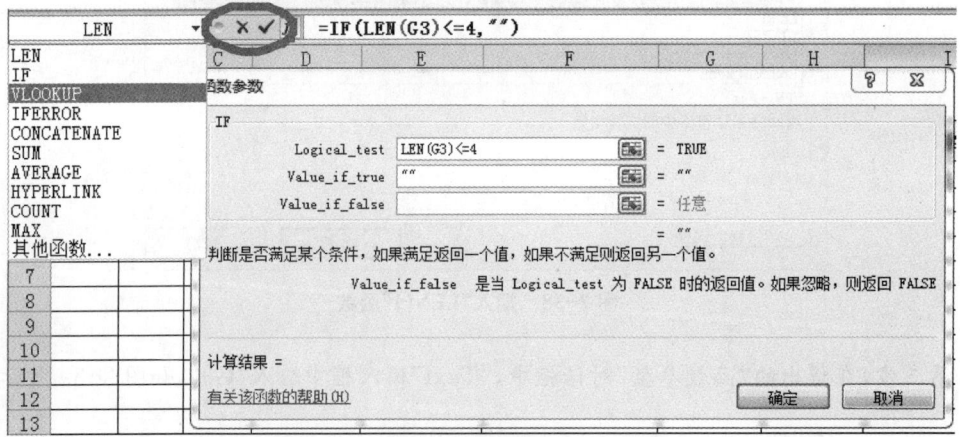

图 2-41　下拉菜单中选择"Vlookup"函数

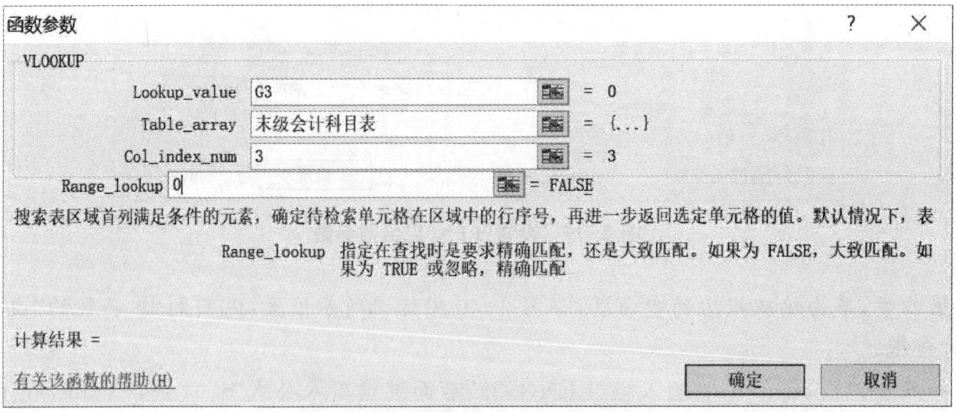

图 2-42　设置一级明细科目公式

第七步,单击"确定"按钮,完成"一级明细科目"自动生成的公式。将鼠标放在单元格 I3 的右下角使其变为黑色十字形,按住鼠标左键向下填充可完成 I 列其他单元格的数据有效性设置。

(3) 设置"二级明细科目"自动生成的公式。

第一步,选中单元格J3,选择"公式→逻辑→IF",弹出IF函数对话框。

第二步,单击"Logical_test"输入框,单击如图2-36所示的下拉菜单,选择LEN()函数。

第三步,在弹出的"函数参数"对话框中,"Text"输入框中输入"G3",如图2-39所示。

第四步,单击编辑栏后的空白区,如图2-40中标记所示位置,返回到IF函数的"函数参数"对话框。

第五步,"Logical_test"输入框"LEN(G3)"后面继续输入公式"<=6","Value_if_true"输入框中输入"""",双引号为英文状态下的双引号;单击"Value_if_false"输入框,单击如图2-41所示的下拉菜单,选择Vlookup()函数。

第六步,在弹出的"函数参数"对话框中,"Lookup_value"输入框中输入"G3";"Table_array"输入框中输入"末级会计科目表";"Col_index_num"输入框中输入"4";"Range_lookup"输入框中输入"0",如图2-43所示。

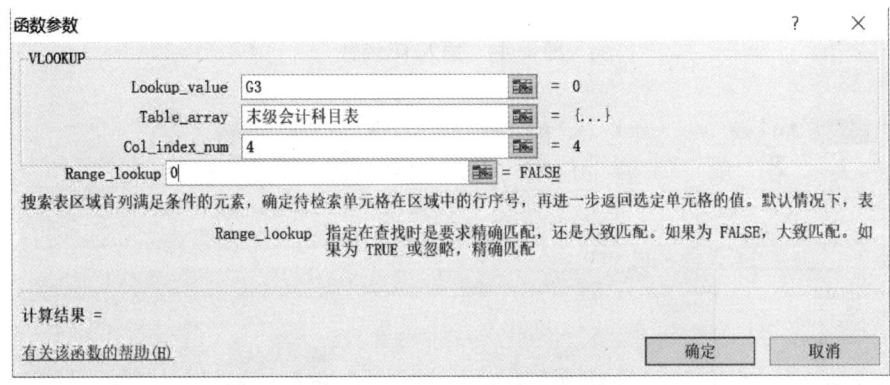

图2-43 设置二级明细科目公式

第七步,单击"确定"按钮,完成"二级明细科目"自动生成的公式。将鼠标放在单元格J3的右下角使其变为黑色十字形,按住鼠标左键向下填充可完成J列其他单元格的数据有效性设置。

(三) 设计借贷不平衡自动提示公式

借贷记账法的规则是"有借必有贷,借贷必相等"。为了保证会计凭证中录入的借贷金额基本正确,可以利用记账规则来验证借方、贷方发生额是否相等。

【例2-8】 烟台兴茂机械制造有限公司财务人员在"借方金额"中输入"1000","贷方金额"中输入"10000"时,会自动提示"借贷不平衡,请检查!";将贷方金额修改为"1000"后,会自动提示"借贷平衡!"。

要求:设置"借贷平衡!"和"借贷不平衡,请检查!"的自动提示公式。

【操作步骤】

第一步,选中单元格M3,将其填充为浅绿色。选择"公式→插入函数→IF",如图2-44所示。

第二步,单击"确定"按钮。在弹出的"函数参数"对话框中,把光标定位在"Logical_test"输入框中,单击如图2-45所示的下拉菜单,选择SUM()函数。

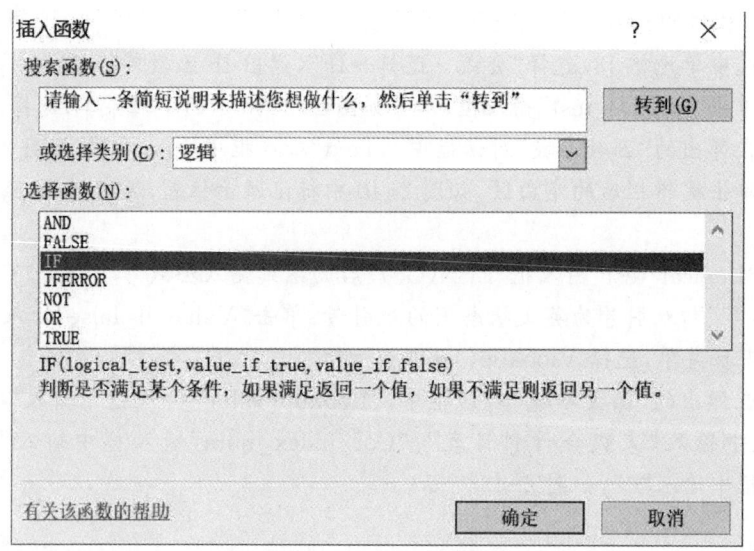

图 2-44　插入 IF 函数

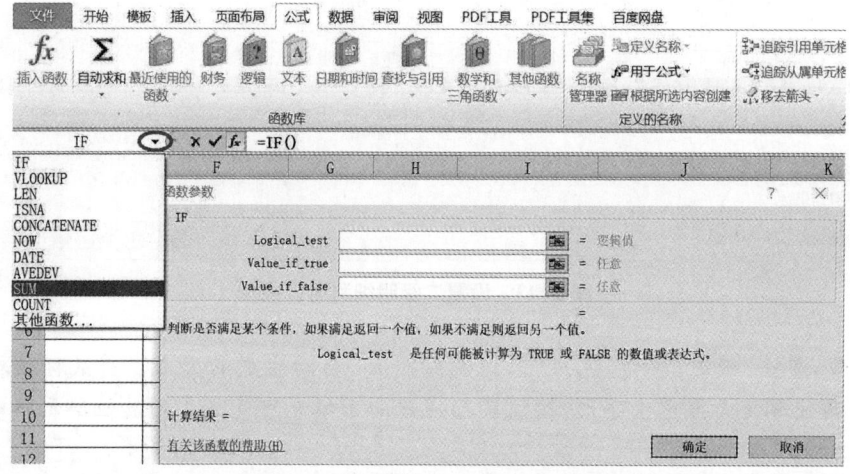

图 2-45　下拉菜单中选择"SUM"函数

第三步,在弹出的"函数参数"对话框中,"Number1"输入框中输入"K:K",如图2-46所示。

第四步,单击编辑栏后的空白区域,重新打开 IF 函数的"函数参数"对话框,在"Logical_test"输入框"SUM(K:K)"后面继续输入"=",再单击如图2-47所示的下拉菜单,选择SUM()函数。

第五步,在弹出的"函数参数"对话框中,"Number1"输入框中输入"L:L",如图2-48所示。

第六步,单击编辑栏后的空白区域,重新打开 IF 函数的"函数参数"对话框,"Value_if_true"输入框中输入""借贷平衡!"","Value_if_false"输入框中输入""借贷不平衡,请检查!"",如图2-49所示。

图 2-46　设置"SUM"函数参数 1

图 2-47　下拉菜单选择 SUM( )函数

图 2-48　设置"SUM"函数参数 2

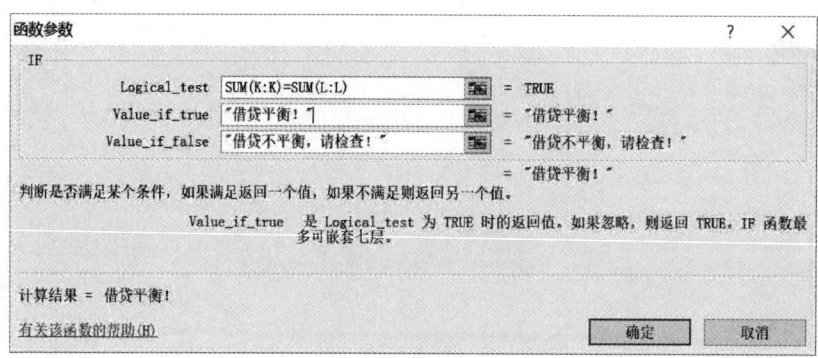

图 2-49　设置 IF 函数参数

第七步,单击"确定"按钮,完成"借贷平衡!"和"借贷不平衡,请检查!"的自动提示公式设置。

四、录入记账凭证表

会计记账凭证表的格式及公式设置已完成,可以录入烟台兴茂机械制造有限公司 2021 年 12 月份的经济业务。

【例 2-9】　2021 年 12 月 01 日,烟台兴茂机械制造有限公司从中国农业银行取得 100 000 元的短期借款。

要求:在"记账凭证表"中录入该经济业务。

【操作步骤】

第一步,在单元格区域 A3:D3 中依次录入"2021""12""01""001",在单元格 F3 中录入"银行借款",在单元格 G3 中录入"100201",在单元格 K3 中录入"100000"。

第二步,在单元格区域 A4:D4 中依次录入"2021""12""01""001",在单元格 G4 中录入"2001",在单元格 L4 中录入"100000"。

录入完成后的会计科目表如图 2-50 所示。

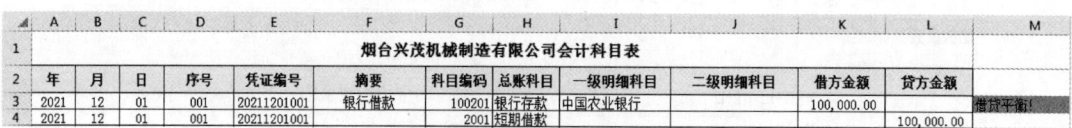

图 2-50　录入经济业务后的会计科目表

本章练习

一、单项选择题

1. 下列关于会计凭证的说法中,不正确的是(　　)。
   A. 只有经过审核后的原始凭证才能作为记账依据
   B. 记账凭证是根据原始凭证进行归类、整理编制的会计分录凭证,是登记账簿的直接依据
   C. 记账凭证用以证明经济业务的发生或完成等情况
   D. 从原始凭证到记账凭证是经济信息转换成会计信息的过程,是会计初始确认阶段

2. 若要修改"会计科目表"中的会计科目,可以通过(　　)命令,在打开的(　　)对话框中进行系列操作。
   A. 数据→记录单,记录单　　　　B. 文件→选项,Excel 选项
   C. 数据→筛选,筛选　　　　　　D. 数据→有效性,数据有效性

3. "定义名称"命令在(　　)中。
   A. "插入"　　　B. "公式"　　　C. "数据"　　　D. "审阅"

4. 在记账凭证表中设置"月份非法"的出错警示,需要通过(　　)命令,在打开的(　　)对话框中进行系列操作。
   A. 数据→记录单,记录单　　　　B. 数据→有效性,数据有效性
   C. 数据→筛选,筛选　　　　　　D. 文件→选项,Excel 选项

5. 在会计科目表中设置"凭证编号"自动生成时,需要用到的函数为(　　)。
   A. CONCATENATE　　　　　　B. CODE
   C. VLOOKUP　　　　　　　　D. IF

6. 在输入经济业务时,为了节约时间,可以利用(　　)函数,自动显示会计科目。
   A. AND　　　　　　　　　　B. CONCATENATE
   C. IFERROR　　　　　　　　D. VLOOKUP

7. 设置"一级明细科目"自动生成时,下列函数中,不使用的是(　　)。
   A. VLOOKUP　　　　　　　　B. LEN
   C. IF　　　　　　　　　　　D. CONCATENATE

8. VLOOKUP 函数语法中的"lookup_value"表示(　　)。
   A. 要查找的值　　　　　　　B. 要查找的区域
   C. 返回数据在查找区域的第几列数　D. 近似匹配/精确匹配

9. LEN 函数的功能是(　　)。
   A. 条件检测,根据指定的条件来判断其"真""假",根据逻辑计算的真假值,从而返回相应的内容
   B. 按列查找,最终返回该列所需查询序列所对应的值

C. 返回文本字符串中的字符数

D. 将最多255个文本字符串合并为一个文本字符串

10. 设计借贷不平衡自动提示公式时，下列操作步骤不正确的是(　　)。

A. 选择"公式→插入函数→IF"命令，打开IF函数参数对话框

B. 将光标定位在"Logical_test"输入框中，插入SUM函数

C. 在"Value_if_true"输入框中输入""借贷平衡！""

D. 在"Value_if_false"输入框中输入""借贷平衡！""

二、多项选择题

1. 下列关于会计凭证表的设置，说法正确的有(　　)。

A. 在设置"日"的有效性时，需要使用"数据→有效性"命令，调出"数据有效性"对话框

B. 设置凭证编号自动生成，需要使用CONCATENATE函数

C. 设置总账科目自动生成时，无需使用SUM函数

D. 设置明细科目自动生成时，需要使用SUM函数

2. 下列关于会计凭证的说法中，正确的有(　　)。

A. 填制和审核会计凭证是会计工作的开始

B. 会计凭证是指记录经济业务，明确经济责任的书面证明，也是登记账簿的依据

C. 会计凭证按其填制的程序及其在经济管理中的用途，分为原始凭证和记账凭证

D. 从原始凭证到记账凭证是经济信息转换成会计信息的过程

3. VLOOKUP函数中包括的参数有(　　)。

A. lookup_value　　　　　　　B. table_array

C. Logical_test　　　　　　　D. col_index_num

4. 设置总账科目自动生成，下列操作步骤正确的有(　　)。

A. 使用"公式→逻辑→IF"命令，打开IF函数参数对话框

B. 在IF函数参数对话框中，"Value_if_true"输入框中输入空文本""""

C. 在IF函数参数对话框中，"Value_if_false"输入框中输入空文本""""

D. 在IF函数参数对话框中，"Value_if_false"输入框中插入VLOOKUP函数

5. 设置会计凭证表的过程中，需要使用的函数有(　　)。

A. AND　　　　　　　　　　　B. COUNT

C. CONCATENATE　　　　　　D. LEN

三、判断题

1. 记账凭证是指在经济业务发生时取得或填制的，用以证明经济业务的发生或完成等情况，并作为原始依据的会计凭证。(　　)

2. 总分类科目与其所属的明细分类科目的核算内容相同，所不同的是前者提供的信息比后者更加详细。(　　)

3. 企业会计科目的设置应保持稳定，不可以对已使用的会计科目进行相应的修改、补充或删除。(　　)

4. 根据原始凭证可直接登记有关账户。(　　)

5. 借贷记账法的规则是"有借必有贷，借贷必相等"。(　　)

6. 可以使用"数据"中的"记录单"在 Excel 工作表中输入数据,建立会计科目表。
(　　)

7. 记账凭证表是指按照经济业务的内容和经济管理的要求,对会计要素的具体内容进行分类核算的会计科目所构成的集合。
(　　)

8. 会计凭证按其填制的程序及其在经济管理中的用途,分为原始凭证和记账凭证。
(　　)

9. 在电算化财务工作中,作为凭证、账簿和报表三大账务处理流程的起始点,记账凭证的填制是最基础的,也是工作量最大的。
(　　)

10. 数据有效性是对单元格或单元格区域输入的数据从内容到数量上的限制。对于符合条件的数据,允许输入;对于不符合条件的数据,则禁止输入。
(　　)

四、思考题

1. 会计凭证的含义和作用是什么?
2. 如何在"数据"中添加"记录单"?
3. 如何使用 VLOOKUP 函数?

五、业务操作题

1. 烟台三立公司会计科目信息如表 2-2 所示。

要求:

(1) 根据表 2-2,使用记录单输入数据,建立烟台三立公司的会计科目表。

(2) 建立烟台三立公司的末级会计科目表。

表 2-2　　　　　　　　烟台三立公司会计科目信息表

类别	科目编码	总账科目	明细科目
资产类	1001	库存现金	
	1002	银行存款	
	100201	银行存款	中国工商银行
	1122	应收账款	
	112201	应收账款	青岛山海机械有限公司
	112202	应收账款	重庆华宇机械有限公司
	1405	库存商品	
	1601	固定资产	
	1602	累计折旧	
负债类	2001	短期借款	
	2202	应付账款	
	220201	应付账款	烟台兴茂机械制造有限公司
	2221	应交税费	
	2231	应付利息	

(续表)

类别	科目编码	总账科目	明细科目
所有者权益类	4001	实收资本	
	4103	本年利润	
	4104	利润分配	
损益类	6001	主营业务收入	
	6401	主营业务成本	
	6403	税金及附加	
	6601	销售费用	
	6602	管理费用	
	6603	财务费用	
	6801	所得税费用	

2. 烟台三立公司12月份发生经济业务，需要在会计凭证表中录入会计分录。记账凭证表中包含标题，包含"年""月""日""序号""凭证编号""摘要""科目编码""总账科目""明细科目""借方金额"和"贷方金额"。其中，"年""月""日""序号"为文本格式，且序号采用两位数编码方式，如"01"；"凭证编号"采用"年＋月＋日＋序号"的组合形式；"借方金额"与"贷方金额"为会计专用、两位小数、无货币符号。

要求：

(1) 根据题干要求，建立"烟台三立公司记账凭证表"。

(2) 设置公式，使"科目编码"可自动生成。

(3) 设置"凭证编号"数据有效性，使烟台三立财务人员在"科目编码"中输入非末级会计科目编码时，系统会提示"非末级会计科目！"

(4) 设置公式，使财务人员录入"科目编码"后可自动生成"总账科目"和"明细科目"。

(5) 在设置好的记账凭证表中录入下列经济业务：

2022年3月01日，烟台三立公司从银行提取现金3 000元。

2022年3月06日，烟台三立公司以银行存款偿还短期借款100 000元。

2022年3月14日，烟台三立公司向重庆华宇机械有限公司赊销产品，不含税价20 000元，增值税额2 600元。

第三章　Excel 在会计账簿中的应用

知识导航

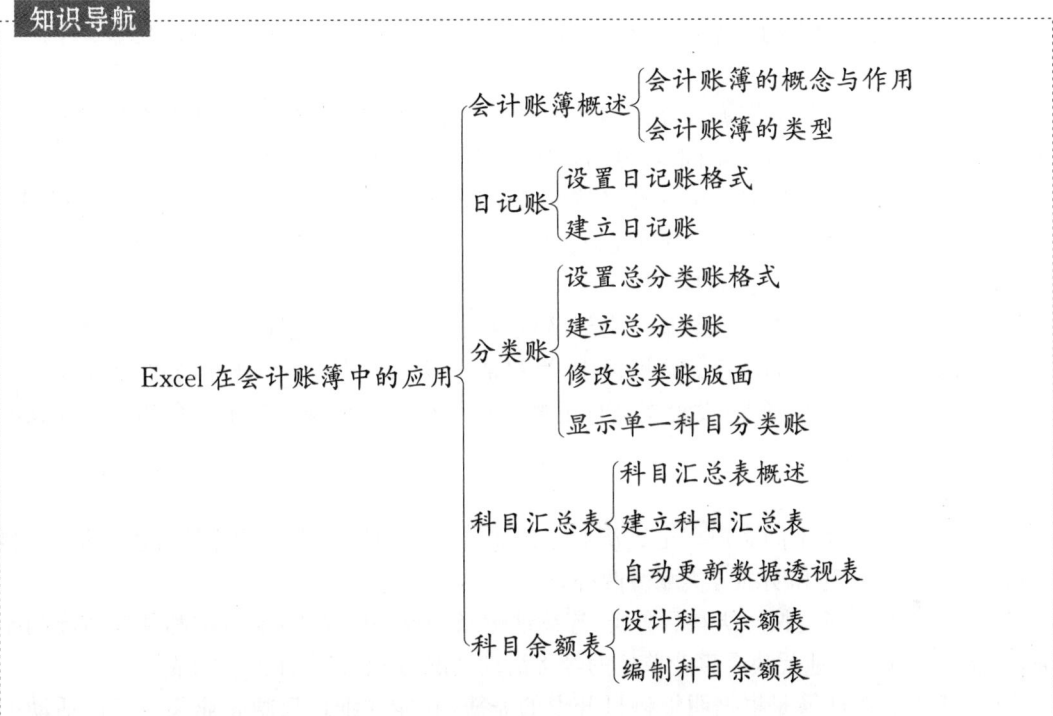

学习目标

1. 了解与会计账簿相关的基本概念
2. 掌握利用 Excel 建立日记账
3. 掌握利用 Excel 建立总分类账、明细分类账、科目汇总表
4. 掌握利用 Excel 建立与填制科目余额表

第一节　会计账簿概述

一、会计账簿的概念与作用

会计账簿是指以会计凭证为依据，在具有专门格式的账页中全面、连续、系统、综合地记录经济业务的簿籍。

会计账簿在会计核算中具有十分重要的作用，主要表现在以下几个方面：

(1) 可以为经济管理提供连续、全面、系统的会计信息。
(2) 可以保护财产物资的安全完整。
(3) 便于企业单位考核成本、费用和利润计划的完成情况。
(4) 可以为编制会计报表提供资料。
(5) 可以为会计检查、会计分析提供资料。

二、会计账簿的类型

按照在经济管理中的用途,会计账簿可以分为日记账簿、分类账簿和备查账簿3种。

1. 日记账簿

日记账簿,又称序时账簿,是按照经济业务发生的时间先后顺序,逐日逐笔登记经济业务的账簿。按其记录内容的不同,可分为普通日记账和特种日记账两种。

(1) 普通日记账是用来登记全部经济业务情况的日记账。将每天所发生的全部业务,按照经济业务发生的先后顺序,编制成记账凭证,根据记账凭证逐笔登记到普通日记账中,企业设置的日记总账属于普通日记账。

(2) 特种日记账是用来记录某一类经济业务发生情况的日记账。将某一类经济业务,按照经济业务发生的先后顺序记入账簿中,反映某一特定项目的详细情况,各经济单位为了对现金和银行存款加强管理,设置现金日记账和银行存款日记账来记录现金和银行存款的收、付和结存业务。

2. 分类账簿

分类账簿是区别不同账户登记经济业务的账簿。按照提供指标的详细程度不同,可将账户分为总分类账簿和明细分类账簿两种。

(1) 总分类账簿是按一级科目分类,连续地记录和反映资金增减、成本和利润情况的账簿,它能总括并全面地反映企事业单位的经济活动情况,是编制会计报表的依据。

(2) 明细分类账簿是根据明细科目开设的账簿,它能详细地反映企业某项经济活动的具体情况。

3. 备查账簿

备查账簿是对某些在日记账簿和分类账簿中不能记录登记或记录登记不全的经济业务进行补充登记的账簿。企业根据自身的情况,可以选择设置或不设置备查账簿。

第二节 日 记 账

一、设置日记账格式

日记账是序时记录企业经济业务的账簿,从而按照时间顺序全面反映企业发生的所有经济业务。日记账的格式如表 3-1 所示。

日记账的格式与会计凭证表的格式较为相似,其中"账户名称"就是"会计科目"。这样,在利用 Excel 进行核算时,不用再设置专门的日记账。可以采用审核无误的会计凭证表进行以后的会计核算工作。

表 3-1　　　　　　　　　　　日记账

年		凭证		摘要	账户名称	借方金额											贷方金额											借或贷	余额										
月	日	种类	号数			十亿	千	百	十万	千	百	十	元	角	分		十亿	千	百	十万	千	百	十	元	角	分			十亿	千	百	十万	千	百	十	元	角	分

二、建立日记账

本部分以银行存款日记账为例说明日记账的建立。

【例 3-1】 烟台兴茂机械制造有限公司 2021 年 12 月的记账凭证表部分内容如图 3-1 所示,已知银行存款日记账期初余额为借方 502 054.00 元。

要求:请编制银行存款日记账。

	A	B	C	D	E	F	G	H	I	J	K
1	烟台兴茂机械制造有限公司记账凭证表										
2	年	月	日	凭证类型	序号	凭证编号	摘要	科目编号	会计科目	借方金额	贷方金额
3	2021	12	01	记	01	2021120101	银行借款	1002	银行存款	100,000.00	
4	2021	12	01	记	01	2021120101	银行借款	2001	短期借款		100,000.00
5	2021	12	01	记	02	2021120102	取现	1001	库存现金	2,000.00	
6	2021	12	01	记	02	2021120102	取现	1002	银行存款		2,000.00

图 3-1　烟台兴茂机械制造有限公司记账凭证表

第一步,打开"第三章 Excel 在会计账簿中的应用"工作簿,建立名为"银行存款日记账"的工作表,将表头信息录入,如图 3-2 所示。

	A	B	C	D	E	F	G	H	I	J	K	L	M
1							银行存款日记账						
2													
3	编制单位:										单位:元		
4			凭证		摘要		借方金额	√	贷方金额	√	借/贷	余额	√
5		月	日	字	号								
6													
7													
8													

图 3-2　银行存款日记账表头信息

第二步,点开"记账凭证表"工作表,通过"数据"选项卡中的"筛选"功能,筛选出"银行存款"科目,将其凭证编号复制到"银行存款日记账"中的单元格 A7 中。

第三步,将筛选出的数据全部复制到新工作表"筛选后的记账凭证表"单元格 B1 中。并将凭证编号列调整到 B 列,如图 3-3 所示。

	A	B	C	D	E	F	G	H	I	J	K	L
1		烟台兴茂机械制造有限公司记账凭证表										
2		凭证编号	年	月	日	凭证类型	序号	摘要	科目编号	会计科目	借方金额	贷方金额
3		2021120101	2021	12	01	记	01	银行借款	1002	银行存款	100,000.00	
4		2021120102	2021	12	01	记	02	取现	1002	银行存款		2,000.00

图 3-3　筛选后的记账凭证表

第四步,设置银行存款日记账年份公式。在"银行存款日记账"工作表的单元格 B4 中输入"=VLOOKUP(A7,筛选后的记账凭证表！B:L,2,0)&"年""。

第五步,设定"摘要"栏的数据有效性。选中单元格区域F6:F18,单击"数据"选项卡上"数据有效性",在其窗口"设置"选项卡"允许"栏下选择"序列"选项,在"来源"栏录入"期初余额,本月合计,本年累计,过次页,承前页",并在"出错警告"选项卡中取消"输入无效数据时显示出错警告"选项,如图3-4和图3-5所示。

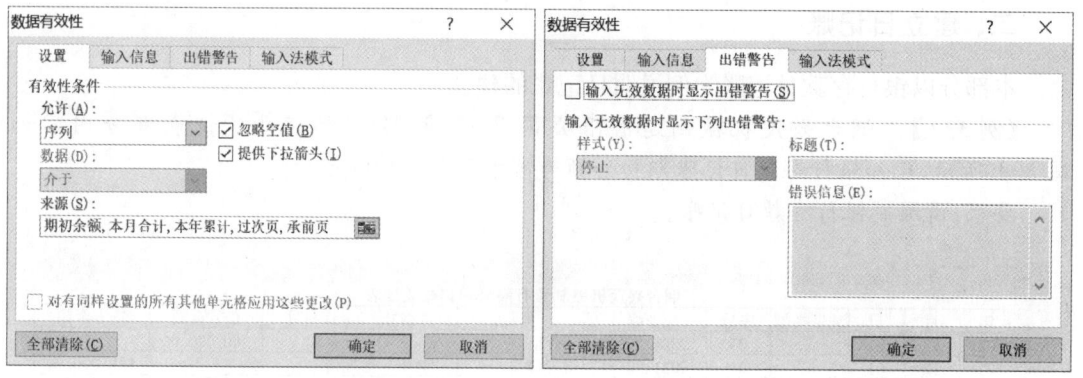

图3-4 设置"摘要"栏的数据有效性　　　　图3-5 取消"显示出错警告"

第六步,在银行存款日记账中录入第6行期初余额为借方502 054.00元。

第七步,以凭证号为基础,利用公式从"筛选后的记账凭证表"中取数,各单元格具体公式如下:

在单元格B7中录入公式"=VLOOKUP(A7,筛选后的记账凭证表！\$B:\$L,3,0)"。

在单元格C7中录入公式"=VLOOKUP(A7,筛选后的记账凭证表！\$B:\$L,4,0)"。

在单元格D7中录入公式"=VLOOKUP(A7,筛选后的记账凭证表！\$B:\$L,5,0)"。

在单元格E7中录入公式"=VLOOKUP(A7,筛选后的记账凭证表！\$B:\$L,6,0)"。

在单元格F7中录入公式"=VLOOKUP(A7,筛选后的记账凭证表！\$B:\$L,7,0)"。

在单元格G7中录入公式"=IF(VLOOKUP(A7,筛选后的记账凭证表！\$B:\$L,10,0)=0,0,VLOOKUP(A7,筛选后的记账凭证表！\$B:\$L,10,0))"。

在单元格H7中录入公式"=IF(G7=0,"","√")"。

在单元格I7中录入公式"=IF(VLOOKUP(A7,筛选后的记账凭证表！\$B:\$L,11,0)=0,0,VLOOKUP(A7,筛选后的记账凭证表！\$B:\$L,11,0))"。

在单元格J7中录入公式"=IF(I7=0,"","√")"。

在单元格K7中录入公式"=IF(L7>0,"借",IF(L7=0,"平","错误"))"。

在单元格L7中录入公式"=L6+G7-I7"。

在单元格M7中录入公式"=IF(L7=0,"","√")"。

选中单元格区域B7:M7,用鼠标向下拖拽至第18行,将公式复制到其他单元格。

第八步,在"银行存款日记账"第19行依次录入本月合计内容。其中,在单元格G19中输入公式"=SUM(G7:G18)",在单元格I19中输入公式"=SUM(I7:I18)",在单元格L19中输入公式"=L6+G19-I19",即可建立银行存款日记账,如图3-6所示。

	A	B	C	D	E	F	G	H	I	J	K	L	M
1							银行存款日记账						
2		编制单位：										单位：元	
3		2021年		凭证		摘要	借方金额	√	贷方金额	√	借/贷	余额	√
4		月	日	字	号								
5		12	1			期初余额					借	502,054.00	
6	2021120101	12	01	记	01	银行借款	100,000.00	√	—		借	602,054.00	√
7	2021120102	12	01	记	02	取现	—		2,000.00	√	借	600,054.00	√
8	2021120304	12	03	记	04	收货款	50,000.00	√	—		借	650,054.00	√
9	2021120305	12	03	记	05	销售商品	11,300.00	√	—		借	661,354.00	√
10	2021120606	12	06	记	06	取现	—		3,000.00	√	借	658,354.00	√
11	2021120907	12	09	记	07	购料	—		11,300.00	√	借	647,054.00	√
12	2021121009	12	10	记	09	付货款	—		30,000.00	√	借	617,054.00	√
13	2021121011	12	10	记	11	水电费	—		1,500.00	√	借	615,554.00	√
14	2021121414	12	14	记	14	广告费	—		7,000.00	√	借	608,554.00	√
15	2021122515	12	25	记	15	销售材料	8,000.00	√	—		借	616,554.00	√
16	2021122817	12	28	记	17	收款	3,400.00	√	—		借	619,954.00	√
17	2021123126	12	31	记	26	存现	500.00	√	—		借	620,454.00	√
18		12	31			本月合计	173,200.00		54,800.00			620,454.00	

图 3-6 银行存款日记账

第三节 分 类 账

一、设置总分类账格式

企业的经济活动应分类整理记入分类账的相关账户中。这样，企业的经济活动和财务状况可以通过分类账分门别类地反映出来，总分类账的格式如表 3-2 所示。

表 3-2　　　　　　　　　　　　总分类账

年		凭 证		摘要	账户科目	借方金额										贷方金额										借或贷	余 额									
月	日	种类	号数			十亿	千	百	十	万	千	百	十	元	角	分	十亿	千	百	十	万	千	百	十	元	角	分		十亿	千	百	十	万	千	百	十	元	角	分

将日记账与分类账进行比较后发现，日记账的会计记录是依照交易发生的日期为顺序登记的，而分类账则是以会计科目（即分类账户的名称）为前提，再按照交易发生的日期为顺序登记的。两者在会计处理程序中是两种不同的账簿，但在利用 Excel 进行账务处理时，数据内容并无差别。因此，可以利用 Excel 中的数据透视表功能将已形成的日记账建立为总分类账。至于分类账中的余额，可将其移至科目余额汇总表中予以反映。

二、建立总分类账

在运用数据透视表建立总分类账时，需要引用其他相关表格的内容。

【例 3-2】　烟台兴茂机械制造有限公司 2021 年 12 月的日记账如图 3-7 所示。

要求：请利用 Excel 中的数据透视表功能将已形成的日记账建立为总分类账。

年	月	日	序号	凭证编号	摘要	科目编号	会计科目	借方金额	贷方金额
2021	12	01	01	2021120101	银行借款	1002	银行存款	100 000.00	
2021	12	01	01	2021120101		2001	短期借款		100 000.00
2021	12	01	02	2021120102	取现	1001	库存现金	2 000.00	
2021	12	01	02	2021120102		1002	银行存款		2 000.00
2021	12	02	03	2021120203	预借差旅费	1221	其他应收账款	1 200.00	
2021	12	02	03	2021120203		1001	库存现金		1 200.00
2021	12	03	04	2021120304	收货款	1002	银行存款	50 000.00	
2021	12	03	04	2021120304		1122	应收账款		50 000.00
2021	12	03	05	2021120305	销售商品	1002	银行存款	11 300.00	
2021	12	03	05	2021120305		6001	主营业务收入		10 000.00
2021	12	03	05	2021120305		2221	应交税费		1 300.00
2021	12	06	06	2021120606	取现	1001	库存现金	3 000.00	
2021	12	06	06	2021120606		1002	银行存款		3 000.00
2021	12	09	07	2021120907	购料	1401	材料采购	10 000.00	
2021	12	09	07	2021120907		2221	应交税费	1 300.00	
2021	12	09	07	2021120907		1002	银行存款		11 300.00
2021	12	10	08	2021121008	验收材料	1403	原材料	10 000.00	
2021	12	10	08	2021121008		1401	材料采购		10 000.00
2021	12	10	09	2021121009	付货款	2202	应付账款	30 000.00	
2021	12	10	09	2021121009		1002	银行存款		30 000.00
2021	12	10	10	2021121010	接受投资	1601	固定资产	500 000.00	
2021	12	10	10	2021121010		4001	实收资本		500 000.00
2021	12	10	11	2021121011	水电费	6602	管理费用	1 500.00	
2021	12	10	11	2021121011		1002	银行存款		1 500.00
2021	12	14	12	2021121412	销售产品	1122	应收账款	22 600.00	
2021	12	14	12	2021121412		6001	主营业务收入		20 000.00
2021	12	14	12	2021121412		2221	应交税费		2 600.00
2021	12	14	13	2021121413	办公用品	6602	管理费用	600.00	
2021	12	14	13	2021121413		1001	库存现金		600.00
2021	12	14	14	2021121414	广告费	6601	销售费用	7 000.00	
2021	12	14	14	2021121414		1002	银行存款		7 000.00
2021	12	25	15	2021122515	销售材料	1002	银行存款	8 000.00	
2021	12	25	15	2021122515		6051	其他业务收入		8 000.00
2021	12	25	16	2021122516	结转材料成本	6402	其他业务成本	5 500.00	
2021	12	25	16	2021122516		1403	原材料		5 500.00
2021	12	28	17	2021122817	收款	1002	银行存款	3 400.00	
2021	12	28	17	2021122817		1122	应收账款		3 400.00
2021	12	31	18	2021123118	计提利息	6603	财务费用	400.00	
2021	12	31	18	2021123118		2231	应付利息		400.00
2021	12	31	19	2021123119	计提折旧	6602	管理费用	2 200.00	
2021	12	31	19	2021123119		1602	累计折旧		2 200.00
2021	12	31	20	2021123120	结转产品成本	6401	主营业务成本	16 000.00	
2021	12	31	20	2021123120		1405	库存商品		16 000.00
2021	12	31	21	2021123121	计算税金	6403	税金及附加	800.00	
2021	12	31	21	2021123121		2221	应交税费		800.00
2021	12	31	22	2021123122	结转收入	6001	主营业务收入	30 000.00	
2021	12	31	22	2021123122		6051	其他业务收入	8 000.00	
2021	12	31	22	2021123122		4103	本年利润		38 000.00
2021	12	31	23	2021123123	结转成本	4103	本年利润	34 000.00	
2021	12	31	23	2021123123		6401	主营业务成本		16 000.00
2022	12	31	23	2022123123		6402	其他业务成本		5 500.00
2021	12	31	23	2021123123		6403	税金及附加		800.00
2021	12	31	23	2021123123		6601	销售费用		7 000.00
2021	12	31	23	2021123123		6602	管理费用		4 300.00
2021	12	31	23	2021123123		6603	财务费用		400.00
2021	12	31	24	2021123124	计算所得税	6801	所得税费用	1 000.00	
2021	12	31	24	2021123124		2221	应交税费		1 000.00
2021	12	31	25	2021123125	结转所得税	4103	本年利润	1 000.00	
2021	12	31	25	2021123125		6801	所得税费用		1 000.00

图3-7 烟台兴茂机械制造有限公司日记账

【操作步骤】

第一步，打开"第三章 Excel 在会计账簿中的应用.xlsx"工作簿，选择"日记账"工作表。

第二步，选择"插入"→"数据透视表"命令，在"创建数据透视表"对话框中选中"日记账！＄A＄2:＄J＄63"和"新工作表"单选按钮，如图 3-8 所示。完成后单击"确定"按钮。

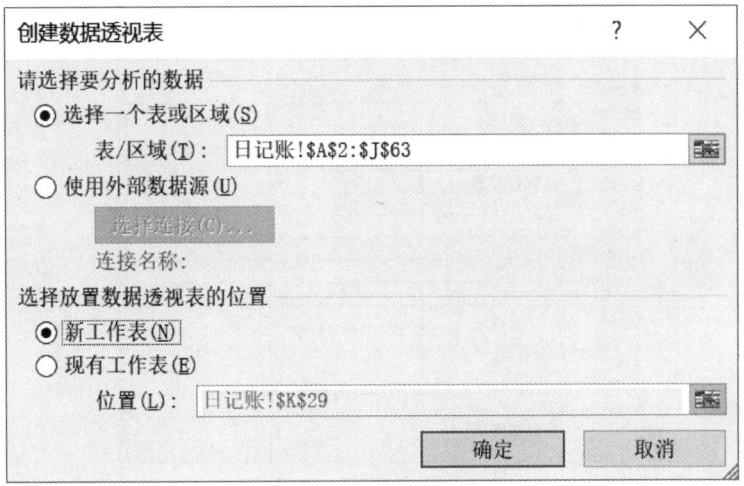

图 3-8　创建数据透视表

第三步，在如图 3-9 所示的"数据透视表字段列表"对话框中，进行透视表的设置。

第四步，在"数据透视表字段列表"对话框中将"年""月"按钮拖动到"报表筛选"区域，如图 3-10 所示。

第五步，在"数据透视表字段列表"对话框中将"科目编号""会计科目""日"拖动到"行标签"区域，如图 3-10 所示。

第六步，在"数据透视表字段列表"对话框中将"借方金额""贷方金额"按钮拖动到"数值"区域，如图 3-10 所示。

第七步，操作完上述步骤后，所得到的数据透视表如图 3-11 所示。

第八步，将鼠标移至"计数项：借方金额"位置，并单击"计数项：借方金额"选择值字段设置命令，在"值字段设置"对话框的"计算类型"列表框

图 3-9　设置数据透视表　　图 3-10　设置数据透视表版式

77

中选择"求和"选项,如图 3-12 所示,"计数项:借方金额"将改为"求和项:借方金额"。

	A	B	C
1	年	(全部)	
2	月	(全部)	
3			
4	行标签	计数项:借方金额	计数项:贷方金额
5	⊟1001	2	3
6	库存现金	2	3
7	01	1	
8	02		1
9	06	1	
10	14		1
11	31		1
12	⊟1002	6	6
13	银行存款	6	6
14	01	1	1
15	03	2	
16	06		1
17	09		1
18	10		2
19	14		1
20	25	1	
21	28	1	
22	31	1	
23	⊟1122	1	2
24	应收账款	1	2
25	03		1
26	14	1	
27	28		1
28	⊟1221	1	
29	其他应收账款	1	
30	02	1	
31	⊟1401	1	1
32	材料采购	1	1
33	09	1	
34	10		1
35	⊟1403	1	1

图 3-11 数据透视表版式

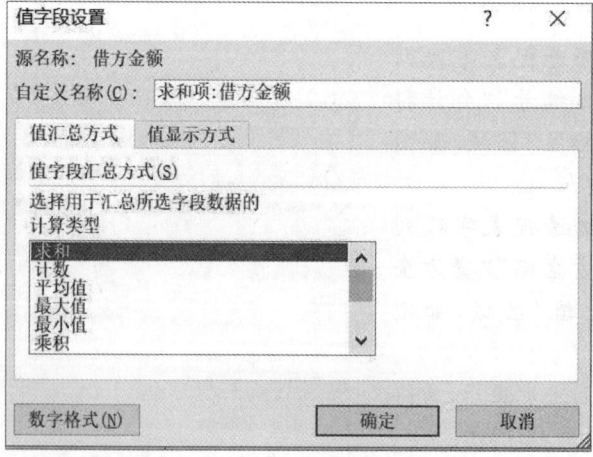

图 3-12 "求和项:借方金额"的设置

第九步,按照上述步骤,将"计数项:贷方金额"改为"求和项:贷方金额",如图 3-13 所示。按照上述步骤完成后,得到如图 3-14 所示的工作表。

图 3-13 完成值字段设置

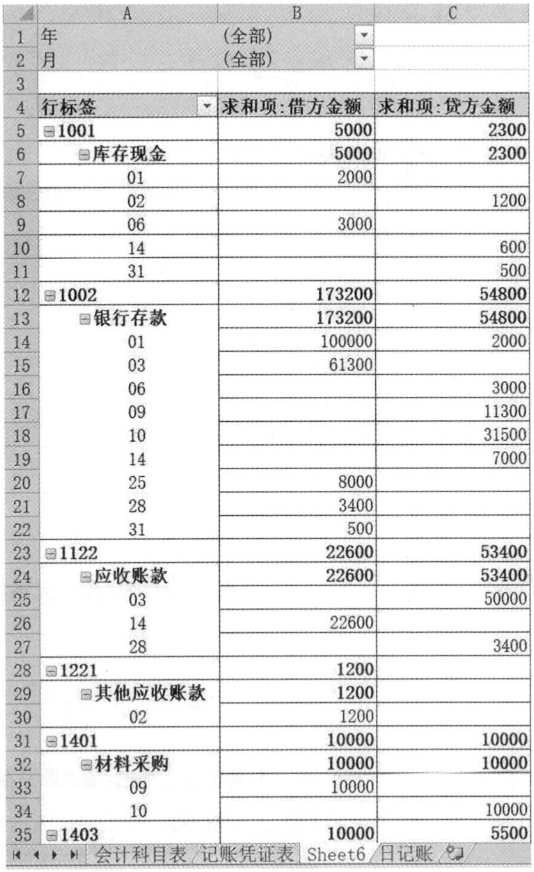

图 3-14 值字段设置后的"数据透视表"

第十步,选中单元格 B,单击右键,选择"设置单元格格式"命令,如图 3-15 所示。

第十一步,在"设置单元格格式"对话框的"分类"列表框中选择"会计专用",将小数位设置为 2,将"货币符号"选项设置为"无",如图 3-16 所示。完成后单击"确定"按钮。

第十二步,单击选中 C 单元格,重复"设置单元格格式"设置的步骤,工作表变成如图 3-17 所示的样式。

第十三步,选择"数据透视表工具"→"设计"→"数据透视表样式"命令,单击报表布局下拉按钮,在弹出的下拉列表中,选择"以表格形式显示"命令,如图 3-18 所示。操作完上述步骤后,工作表的样式如图 3-19 所示。

第十四步,选中 1、2 行并单击鼠标右键,在弹出的快捷菜单中选择"插入"命令。

第十五步,选中单元格 A1-E1,单击"合并及居中"按钮。

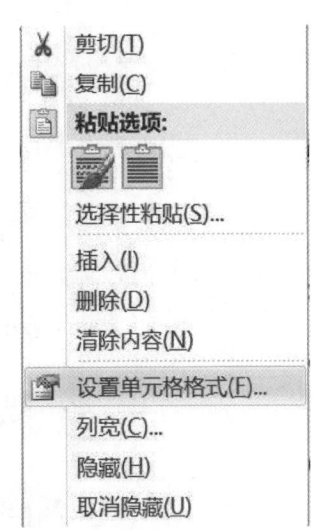

图 3-15 选择"设置单元格格式"

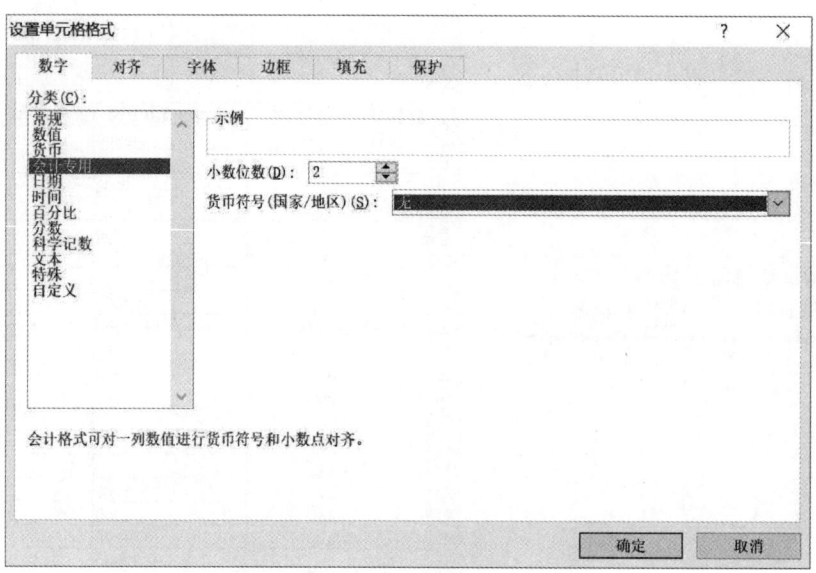

图 3-16 "设置单元格格式"对话框

	A	B	C
1	年	(全部)	
2	月	(全部)	
3			
4	行标签	求和项:借方金额	求和项:贷方金额
5	⊟1001	5,000.00	2,300.00
6	⊟库存现金	5,000.00	2,300.00
7	01	2,000.00	
8	02		1,200.00
9	06	3,000.00	
10	14		600.00
11	31		500.00
12	⊟1002	173,200.00	54,800.00
13	⊟银行存款	173,200.00	54,800.00
14	01	100,000.00	2,000.00
15	03	61,300.00	
16	06		3,000.00
17	09		11,300.00
18	10		31,500.00
19	14		7,000.00
20	25	8,000.00	
21	28	3,400.00	
22	31	500.00	
23	⊟1122	22,600.00	53,400.00
24	⊟应收账款	22,600.00	53,400.00
25	03		50,000.00
26	14	22,600.00	
27	28		3,400.00
28	⊟1221	1,200.00	
29	⊟其他应收账款	1,200.00	
30	02	1,200.00	
31	⊟1401	10,000.00	10,000.00
32	⊟材料采购	10,000.00	10,000.00
33	09	10,000.00	
34	10		10,000.00
35	⊟1403	10,000.00	5,500.00

图 3-17 完成"设置单元格格式"

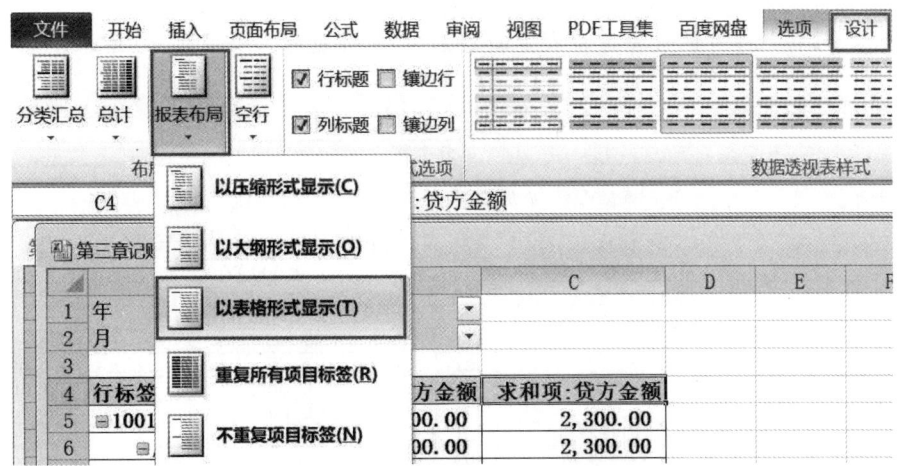

图 3-18 设置表格显示数据透视表

	A	B	C	D	E
1	年	(全部)			
2	月	(全部)			
3					
4	科目编号	会计科目	日	求和项:借方金额	求和项:贷方金额
5	⊟1001	⊟库存现金	01	2,000.00	
6			02		1,200.00
7			06	3,000.00	
8			14		600.00
9			31		500.00
10		库存现金 汇总		5,000.00	2,300.00
11	1001 汇总			5,000.00	2,300.00
12	⊟1002	⊟银行存款	01	100,000.00	2,000.00
13			03	61,300.00	
14			06		3,000.00
15			09		11,300.00
16			10		31,500.00
17			14		7,000.00
18			25	8,000.00	
19			28	3,400.00	
20			31	500.00	
21		银行存款 汇总		173,200.00	54,800.00
22	1002 汇总			173,200.00	54,800.00
23		⊟1122 ⊟应收账款	03		50,000.00
24			14	22,600.00	
25			28		3,400.00
26		应收账款 汇总		22,600.00	53,400.00
27	1122 汇总			22,600.00	53,400.00
28		⊟1221 ⊟其他应收账款	02	1,200.00	
29		其他应收账款 汇总		1,200.00	
30	1221 汇总			1,200.00	
31		⊟1401 ⊟材料采购	09	10,000.00	
32			10		10,000.00
33		材料采购 汇总		10,000.00	10,000.00
34	1401 汇总			10,000.00	10,000.00
35		⊟1403 ⊟原材料	10	10,000.00	

图 3-19 以表格显示的数据透视表

第十六步,选中单元格 A2-E2,单击"合并及居中"按钮。

第十七步,选中单元格 A1,输入"烟台兴茂机械制造有限公司",并单击"加粗"按钮。

第十八步,选中单元格 A2,输入"总分类账",并单击"加粗"按钮。

第十九步,将新建立的数据透视表重新命名为"总分类账",如图 3-20 所示。

	A	B	C	D	E
1		烟台兴茂机械制造有限公司			
2		总分类账			
3	年	(全部)			
4	月	(全部)			
5					
6	科目编号	会计科目	日	求和项:借方金额	求和项:贷方金额
7	⊟1001	⊟库存现金	01	2,000.00	
8			02		1,200.00
9			06	3,000.00	
10			14		600.00
11			31		500.00
12		库存现金 汇总		5,000.00	2,300.00
13	1001 汇总			5,000.00	2,300.00
14	⊟1002	⊟银行存款	01	100,000.00	2,000.00
15			03	61,300.00	
16			06		3,000.00
17			09		11,300.00
18			10		31,500.00
19			14		7,000.00
20			25	8,000.00	
21			28	3,400.00	
22			31	500.00	
23		银行存款 汇总		173,200.00	54,800.00
24	1002 汇总			173,200.00	54,800.00
25	⊟1122	⊟应收账款	03		50,000.00
26			14	22,600.00	
27			28		3,400.00
28		应收账款 汇总		22,600.00	53,400.00
29	1122 汇总			22,600.00	53,400.00
30	⊟1221	⊟其他应收账款	02	1,200.00	
31		其他应收账款 汇总		1,200.00	
32	1221 汇总			1,200.00	
33	⊟1401	⊟材料采购	09	10,000.00	
34			10		10,000.00
35		材料采购 汇总		10,000.00	10,000.00

图 3-20 建立的总分类账

明细分类账的建立与总类账的建立相似,只是根据带有明细科目的日记账利用数据透视表功能自动生成的。

三、修改总分类账版面

1. 添加余额

在前面所完成的总分类账有借、贷方总额,却没有各科目的余额。因此要对工作表进行进一步的修改。

【例 3-3】 沿用[例 3-2]烟台兴茂机械制造有限公司 2021 年 12 月的总分类账资料。

要求:请修改总分类账版面。

【操作步骤】

第一步,打开"总分类账"工作表。

第二步,选择"数据透视表工具"→"选项"→"域、项目和集"→"计算字段"命令,如图 3-21 所示。

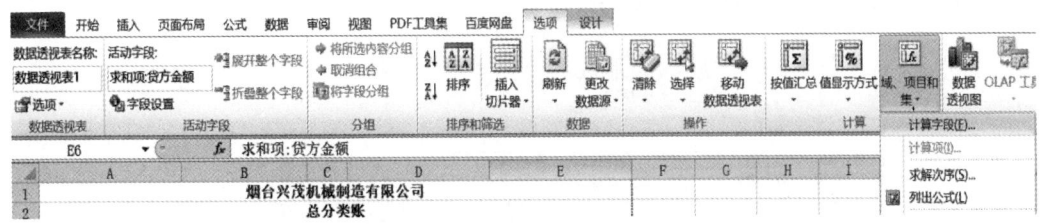

图 3-21 选择"计算字段"命令

第三步,在"插入计算字段"对话框的"名称"文本框中输入借方余额,并在公式文本框中设定"=IF((借方金额－贷方金额)＞0,借方金额－贷方金额,0)",如图3-22所示。完成后单击"确定"按钮。

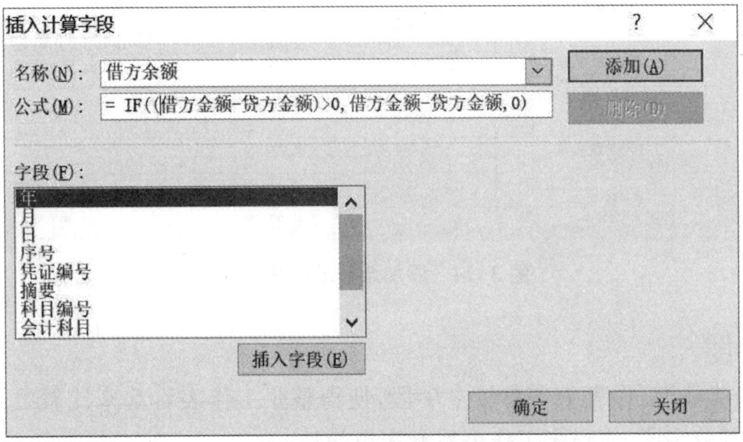

图 3-22 添加"借方余额"字段

第四步,选择"数据透视表工具"→"选项"→"域、项目和集"→"计算字段"命令,在"插入计算字段"对话框的"名称"文本框中输入"贷方余额",并在公式文本框中设定"=IF((贷方金额－借方金额)＞0,贷方金额－借方金额,0)",如图3-23所示。

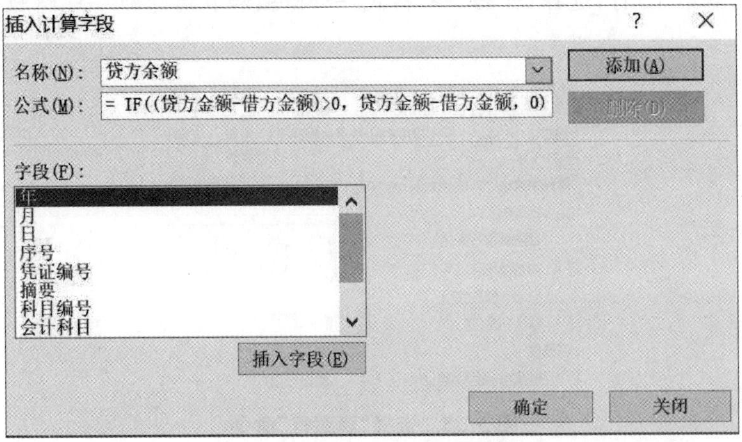

图 3-23 添加"贷方余额"字段

第五步,单击"确定"按钮。"总分类账"工作表变成如图 3-24 所示的样式。

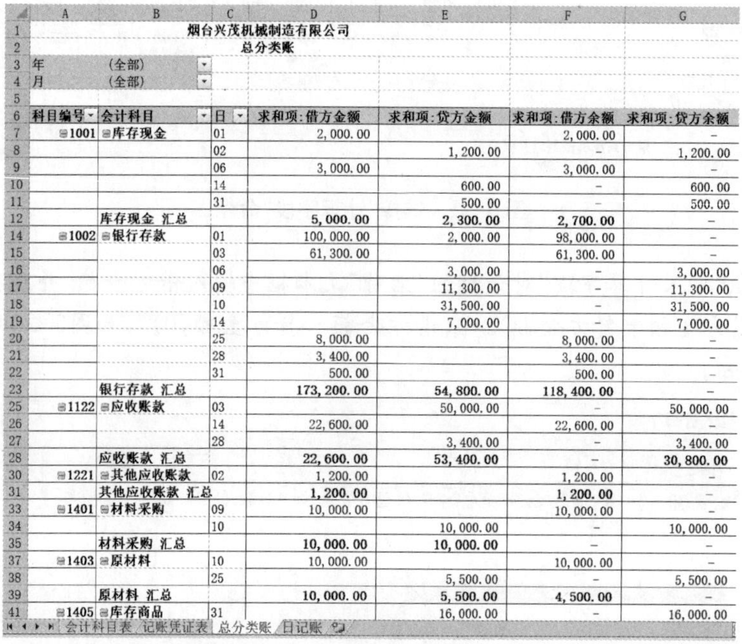

图 3-24 添加余额的总分类账

2. 隐藏字段

由于"总分类账"工作表中含有较多字段,使得整张工作表看起来比较复杂。用户可以根据需要隐藏部分字段,使整张工作表看起来更简洁。

【例 3-4】 沿用[例 3-3]烟台兴茂机械制造有限公司 2021 年 12 月的总分类账资料。

要求:请隐藏总分类账部分信息。

【操作步骤】

第一步,打开"总分类账"工作表。

第二步,选取第 12 行,选择"开始"→"格式"→"隐藏和取消隐藏"→"隐藏行"命令,如图 3-25 所示。

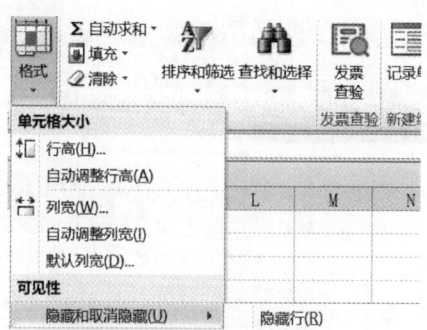

图 3-25 选择"隐藏行"命令

第三步,对需要隐藏的行或者列采取相类似的步骤。

第四步,选择"数据透视表工具"→"选项"→"显示"命令的 按钮,如图 3-26 所示。

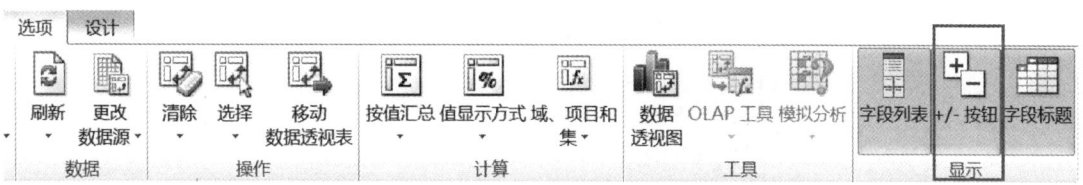

图 3-26 选择"显示"命令

第五步,可得到如图 3-27 所示的工作表。单击 按钮,可隐藏不需要的内容。

	A	B	C	D	E	F	G
1			烟台兴茂机械制造有限公司				
2			总分类账				
3	年	(全部)					
4	月	(全部)					
5							
6	科目编号	会计科目	日	求和项:借方金额	求和项:贷方金额	求和项:借方余额	求和项:贷方余额
7	1001	库存现金	01	2,000.00		2,000.00	—
8			02		1,200.00	—	1,200.00

图 3-27 添加 按钮工作表

第六步,单击 库存现金中的 按钮,总分类账就变为如图 3-28 所示的界面。此时, 按钮变为 按钮。如果单击 按钮,工作表就会恢复原来的界面。

	A	B	C	D	E	F	G
1			烟台兴茂机械制造有限公司				
2			总分类账				
3	年	(全部)					
4	月	(全部)					
5							
6	科目编号	会计科目	日	求和项:借方金额	求和项:贷方金额	求和项:借方余额	求和项:贷方余额
7	1001	库存现金		5,000.00	2,300.00	2,700.00	—
9	1002	银行存款	01	100,000.00	2,000.00	98,000.00	—

图 3-28 简洁的界面

如果需要取消隐藏的行或者列,选定行或者列后,选择"开始"→"格式"→"隐藏和取消隐藏"→"取消隐藏行"命令即可。

四、显示单一科目分类账

在财务工作过程中,会计人员有时会关注某一会计科目的分类账。此时,可使用数据筛选功能显示单一科目分类账。

【例 3-5】 沿用[例 3-3]烟台兴茂机械制造有限公司 2021 年 12 月的总分类账资料。
要求:请利用数据筛选功能显示单一科目分类账。

【操作步骤】

第一步,选择"总分类账"工作表。

第二步,单击会计科目字段旁的下拉列表按钮,选中"银行存款"会计科目,如图3-29所示。

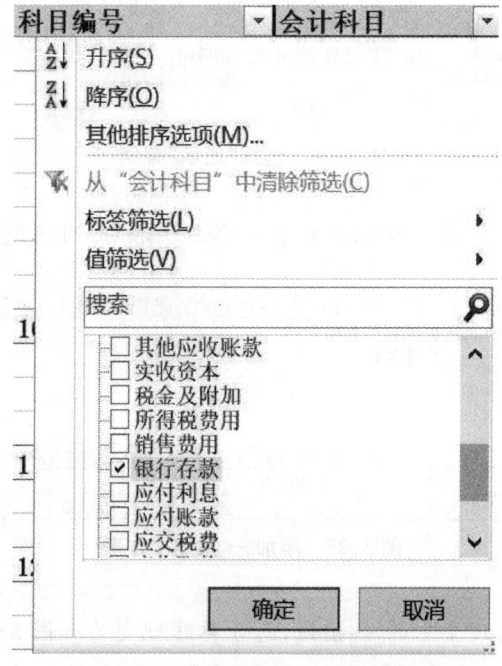

图 3-29 选择"银行存款"会计科目

第三步,单击"确定"按钮,工作表变为如图3-30所示的样式,仅显示"银行存款"单一科目的分类账。

	A	B	C	D	E	F	G
1				烟台兴茂机械制造有限公司			
2				总分类账			
3	年	(全部)					
4	月	(全部)					
5							
6	科目编号	会计科目	日	求和项:借方金额	求和项:贷方金额	求和项:借方余额	求和项:贷方余额
7	⊟1002	⊟银行存款	01	100,000.00	2,000.00	98,000.00	-
8			06		3,000.00	-	3,000.00
9			09		11,300.00	-	11,300.00
10			10		31,500.00	-	31,500.00
11			14		7,000.00	-	7,000.00
12			28	3,400.00		3,400.00	
13			31	500.00		500.00	-
14		银行存款 汇总		173,200.00	54,800.00	118,400.00	-
15	1002 汇总			173,200.00	54,800.00	118,400.00	-
16	总计			173,200.00	54,800.00	118,400.00	-

图 3-30 "银行存款"分类账

第四节 科目汇总表

一、科目汇总表概述

科目汇总表是根据一定期间内的经济业务,将相同的会计科目进行归类,定期汇总出每个会计科目的借方本期发生额合计数和贷方本期发生额合计数的一种表格。科目汇总表在会计账务核算过程中起着承上启下的作用。一方面,它将一定期间发生的经济业务分门别类地进行汇总;另一方面,它为编制会计报表提供了数据。科目汇总表的格式如表3-3所示。

表3-3　　　　　　　　烟台兴茂机械制造有限公司科目汇总表
编制单位：　　　　　　　　　　　2021年12月　　　　　　　　　　金额单位：元

科目编号	会计科目	本期发生额	
		借方	贷方
	合计		

二、建立科目汇总表

科目汇总表建立在凭证(日记账)记录基础之上,其数据也来源于凭证。由于已经在凭证(日记账)的基础上生成了分类汇总的总账,所以科目汇总表的建立只需要对分类账进行修改变动即可。下面的讲解假设已将所需要的范围名称定义完成。

【例3-6】　沿用[例3-3]烟台兴茂机械制造有限公司2021年12月的总分类账资料。
要求:请建立科目汇总表。
【操作步骤】
第一步,打开"总分类账"工作表。
第二步,选择"数据透视表工具"→"选项"→"显示报表筛选页"命令,如图3-31所示。

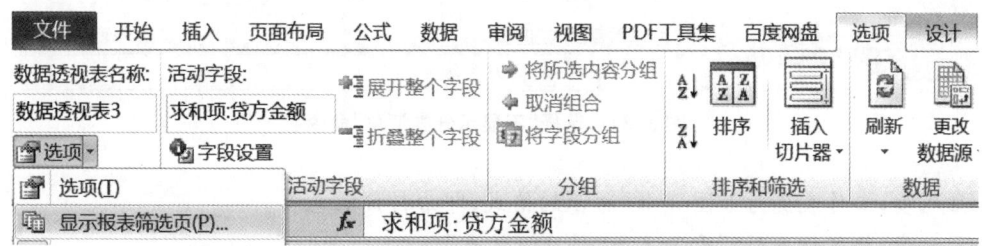

图3-31　选择"显示报表筛选页"命令

第三步，在"显示报表筛选页"对话框中选中"月"选项，如图3-32所示。单击"确定"按钮即可。

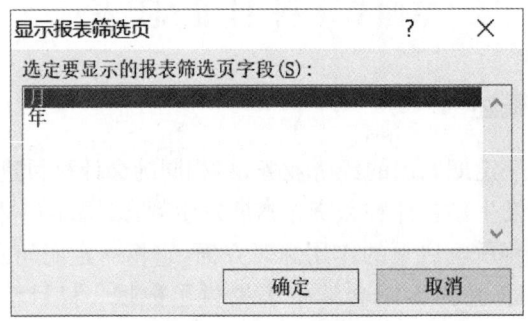

图3-32 选中"月"选项

第四步，操作完上述步骤后，形成一个与"总分类账"相同的工作表，即为科目汇总表的底稿。

第五步，选择"数据透视表工具"→"选项"→"字段列表"命令，如图3-33所示。

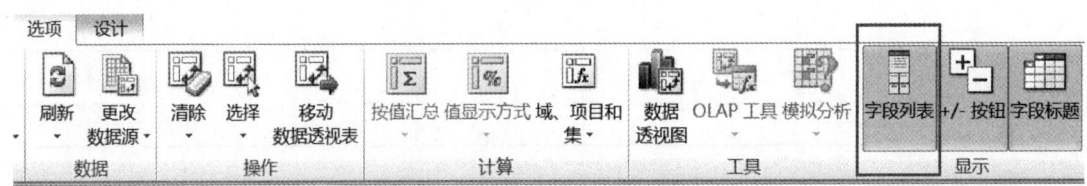

图3-33 选择"字段列表"命令

第六步，在"数据透视表字段列表"对话框中删除"日、求和项：借方余额""求和项：贷方余额"字段。

第七步，选择"数据透视表工具"→"设计"→"分类汇总"→"不显示分类汇总"命令，如图3-34所示。

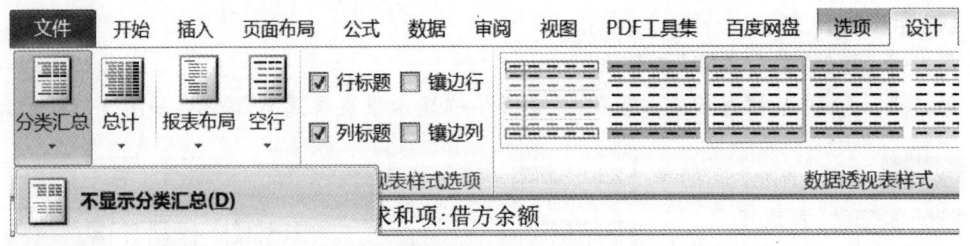

图3-34 选择"不显示分类汇总"命令

第八步，工作表变为如图3-35所示的格式，即为科目汇总表。

第九步，将工作表"12"重命名为"科目汇总表"。

第十步，单击月字段旁的下拉列表按钮，选择科目汇总表编制的月份（假定存在多个月份的数据），如图3-36所示，单击确定，即可生成该月的科目汇总表。

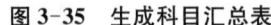

	A	B	C	D
1	年	(全部)		
2	月	12		
3				
4	科目编▼	会计科目	求和项:借方金额	求和项:贷方金额
5	⊟1001	库存现金	5,000.00	1,800.00
6	⊟1002	银行存款	172,700.00	54,800.00
7	⊟1122	应收账款	22,600.00	53,400.00
8	⊟1221	其他应收账款	1,200.00	
9	⊟1401	材料采购	10,000.00	10,000.00
10	⊟1403	原材料	10,000.00	5,500.00
11	⊟1405	库存商品		16,000.00
12	⊟1601	固定资产	500,000.00	
13	⊟1602	累计折旧		2,200.00
14	⊟2001	短期借款		100,000.00
15	⊟2202	应付账款	30,000.00	
16	⊟2221	应交税费	1,300.00	5,700.00
17	⊟2231	应付利息		400.00
18	⊟4001	实收资本		500,000.00
19	⊟4103	本年利润	35,000.00	38,000.00
20	⊟6001	主营业务收入	30,000.00	30,000.00
21	⊟6051	其他业务收入	8,000.00	8,000.00
22	⊟6401	主营业务成本	16,000.00	16,000.00
23	⊟6402	其他业务成本	5,500.00	5,500.00
24	⊟6403	税金及附加	800.00	800.00
25	⊟6601	销售费用	7,000.00	7,000.00
26	⊟6602	管理费用	4,300.00	4,300.00
27	⊟6603	财务费用	400.00	400.00
28	⊟6801	所得税费用	1,000.00	1,000.00
29	总计		860,800.00	860,800.00

图 3-35 生成科目汇总表

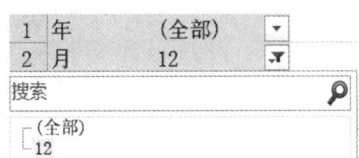

图 3-36 所需月份科目汇总表选择

三、自动更新数据透视表

在 Excel 中,确保根据日记账建立的总分类账、科目汇总表等数据透视表中数据正确的方法有两种:第一种是在选择建立数据透视表的数据源区域时,尽可能地将数据来源范围扩大;第二种是数据透视表中的数据能够随着数据源数据的更新而更新。本节将使用第二种操作方法,使数据透视表内容随着数据源数据的更新而更新。

【例 3-7】 沿用[例 3-2]烟台兴茂机械制造有限公司 2021 年 12 月的日记账和[例 3-3]总分类账资料。

要求:请自动更新数据透视表。

【操作步骤】

第一步,打开"日记账"工作表。

第二步,在"日记账"工作表添加一笔业务,如图 3-37 所示。

	A	B	C	D	E	F	G	H	I	J
1	烟台兴茂机械制造有限公司日记账									
2	年	月	日	序号	凭证编号	摘要	科目编号	会计科目	借方金额	贷方金额
60	2021	12	31	25	2021123125	结转所得税	4103	本年利润	1,000.00	
61	2021	12	31	25	2021123125		6801	所得税费用		1,000.00
62	2021	12	31	26	2021123126	存现	1002	银行存款	500.00	
63	2021	12	31	26	2021123126		1001	库存现金		500.00

图 3-37 修改的日记账记录

第三步,切换至"总分类账"工作表。

第四步,选择"数据透视表工具"→"选项"→"更改数据源"命令,如图 3-38 所示。

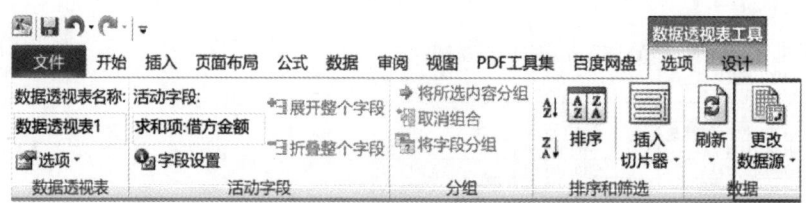

图 3-38　选择"更改数据源"命令

第五步,在弹出的"更改数据透视表"对话框中选取数据源区域,如图 3-39 所示。

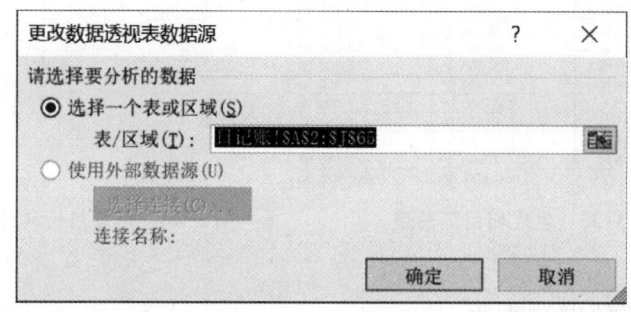

图 3-39　更改数据源

第六步,单击"确定"按钮。

如果数据源的范围没有扩大,或者最初设定的数据源范围足够大,仅是日记账业务增减及变动,则只需要选择"数据透视表工具"→"选项"→"刷新"命令,数据透视表中的数字即可更新。

第五节　科目余额表

一、设计科目余额表

科目余额表是用来记录本期所有会计科目的发生额和余额的表格。它是科目汇总表的进一步延伸,能够反映某一会计期间相关会计科目(账户)的期初余额、本期发生额、期末余额,为编制会计报表提供更完善的数据。科目余额表的格式如表 3-4 所示。

表 3-4　　　　　　　烟台兴茂机械制造有限公司科目余额表

编制单位:　　　　　　　　　　2021 年 12 月　　　　　　　　　　金额单位:元

科目编号	会计科目	期初余额		本期发生额		期末余额	
		借方	贷方	借方	贷方	借方	贷方
	合计						

【例 3-8】 请利用 Excel 建立烟台兴茂机械制造有限公司 2021 年 12 月的科目余额表。

【操作步骤】

第一步,将"第三章 Excel 在会计账簿中的应用.xlsx"工作簿中的空白工作表重命名为"科目余额表"。

第二步,选中单元格 A1:H1,单击"合并后居中"按钮。在单元格 A1 中输入"烟台兴茂机械制造有限公司科目余额表",并单击"加粗"按钮。

第三步,选中单元格 A2:A3,单击"合并后居中"按钮。在单元格 A2 中输入"科目编号",并单击"加粗"按钮。

第四步,选中单元格 B2:B3,单击"合并后居中"按钮。在单元格 B2 中输入"会计科目",并单击"加粗"按钮。

第五步,选中单元格 C2:D2,单击"合并后居中"按钮。在单元格 C2 中输入"期初余额",并单击"加粗"按钮。

第六步,选中单元格 E2:F2,单击"合并后居中"按钮。在单元格 E2 中输入"本期发生额",并单击"加粗"按钮。

第七步,选中单元格 G2:H2,单击"合并后居中"按钮。在单元格 G2 中输入"期末余额",并单击"加粗"按钮。

第八步,分别选中单元格 C3、E3、G3,在这些单元格中输入"借方",并单击"合并后居中"按钮及"加粗"按钮。

第九步,分别选中单元格 D3、F3、H3,在这些单元格中输入"贷方",并单击"合并后居中"按钮及"加粗"按钮,调整 A 至 H 列到合适的宽度。第一步至第九步设置完成后的效果如图 3-40 所示。

	A	B	C	D	E	F	G	H
1	烟台兴茂机械制造有限公司科目余额表							
2	科目编号	会计科目	期初余额		本期发生余额		期末余额	
3			借方	贷方	借方	贷方	借方	贷方

图 3-40 设置完成后的单元格

第十步,根据记录单的有关知识,在单元格 A4:B37 中输入科目编号及相应的会计科目。

第十一步,选中单元格 A38:B38,单击"合并后居中"按钮。在单元格 A54 中输入"合计",并单击"加粗"按钮。

第十二步,选择列 C:H,选择"格式"→"单元格"命令,在打开的"单元格格式"对话框中,将"数字"选项设置为"会计专用",将"小数位数"选项设置为 2,将"货币符号"选项设置为"无",单击"确定"按钮。

第十三步,选中单元格 C38,单击按钮,执行"插入函数"命令。

第十四步,在"函数分类"列表中选择"常用函数"中的 SUM( )函数,在 SUM( )函数中输入公式"=SUM(C4:C37)",如图 3-41 所示,单击"确定"按钮。

第十五步,选中单元格 C38 并单击鼠标右键,在弹出的快捷菜单中选择"复制"命令,选中单元格 D38:H38 并单击鼠标右键,在弹出的快捷菜单中选择"粘贴"命令,这样,单元格

D38:H38 均自动套用公式。科目余额表的格式已建立完成。

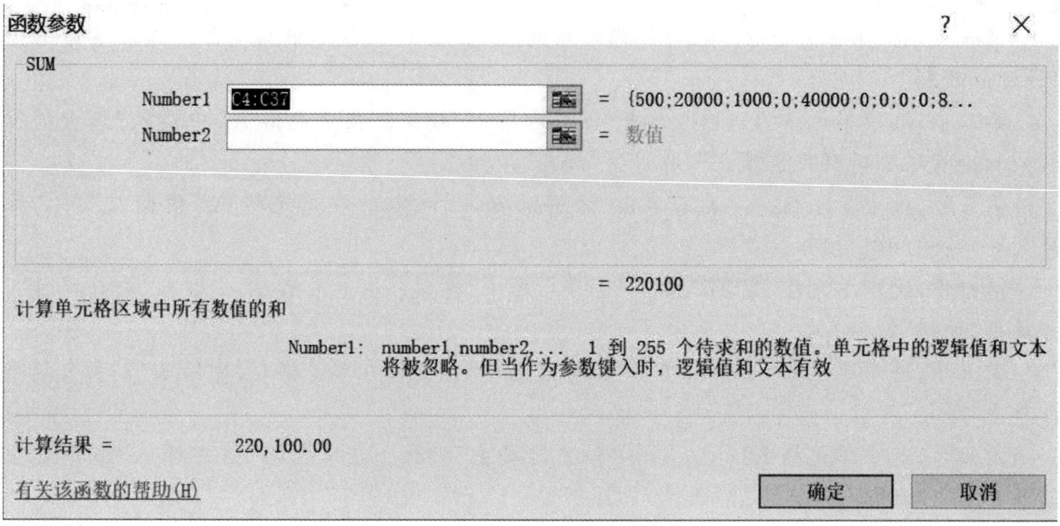

图 3-41 输入 SUM( )函数参数

二、编制科目余额表

编制科目余额表是指对科目余额表中期初余额、本期发生额以及期末余额的填写。这个过程实质上是工作表之间数据链接调用的过程。科目余额表的期初余额、本期发生额,分别从上期期末科目余额表中的期末余额及本期科目汇总表中链接过来。科目余额表的期末余额是利用公式"期末余额＝期初余额＋/－本期发生额"计算得到的。解决工作表之间数据链接的问题即可编制科目余额表。

1. 期初余额的链接调用

由于科目余额表中的会计科目固定,这样期初余额的链接可以直接从上期科目余额表的期末余额调用。直接引用公式为"=［被引用工作簿名称］被引用工作表名称！被引用单元格"。若数据在同一个工作簿中,则"被引用工作簿名称"可以省略。

【例 3-9】 烟台兴茂机械制造有限公司 2021 年 11 月的期末余额如图 3-42 所示。

要求:请利用 Excel 完成期初余额的链接调用。

【操作步骤】

第一步,打开［例 3-8］建立的"科目余额表"工作表。

第二步,选中单元格 C4,输入"="。

第三步,将鼠标移至"科目余额表 11 月份"工作表,单击单元格 G4。

第四步,将鼠标移回至"科目余额表"工作表,按 Enter 键,系统在"科目余额表"工作表的单元格 C4 显示期初现金余额的数值,如图 3-43 所示。

第五步,使用相同的方法,建立其他会计科目期初余额的链接。到此为止,12 月份科目余额表的期初余额已编制完成。

科目编号	会计科目	期末余额	
		借方	贷方
1001	库存现金	500.00	
1002	银行存款	20 000.00	
1101	交易性金融资产	1 000.00	
1121	应收票据		
1122	应收账款	40 000.00	
1123	预付账款		
1221	其他应收账款		
1231	坏账准备		200.00
1401	材料采购		
1403	原材料	8 000.00	
1405	库存商品	50 000.00	
1501	持有到期投资	600.00	
1511	长期股权投资	7 000.00	
1601	固定资产	90 000.00	
1602	累计折旧		10 000.00
1603	在建工程		
1701	无形资产	3 000.00	
1801	长期待摊费用		
1901	待处理财产损溢		4 000.00
2001	短期借款		15 500.00
2202	应付账款		30 000.00
2221	应交税费		40 000.00
2231	应付利息		400.00
4001	实收资本		100 000.00
4103	本年利润		20 000.00
6001	主营业务收入		
6051	其他业务收入		
6401	主营业务成本		
6402	其他业务成本		
6403	税金及附加		
6601	销售费用		
6602	管理费用		
6603	财务费用		
6801	所得税费用		
	合计	220 100.00	220 100.00

图 3-42　烟台兴茂机械制造有限公司 2021 年 11 月的期末余额

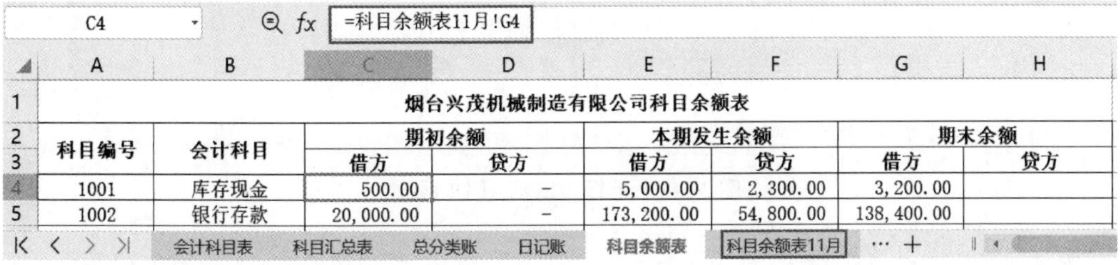

图 3-43　建立直接链接

2. 本期发生额的链接调用

科目余额表中本期发生额需从本期科目汇总表中调用。由于每个会计期间发生的经济业务不完全相同,这样,根据记录经济业务的日记账自动生成的科目汇总表的会计科目不固定。在从本期科目汇总表中调用数据时,不能直接调用,需要借助于函数进行间接调用。以下的内容假设已将所需要的范围名称定义完成。

【例3-10】 沿用[例3-6]生成的科目汇总表及[例3-9]完成的烟台兴茂机械制造有限公司2021年12月的科目余额表资料。

要求:继续完成本期发生额的链接调用。

【操作步骤】

第一步,打开"科目余额表"工作表。

第二步,选中单元格E4,单击"插入函数"按钮,执行"插入函数"命令。在"或选择类别"列表框中选择"逻辑"类别函数。在"选择函数"中选择IF()函数,单击"确定"按钮。

第三步,将光标移至IF()函数的Logical_test自变量位置空白处,单击如图3-44所示的下拉式菜单按钮,从打开的菜单中选择ISNA()函数。

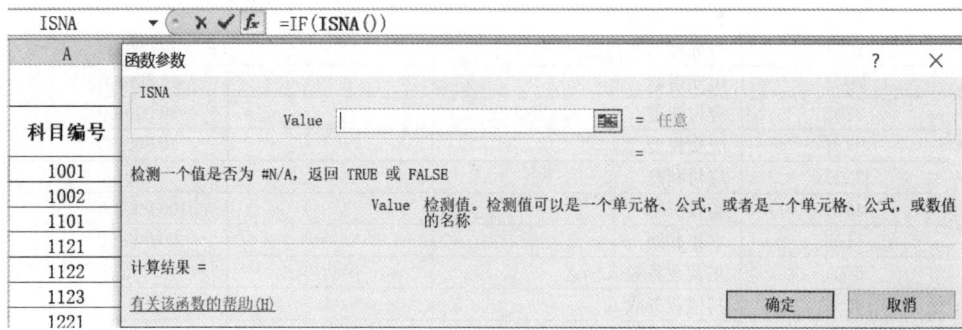

图3-44 选择ISNA()函数

第四步,将光标移至ISNA()函数的Value自变量位置空白处,单击图3-45所示的下拉式菜单按钮,从打开的菜单中选择VLOOKUP()函数。

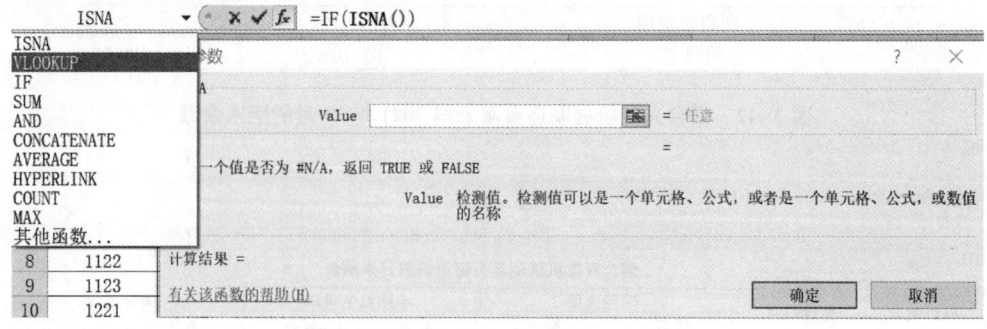

图3-45 选择VLOOKUP()函数

第五步,在VLOOKUP()函数的Lookup_value自变量位置输入"库存现金",在Table_array自变量位置选择"公式"→"用于公式"→"科目汇总表"命令,如图3-46所示。

在 Col_index_num 自变量位置输入 2，在 Range_lookup 自变量位置输入"FALSE"，如图 3-47 所示。

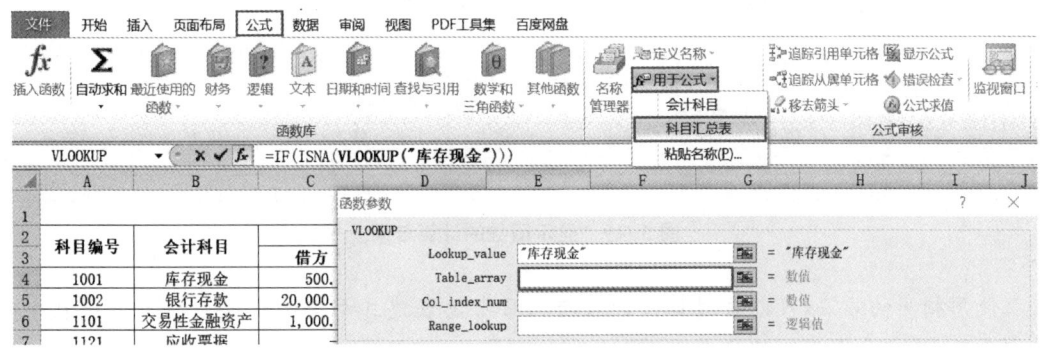

图 3-46　选择"公式"→"用于公式"→"科目汇总表"命令

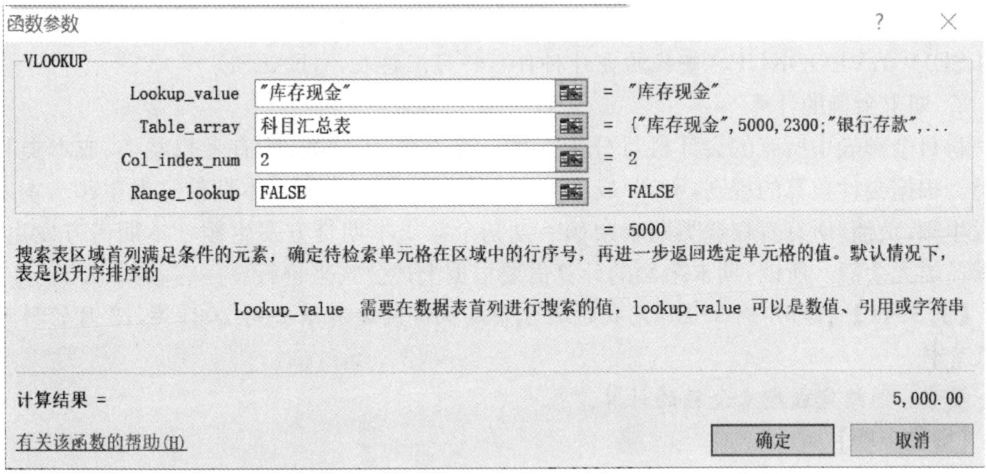

图 3-47　设置 VLOOKUP()函数参数

第六步，将光标移回至 IF()函数，在 Value_if_true 自变量位置输入 0，在 Value_if_false 自变量位置空白处，单击下拉式菜单按钮，从打开的菜单中选择 VLOOKUP()函数，如图 3-48 所示。

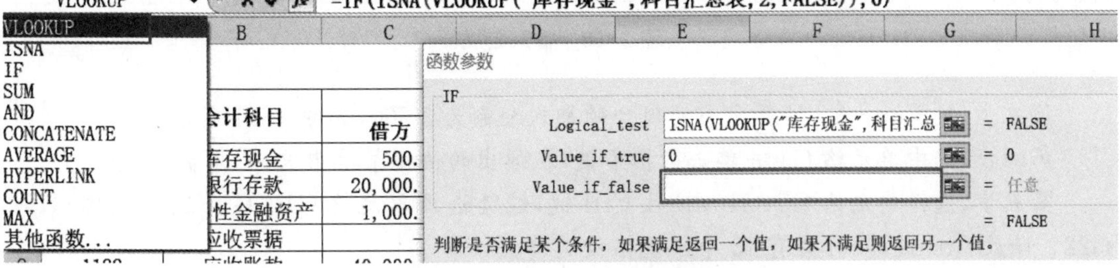

图 3-48　设置 IF()函数的参数

第七步,重复第五步步骤。

第八步,单击"确定"按钮,完成函数的设置。

第九步,系统在单元格 E4 显示本月现金的借方发生额,如图 3-49 所示。

	A	B	C	D	E	F	G	H
1	烟台兴茂机械制造有限公司科目余额表							
2	科目编号	会计科目	期初余额		本期发生余额		期末余额	
3			借方	贷方	借方	贷方	借方	贷方
4	1001	库存现金	500.00	—	5,000.00			
5	1002	银行存款	20,000.00					

图 3-49 显示函数的计算结果

使用相同的方法,可以将科目余额表与科目汇总表建立动态的链接。科目余额表中的借方金额、贷方金额字段的公式如下:

本期借方发生额"=IF(ISNA(VLOOKUP("查找的会计科目",科目汇总表,2,FALSE)),0,VLOOKUP("查找的会计科目",科目汇总表,2,FALSE))"

本期贷方发生额"=IF(ISNA(VLOOKUP("查找的会计科目",科目汇总表,3,FALSE)),0,VLOOKUP("查找的会计科目",科目汇总表,3,FALSE))"

3. 期末余额的计算

科目余额表中所有的会计科目分为 5 类:资产类、负债类、所有者权益类、成本类和损益类。根据会计核算的规则,资产/成本类期末余额=期初余额+本期借方发生额-本期贷方发生额,负债/所有者权益类期末余额=期初余额+本期贷方发生额-本期借方发生额,而损益类无余额。所以,期末余额的计算需要根据上述公式来进行。

【例 3-11】 沿用[例 3-10]完成的烟台兴茂机械制造有限公司 2021 年 12 月的科目余额表资料。

要求:继续完成期末余额的计算。

【操作步骤】

第一步,打开"科目余额表"工作表。

第二步,选中单元格 G4,输入"=C4+E4-F4",如图 3-50 所示。

	A	B	C	D	E	F	G	H
1	烟台兴茂机械制造有限公司科目余额表							
2	科目编号	会计科目	期初余额		本期发生余额		期末余额	
3			借方	贷方	借方	贷方	借方	贷方
4	1001	库存现金	500.00	—	5,000.00	2,300.00	=C4+E4-F4	
5	1002	银行存款	20,000.00	—				

图 3-50 输入公式

第三步,按 Enter 键,计算出来的现金的期末余额为 3 200,如图 3-51 所示。

第四步,选中单元格 G4 并单击鼠标右键,在弹出的快捷菜单中选择"复制"命令。

第五步,选择单元格 G5:G10,按住 Ctrl 键,继续选择单元格 G10:G17 及单元格 G19:G22。释放 Ctrl 键,此时共有 15 个单元格被选中。

第六步,在选中的任意单元格上单击鼠标右键,在弹出的快捷菜单中选择"粘贴"命令。

	A	B	C	D	E	F	G	H
1	烟台兴茂机械制造有限公司科目余额表							
2	科目编号	会计科目	期初余额		本期发生余额		期末余额	
3			借方	贷方	借方	贷方	借方	贷方
4	1001	库存现金	500.00	—	5,000.00	2,300.00	3,200.00	
5	1002	银行存款	20,000.00	—				

图 3-51 显示公式计算结果

第七步，系统计算出来的资产/成本类会计科目的期末余额。

第八步，选中单元格 H11，输入"＝D11＋F11－E11"，按 Enter 键。

第九步，选中单元格 H18、H23:H39，复制单元格 H11。

第十步，已计算好的负债/所有者权益类会计科目的期末余额。到此为止，科目余额表的编制工作已完成，如图 3-52 所示。

	A	B	C	D	E	F	G	H
1	烟台兴茂机械制造有限公司科目余额表							
2	科目编号	会计科目	期初余额		本期发生余额		期末余额	
3			借方	贷方	借方	贷方	借方	贷方
4	1001	库存现金	500.00	—	5,000.00	2,300.00	3,200.00	
5	1002	银行存款	20,000.00	—	173,200.00	54,800.00	138,400.00	
6	1101	交易性金融资产	1,000.00	—	—	—	1,000.00	
7	1121	应收票据	—	—	—	—	—	
8	1122	应收账款	40,000.00	—	22,600.00	53,400.00	9,200.00	
9	1123	预付账款	—	—	—	—	—	
10	1221	其他应收账款	—	—	1,200.00	—	1,200.00	
11	1231	坏账准备	—	200.00	—	—	—	200.00
12	1401	材料采购	—	—	10,000.00	10,000.00	—	
13	1403	原材料	8,000.00	—	10,000.00	5,500.00	12,500.00	
14	1405	库存商品	50,000.00	—	—	16,000.00	34,000.00	
15	1501	持有到期投资	600.00	—	—	—	600.00	
16	1511	长期股权投资	7,000.00	—	—	—	7,000.00	
17	1601	固定资产	90,000.00	—	500,000.00	—	590,000.00	
18	1602	累计折旧	—	10,000.00	—	2,200.00	—	12,200.00
19	1603	在建工程	—	—	—	—	—	
20	1701	无形资产	3,000.00	—	—	—	3,000.00	
21	1801	长期待摊费用	—	—	—	—	—	
22	1901	待处理财产损溢	—	—	4,000.00			

图 3-52 编制完成的科目余额表

本章练习

一、单项选择题

1. 按照经济业务发生的时间的先后顺序逐日逐笔连续登记的账簿是（   ）。
   A. 明细分类账　　　　　　　　B. 日记账
   C. 总分类账　　　　　　　　　D. 备查账

2. 用于分类记录单位的全部交易或事项,提供总括核算资料的账簿是（   ）。
   A. 总分类账　　　　　　　　　B. 明细分类账
   C. 日记账　　　　　　　　　　D. 备查账

3. 下列各项中,应设置备查账簿进行登记的是（   ）。
   A. 经营性租出的固定资产　　　B. 经营性租入固定资产
   C. 无形资产　　　　　　　　　D. 资本公积

4. 下列账簿中,一般情况下不需根据记账凭证登记的账簿是（   ）。
   A. 日记账　　　　　　　　　　B. 总分类账
   C. 备查账　　　　　　　　　　D. 明细分类账

5. 利用 IF 函数设置"借贷不平衡"自动显示,最主要是呼应（   ）会计记账规则。
   A. 同增、同减、有增、有减　　B. 同收、同付、有收、有付
   C. 有增必有减,增减必相等　　 D. 有借必有贷,借贷必相等

6. 当建立数据透视表的数据源区域内的数据进行改动时,应执行（   ）命令对应的数据透视表进行更新。
   A. 数据透视表工具→选项→更改数据源
   B. 数据透视表工具→选项→刷新
   C. 数据透视表工具→选项→字段列表
   D. 数据透视表工具→选项→显示报表筛选项

7. 对已完成的总分类账添加余额时,应执行（   ）命令。
   A. 数据透视表工具→选项→更改数据源
   B. 数据透视表工具→选项→刷新
   C. 数据透视表工具→选项→域、项目和集→计算字段
   D. 数据透视表工具→选项→显示报表筛选项

8. 现金日记账和银行存款日记账应当（   ）。
   A. 定期登记　　　　　　　　　B. 序时登记
   C. 汇总登记　　　　　　　　　D. 合并登记

9. 记账人员根据记账凭证登记完毕账簿后,要在记账凭证上注明已记账的符号,主要是为了（   ）。
   A. 便于明确记账责任　　　　　B. 避免错行或隔页

C. 避免重记或漏记　　　　　　　D. 防止凭证丢失

10. 下列账簿中,要求必须逐日结出余额的是(　　)。
A. 现金日记账和银行存款日记账　　B. 债权债务明细账
C. 财产物资明细账　　　　　　　　D. 总账

11. 现金日记账和银行存款日记账,每一账页登记完毕结转下页时,结计"过次页"的本页合计数应当为(　　)的发生额合计数。
A. 本页　　　　　　　　　　　　B. 自本月初起至本页末止
C. 本月　　　　　　　　　　　　D. 自本年初起至本页末止

12. 日记账的最大特点是(　　)。
A. 按现金和银行存款设置账户
B. 可以提供现金和银行存款的每日发生额
C. 随时逐笔顺序登记现金和银行存款的发生额并逐日结出余额
D. 主要提供现金和银行存款的每日余额

13. 登记账簿的依据是(　　)。
A. 原始凭证　　　　　　　　　　B. 经济合同
C. 记账凭证　　　　　　　　　　D. 会计报表

14. 资产类账户期末余额的计算公式是(　　)。
A. 期末余额＝期初借方余额＋本期借方发生额－本期贷方发生额
B. 期末余额＝期初贷方余额＋本期贷方发生额－本期借方发生额
C. 期末余额＝期初借方余额＋本期借方发生额
D. 期末余额＝期初贷方余额＋本期贷方发生额

15. 负债类类账户期末余额的计算公式是(　　)。
A. 期末余额＝期初借方余额＋本期借方发生额－本期贷方发生额
B. 期末余额＝期初贷方余额＋本期贷方发生额－本期借方发生额
C. 期末余额＝期初借方余额＋本期借方发生额
D. 期末余额＝期初贷方余额＋本期贷方发生额

二、多项选择题

1. 会计账簿按用途分为(　　)。
A. 序时账　　　　　　　　　　　B. 分类账
C. 备查账　　　　　　　　　　　D. 总账

2. 关于会计账簿的意义,下列说法正确的有(　　)。
A. 通过账簿的设置和登记,记载、储存会计信息
B. 通过账簿的设置和登记,分类、汇总会计信息
C. 通过账簿的设置和登记,检查、校正会计信息
D. 通过账簿的设置和登记,编报、输出会计信息

3. 一张数据透视表上,应具有以下(　　)字段。
A. 年、月　　　　　　　　　　　B. 科目编号
C. 会计科目　　　　　　　　　　D. 借方金额、贷方金额

4. 科目余额表能够反映某一会计期间相关会计科目（账户）的（　　）金额指标，为编制会计报表提供更完善的数据。
A. 期初余额　　　　　　　　　　B. 期末余额
C. 本期借方发生额　　　　　　　D. 本期贷方发生额

5. 科目余额表中的试算平衡公式是（　　）。
A. 所有账户的本期借方发生额之和＝所有账户的本期贷方发生额之和
B. 所有资产类账户的本期借方发生额之和＝所有负债和所有者权益类账户本期贷方发生额之和
C. 所有账户的期末借方余额之和＝所有账户的期末贷方余额之和
D. 收入类账户的本期发生额＝费用类账户的本期发生额

三、判断题

1. 会计账簿的记录是编制会计报表的前提和依据，也是检查、分析和控制单位经济活动的重要依据。　　　　　　　　　　　　　　　　　　　　　　　　（　　）
2. 日记账与分类账在会计处理程序中是两种不同的账簿，但在利用 Excel 进行账务处理时，数据内容并无差别。　　　　　　　　　　　　　　　　　　　　（　　）
3. 借贷不平衡的自动提示方法有本期发生额试算平衡和差额试算平衡。（　　）
4. 在科目余额表中，损益类科目期末一般都无余额。　　　　　　　　（　　）
5. 账户的本期发生额反映的是动态指标，而期末余额反映的是静态指标。（　　）
6. 只要实现了期初余额、本期发生额、期末余额的平衡，就说明科目余额表没有错误了。　　　　　　　　　　　　　　　　　　　　　　　　　　　　　　（　　）
7. 各单位不得违反会计法和国家统一的会计制度的规定私设会计账簿。（　　）
8. 日记账应逐日逐笔顺序登记，总账可以逐笔登记，也可以汇总登记。（　　）
9. 登记现金日记账的依据是现金收付款凭证和银行收付款凭证。　　（　　）
10. 总账账户平时只需结计月末余额，不需结计本月发生额。　　　　（　　）

四、思考题

1. 期初余额的链接调用的公式是什么？
2. 自动更新数据透视表的方法有哪些？
3. 科目余额表中的本期借方发生额、本期贷方发生额字段的公式是什么？

五、业务操作题

根据烟台兴茂机械制造有限公司 2022 年 2 月业务资料，做成记账凭证表，如图 3-53 所示，请完成以下操作。

（1）建立现金日记账。
（2）利用数据透视表功能，建立总分类账，要求总分类账（数据透视表）格式："报表筛选"区域为"年""月"；"行"区域为"科目编号""会计科目""日"；"数据"区域为"求和项：借方金额""求和项：贷方金额"，设置单元格格式，数据透视表以表格形式显示，将新建立的数据透视表重新命名为"烟台兴茂机械制造有限公司总分类账"。
（3）添加"借方余额"和"贷方余额"。
（4）利用数据透视表工具，建立科目汇总表。

(5) 根据烟台兴茂机械制造有限公司 2022 年 1 月的科目余额,如图 3-54 所示,建立 2022 年 2 月的科目余额表。

年	月	日	序号	凭证编号	摘要	科目编号	会计科目	借方金额	贷方金额
2022	02	01	01	2022020101	银行借款	1002	银行存款	100 000.00	
2022	02	01	01	2022020101		2001	短期借款		100 000.00
2022	02	01	02	2022020102	提取现金	1001	库存现金	2 000.00	
2022	02	01	02	2022020102		1002	银行存款		2 000.00
2022	02	02	03	2022020203	还款	2202	应付账款	10 000.00	
2022	02	02	03	2022020203		1002	银行存款		10 000.00
2022	02	02	04	2022020204	存现	1002	银行存款	1 000.00	
2022	02	02	04	2022020204		1001	库存现金		1 000.00
2022	02	04	05	2022020405	收到企业欠款	1002	银行存款	2 168.00	
2022	02	04	05	2022020405		1122	应收账款		2 168.00
2022	02	07	06	2022020706	预借差旅费	1221	其他应收账款	2 500.00	
2022	02	07	06	2022020706		1001	库存现金		2 500.00
2022	02	08	07	2022020807	付办公用品	6602	管理费用	800.00	
2022	02	08	07	2022020807		1001	库存现金		800.00
2022	02	09	08	2022020908	收到投资	1002	银行存款	50 000.00	
2022	02	09	08	2022020908		4001	实收资本		50 000.00
2022	02	10	09	2022021009	销售商品,货款未收	1122	应收账款	110 740.00	
2022	02	10	09	2022021009		6001	主营业务收入		98 000.00
2022	02	10	09	2022021009		2221	应交税费		12 740.00
2022	02	10	09	2022021009	结转产品成本	6401	主营业务成本	90 000.00	
2022	02	10	09	2022021009		1405	库存商品		90 000.00
2022	02	12	10	2022021210	报销业务招待费	6602	管理费用	1 000.00	
2022	02	12	10	2022021210		1001	库存现金		1 000.00
2022	02	14	11	2022021411	报销差旅费,余款退回	1001	库存现金	270.00	
2022	02	14	11	2022021411		1221	其他应收账款		270.00
2022	02	14	11	2022021411		6601	销售费用	2 230.00	
2022	02	14	11	2022021411		1221	其他应收账款		2 230.00
2022	02	15	12	2022021512	付水电费	6602	管理费用	500.00	
2022	02	15	12	2022021512		1002	银行存款		500.00
2022	02	16	13	2022021613	提现备用	1001	库存现金	24 000.00	
2022	02	16	13	2022021613		1002	银行存款		24 000.00
2022	02	17	14	2022021714	发放工资	2211	应付职工薪酬	24 000.00	
2022	02	17	14	2022021714		1001	库存现金		24 000.00
2022	02	18	15	2022021815	销售商品,货款未收	1122	应收账款	65 992.00	
2022	02	18	15	2022021815		6001	主营业务收入		58 400.00
2022	02	18	15	2022021815		2221	应交税费		7 592.00
2022	02	18	15	2022021815	结转产品成本	6401	主营业务成本	50 000.00	
2022	02	18	15	2022021815		1405	库存商品		50 000.00
2022	02	20	16	2022022016	付培训费	6602	管理费用	1 200.00	
2022	02	20	16	2022022016		1001	库存现金		1 200.00

图 3-53 烟台兴茂机械制造有限公司的记账凭证表

科目编号	会计科目	期末余额	
		借方	贷方
1001	库存现金	2 500.00	
1002	银行存款	30 000.00	
1101	交易性金融资产	1 000.00	
1121	应收票据		
1122	应收账款	40 000.00	
1123	预付账款		
1221	其他应收账款		
1231	坏账准备		700.00
1401	材料采购		
1403	原材料	8 000.00	
1405	库存商品	150 000.00	
1511	长期股权投资	7 000.00	
1601	固定资产	90 000.00	
1602	累计折旧		10 000.00
1603	在建工程		
1701	无形资产	3 000.00	
1801	长期待摊费用		
1901	待处理财产损溢		4 000.00
2001	短期借款		100 000.00
2202	应付账款		10 000.00
2211	应付职工薪酬		24 000.00
2221	应交税费		12 400.00
2231	应付利息		400.00
4001	实收资本		150 000.00
4103	本年利润		20 000.00
6001	主营业务收入		
6051	其他业务收入		
6401	主营业务成本		
6402	其他业务成本		
6403	税金及附加		
6601	销售费用		
6602	管理费用		
6603	财务费用		
6801	所得税费用		
	合计	331 500.00	331 500.00

图 3-54　烟台兴茂机械制造有限公司的 1 月科目余额表

第四章 Excel 在应收账款管理中的应用

```
知识导航
                    ┌ 应收账款管理概述 ┬ 应收账款的概念与作用
                    │                  └ 应收账款管理的必要性
Excel 在应收账款     │ 应收账款统计     ┬ 各债务人的应收账款统计
管理中的应用         │                  └ 利用函数、图表统计各债务人的应收账款
                    │ 逾期应收账款分析 ┬ 计算并分析各项应收账款是否到期
                    │                  └ 计算应收账款逾期天数
                    └ 应收账款账龄分析 ┬ 建立应收账款账龄分析表
                                       └ 采用账龄分析法计算应收账款坏账准备金额
```

学习目标

1. 掌握运用 Excel 工具栏和函数统计各债务人应收账款
2. 掌握运用 Excel 分析逾期应收账款并确定应收账款账龄
3. 掌握运用 Excel 计算应收账款的坏账准备金额

第一节 应收账款管理概述

一、应收账款的概念与作用

应收账款是指企业在生产经营过程中因赊销商品、提供劳务和服务等应向购货单位或接受劳务、服务单位收取的款项，包括销售价款、增值税税额以及代垫的运杂费、保险费等。应收账款的实质是由于赊销向客户提供的信用。企业通过提供商业信用，采取赊销、分期付款等方式可以扩大销售，增强竞争力，获得利润。

应收账款具有增加销售和减少存货的作用，具体为：

（1）应收账款产生于赊销，而赊销会给企业带来销售收入和利润增加。

（2）企业持有一定产成品存货时，会相应占用资金，形成相关管理成本等，而赊销可避免这些成本的产生。故当企业产成品存货较多，一般会赊销，将存货转化为应收账款，节约支出。

二、应收账款管理的必要性

随着商品经济的发展，商业信用越来越重要，应收账款管理已经成为企业流动资产管理

中的一个重要项目。根据对企业日常管理的调研分析发现，部分企业经营不善甚至倒闭，不是因为没有盈利能力，而是因为没有重视应收账款管理。

应收账款管理的目标是：在发挥应收账款扩大销售、减少存货、增加竞争力的同时，制定合理的应收账款信用政策，强化应收账款管理，减少坏账损失。

应收账款管理的基本内容包括：客户（即债务人）管理和应收账款账龄分析。

（1）客户管理的具体内容是对现有债权人的还款情况进行分析。客户通常都是货款到期后才付款，有的客户只有被不断催促后才付款，甚至还有些客户蓄意欺诈，根本无意还款。这就要求企业做好客户的甄别筛选工作，做好债权凭证的制作保管工作，尽可能防范和降低交易风险。

（2）应收账款账龄分析是指根据应收账款入账时间的长短来估计坏账损失的方法。账龄分析法的设计，对提取坏账准备来说是比较科学的，虽然应收账款能否收回以及能收回多少不一定完全取决于时间的长短，但一般来说，账款拖欠的时间越长，发生坏账的可能性就越大。

第二节　应收账款统计

一、各债务人的应收账款统计

对于债务人比较多的公司，为了方便了解某一债务人所欠公司款项的总额，可以利用 Excel 提供的数据命令，汇总不同债务人所欠的金额。在进行债务人应收账款统计时，首先应登记应收账款的相关信息，主要包括：应收账款产生日期（赊销日期），债务人名称，应收账款金额（赊销金额），付款期限（信用期限），应收账款到期日等。

【例 4-1】　烟台兴茂机械制造有限公司共有威海东恒公司、青岛通达汽车配件公司、青岛山海机械有限公司、烟台三立有限公司、济南西城机械有限公司 5 个客户。客户的应收账款金额、赊销日期、付款期限等信息如表 4-1 所示，相关信息统计日期为 2022 年 1 月 31 日。

要求：统计各债务人的应收账款金额。

表 4-1　　　　　　烟台兴茂机械制造有限公司应收账款信息统计表

赊销日期	债务人名称	应收金额（元）	付款期限（天）
2021 年 04 月 01 日	威海东恒公司	12 500.00	30
2021 年 05 月 04 日	青岛通达汽车配件公司	5 000.00	30
2021 年 05 月 12 日	青岛山海机械有限公司	11 000.00	25
2021 年 06 月 13 日	烟台三立有限公司	1 500.00	20
2021 年 06 月 25 日	济南西城机械有限公司	2 400.00	20
2021 年 07 月 07 日	青岛山海机械有限公司	3 000.00	25
2021 年 08 月 16 日	青岛通达汽车配件公司	10 000.00	30

(续表)

赊销日期	债务人名称	应收金额(元)	付款期限(天)
2021年08月20日	济南西城机械有限公司	4 800.00	20
2021年09月06日	威海东恒公司	13 500.00	30
2021年10月10日	烟台三立有限公司	970.00	20
2021年10月22日	青岛通达汽车配件公司	1 000.00	30
2021年11月20日	烟台三立有限公司	32 000.00	20
2021年11月27日	济南西城机械有限公司	42 500.00	20
2021年12月12日	青岛通达汽车配件公司	1 150.00	30
2022年01月02日	青岛山海机械有限公司	2 250.00	25
2022年01月17日	烟台三立有限公司	3 600.00	20

【操作步骤】

第一步,登记应收账款的相关信息。打开一个新的工作簿,将烟台兴茂机械制造有限公司的应收账款信息复制到该工作簿的工作表sheet1中,工作表重命名为"应收账款基本信息"。在单元格E1中输入"到期日期",将E2至E17的单元格格式设置为日期形式。在单元格A18中输入"统计日期",将当前的统计日期"2022年01月31日"输入单元格B18中。也可以使用函数NOW来确定当前日期,直接在单元格B18中输入公式"=NOW()",回车确认后即得当前统计日期,然后根据需要将该单元格的格式调整为年月日的形式,如图4-1所示。

	A	B	C	D	E
1	赊销日期	债务人名称	应收账款(元)	付款期限(天)	到期日期
2	2021年04月01日	威海东恒公司	12,500.00	30	
3	2021年05月04日	青岛通达汽车配件公司	5,000.00	30	
4	2021年05月12日	青岛山海机械有限公司	11,000.00	25	
5	2021年06月13日	烟台三立有限公司	1,500.00	20	
6	2021年06月25日	济南西城机械有限公司	2,400.00	20	
7	2021年07月07日	青岛山海机械有限公司	3,000.00	25	
8	2021年08月16日	青岛通达汽车配件公司	10,000.00	30	
9	2021年08月20日	济南西城机械有限公司	4,800.00	20	
10	2021年09月06日	威海东恒公司	13,500.00	30	
11	2021年10月10日	烟台三立有限公司	970.00	20	
12	2021年10月22日	青岛通达汽车配件公司	1,000.00	30	
13	2021年11月20日	烟台三立有限公司	32,000.00	20	
14	2021年11月27日	济南西城机械有限公司	42,500.00	20	
15	2021年12月12日	青岛通达汽车配件公司	1,150.00	30	
16	2022年01月02日	青岛山海机械有限公司	2,250.00	25	
17	2022年01月17日	烟台三立有限公司	3,600.00	20	
18	统计日期:	2022年01月31日			

图4-1 烟台兴茂机械制造有限公司应收账款信息

第二步,计算到期日期。在单元格E2中输入公式"=A2+D2",回车得到威海东恒公司

2021年04月01日这笔业务的到期日期为2021年05月01日,选中单元格E2,将光标移至单元格右下角出现"+"光标,点击鼠标左键,将鼠标拖至单元格E17,即得到全部的到期日期,如图4-2所示。

	A	B	C	D	E
1	赊销日期	债务人名称	应收账款（元）	付款期限（天）	到期日期
2	2021年04月01日	威海东恒公司	12,500.00	30	2021年05月01日
3	2021年05月04日	青岛通达汽车配件公司	5,000.00	30	2021年06月03日
4	2021年05月12日	青岛山海机械有限公司	11,000.00	25	2021年06月06日
5	2021年06月13日	烟台三立有限公司	1,500.00	20	2021年07月03日
6	2021年06月25日	济南西城机械有限公司	2,400.00	20	2021年07月15日
7	2021年07月07日	青岛山海机械有限公司	3,000.00	25	2021年08月01日
8	2021年08月16日	青岛通达汽车配件公司	10,000.00	30	2021年09月15日
9	2021年08月20日	济南西城机械有限公司	4,800.00	20	2021年09月09日
10	2021年09月06日	威海东恒公司	13,500.00	30	2021年10月06日
11	2021年10月10日	烟台三立有限公司	970.00	20	2021年10月30日
12	2021年10月22日	青岛通达汽车配件公司	1,000.00	30	2021年11月21日
13	2021年11月20日	烟台三立有限公司	32,000.00	20	2021年12月10日
14	2021年11月27日	济南西城机械有限公司	42,500.00	20	2021年12月17日
15	2021年12月12日	青岛通达汽车配件公司	1,150.00	30	2022年01月11日
16	2022年01月02日	青岛山海机械有限公司	2,250.00	25	2022年01月27日
17	2022年01月17日	烟台三立有限公司	3,600.00	20	2022年02月06日
18	统计日期:	2022年01月31日			

图4-2　计算应收账款到期日期

第三步,"以债务人名称"重新排序。选中单元格A1到单元格E17的区域,选择"数据"→"排序"命令,在弹出的对话框中,"主要关键字"选择"债务人名称",并点击"添加条件",在"次要关键字"中选择"赊销日期","排列依据"默认为"数值",排列"次序"默认为"升序",然后单击"确定"按钮,如图4-3所示。

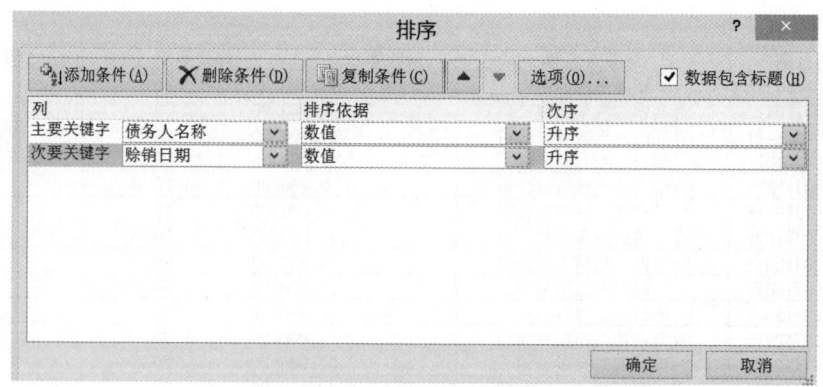

图4-3　数据→排序命令

执行命令后,原来按照应收账款发生的先后顺序登记的数据,重新排序为按照债务人名称进行排序,每个债务人的应收账款信息则按照赊销日期排序,如图4-4所示。

第四步,对各债务人的应收账款金额进行汇总。选中单元格A1到单元格E17的区域,选择"数据"→"分类汇总"命令,弹出"分类汇总"对话框。其中,"分类字段"选择"债务人名称"、"汇总方式"选择"求和"、"选定汇总项"选择"应收账款（元）"，并保持系统默认勾选"替换当前分类汇总"和"汇总结果显示在数据下方"，如图4-5所示。

	A	B	C	D	E
1	赊销日期	债务人名称	应收账款（元）	付款期限（天）	到期日期
2	2021年06月25日	济南西城机械有限公司	2,400.00	20	2021年07月15日
3	2021年08月20日	济南西城机械有限公司	4,800.00	20	2021年09月09日
4	2021年11月27日	济南西城机械有限公司	42,500.00	20	2021年12月17日
5	2021年05月12日	青岛山海机械有限公司	11,000.00	25	2021年06月06日
6	2021年07月07日	青岛山海机械有限公司	3,000.00	25	2021年08月01日
7	2022年01月02日	青岛山海机械有限公司	2,250.00	25	2022年01月27日
8	2021年05月04日	青岛通达汽车配件公司	5,000.00	30	2021年06月03日
9	2021年08月16日	青岛通达汽车配件公司	10,000.00	30	2021年09月15日
10	2021年10月22日	青岛通达汽车配件公司	1,000.00	30	2021年11月21日
11	2021年12月12日	青岛通达汽车配件公司	1,150.00	30	2022年01月11日
12	2021年04月01日	威海东恒公司	12,500.00	30	2021年05月01日
13	2021年09月06日	威海东恒公司	13,500.00	30	2021年10月06日
14	2021年06月13日	烟台三立有限公司	1,500.00	20	2021年07月03日
15	2021年10月10日	烟台三立有限公司	970.00	20	2021年10月30日
16	2021年11月20日	烟台三立有限公司	32,000.00	20	2021年12月10日
17	2022年01月17日	烟台三立有限公司	3,600.00	20	2022年02月06日

图4-4　按债务人名称、赊销日期重新排序的应收账款

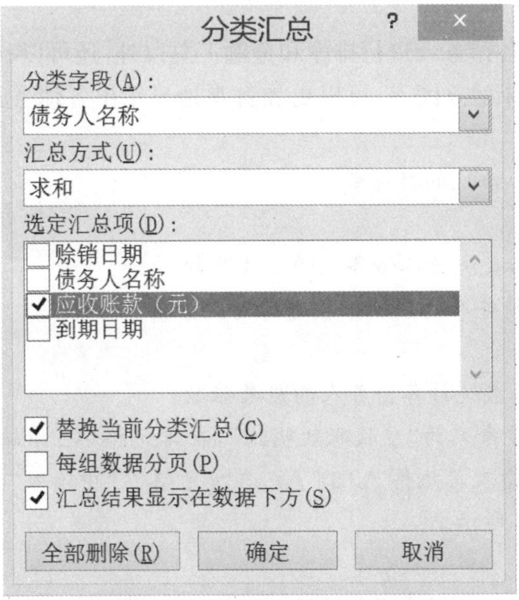

图4-5　分类汇总对话框的设置

执行命令后，即可显示按照债务人名称针对应收账款进行汇总的数据，如图4-6所示。

通过汇总数据可以看出，济南西城机械有限公司和烟台三立有限公司所欠本公司的款项较高，必须对其进行重点管理。

Excel在会计中的应用

	A	B	C	D	E
1	赊销日期	债务人名称	应收账款（元）	付款期限（天）	到期日期
2	2021年06月25日	济南西城机械有限公司	2,400.00	20	2021年07月15日
3	2021年08月20日	济南西城机械有限公司	4,800.00	20	2021年09月09日
4	2021年11月27日	济南西城机械有限公司	42,500.00	20	2021年12月17日
5		济南西城机械有限公司 汇总	49,700.00		
6	2021年05月12日	青岛山海机械有限公司	11,000.00	25	2021年06月06日
7	2021年07月07日	青岛山海机械有限公司	3,000.00	25	2021年08月01日
8	2022年01月02日	青岛山海机械有限公司	2,250.00	25	2022年01月27日
9		青岛山海机械有限公司 汇总	16,250.00		
10	2021年05月04日	青岛通达汽车配件公司	5,000.00	30	2021年06月03日
11	2021年08月16日	青岛通达汽车配件公司	10,000.00	30	2021年09月15日
12	2021年10月22日	青岛通达汽车配件公司	1,000.00	30	2021年11月21日
13	2021年12月12日	青岛通达汽车配件公司	1,150.00	30	2022年01月11日
14		青岛通达汽车配件公司 汇总	17,150.00		
15	2021年04月01日	威海东恒公司	12,500.00	30	2021年05月01日
16	2021年09月06日	威海东恒公司	13,500.00	30	2021年10月06日
17		威海东恒公司 汇总	26,000.00		
18	2021年06月13日	烟台三立有限公司	1,500.00	20	2021年07月03日
19	2021年10月10日	烟台三立有限公司	970.00	20	2021年10月30日
20	2021年11月20日	烟台三立有限公司	32,000.00	20	2021年12月10日
21	2022年01月17日	烟台三立有限公司	3,600.00	20	2022年02月06日
22		烟台三立有限公司 汇总	38,070.00		
23		总计	147,170.00		

图 4-6 按照债务人名称汇总应收账款总额

二、利用函数、图表统计各债务人的应收账款

除了利用工具栏对各债务人进行排序和金额汇总以外，还可以利用 SUMIF 函数实现该统计结果。根据汇总结果建立图表，可以更加直观地显示出各债务人应收账款占应收账款总额的百分比。

【例 4-2】 沿用[例 4-1]的数据资料。

要求：

（1）利用 SUMIF 函数统计各债务人的应收账款。

（2）建立饼图对各债务人的应收账款进行对比分析。

【操作步骤】

（1）利用 SUMIF 函数统计各债务人的应收账款。

第一步，将 Sheet2 重命名为"应收账款明细"，在单元格 A2 中输入"债务人名称"，并将五个债务人的名称分别输入单元格 A3 到 A7，在单元格 B2 中输入"应收账款合计(元)"，设置好表格格式，如图 4-7 所示。

	A	B
1	烟台兴茂机械制造有限公司应收账款明细	
2	债务人名称	应收账款合计（元）
3	济南西城机械有限公司	
4	青岛山海机械有限公司	
5	青岛通达汽车配件公司	
6	威海东恒公司	
7	烟台三立有限公司	

图 4-7 烟台兴茂机械制造有限公司应收账款明细

第二步,使用 SUMIF 函数进行汇总。选中单元格 B3,选择"公式"→"插入函数",或直接单击编辑栏中的按钮 f_x,打开"插入函数"对话框;在"选择函数"列表框中选择"SUMIF",确定之后弹出"函数参数"对话框,在"Range"文本框中输入"'4-1应收账款基本信息'!＄B＄2:＄B＄17",在"Criteria"文本框中输入"A3",在"Sum_range"文本框中输入"'4-1应收账款基本信息'!＄C＄2:＄C＄17",单击"确定"按钮,即可得到济南西城机械有限公司应收账款合计金额。也可以直接在单元格 B3 中直接输入"=SUMIF('4-1应收账款基本信息'!＄B＄2:＄B＄17,A3,'4-1应收账款基本信息'!＄C＄2:＄C＄17)",如图 4-8 和 4-9 所示。

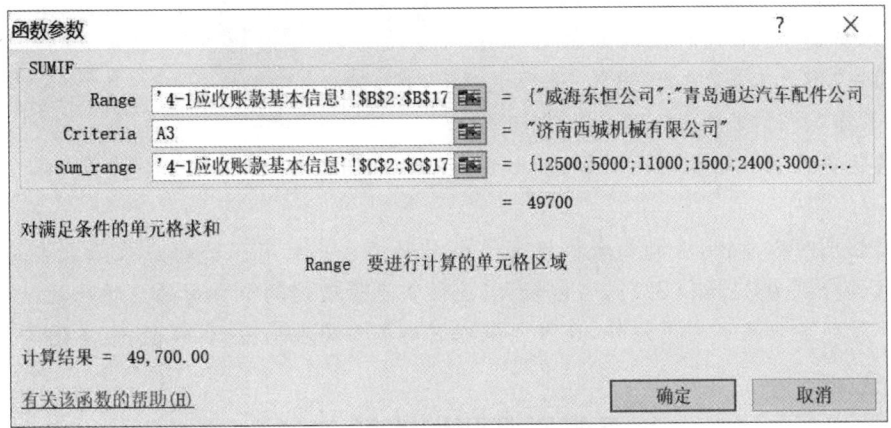

图 4-8 "SUMIF"函数参数设置

	A	B
1	烟台兴茂机械制造有限公司应收账款明细	
2	债务人名称	应收账款合计(元)
3	济南西城机械有限公司	49,700.00
4	青岛山海机械有限公司	
5	青岛通达汽车配件公司	
6	威海东恒公司	
7	烟台三立有限公司	

图 4-9 济南西城机械有限公司应收账款合计

将单元格 B3 的公式套用到 B4 至 B7 中,即可计算出其他债务人的应收账款合计金额,如图 4-10 所示。

	A	B
1	烟台兴茂机械制造有限公司应收账款明细	
2	债务人名称	应收账款合计(元)
3	济南西城机械有限公司	49,700.00
4	青岛山海机械有限公司	16,250.00
5	青岛通达汽车配件公司	17,150.00
6	威海东恒公司	26,000.00
7	烟台三立有限公司	38,070.00

图 4-10 各债务人应收账款合计

通过对比可以发现,利用SUMIF函数公式汇总的各债务人应收账款合计金额与利用分类汇总命令计算的应收账款合计金额完全相同,实际可根据应收账款管理人员需要自行选择汇总方式。

(2)建立饼图对各债务人的应收账款进行对比分析。

在上述编制完成的"应收账款明细"工作表中,选中单元格A3到单元格B7的区域,选择"插入"→"饼图"→"二维饼图"命令,出现饼图之后,单击"图表工具"中的"布局"选项卡,选择"图表标题"→"图表上方"选项,输入标题"各债务人应收账款对比分析图",单击"图表工具"中的"设计"选项卡,选择"图表布局"选项中的"布局6",即可得到显示各债务人应收账款占比的饼图,如图4-11所示。

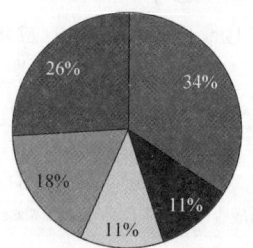

图4-11 各债务人应收账款饼图

通过饼图可以看出,济南西城机械有限公司和烟台三立有限公司应收账款占应收账款总额的比例分别为34%和26%,占比较大,应该重点管理这两个公司的应收账款。

除了按照要求生成饼图以外,还可以根据需要调整为柱形图、折线图、散点图等图表。

第三节 逾期应收账款分析

应收账款在登记入账时会记录赊销日期和约定付款期限,当企业应收账款数量较多时,一般于月底统计本期是否有应收账款到期。如果应收账款到期但尚未收款,则必须反映逾期天数,以便及时采取催收措施,减少坏账发生的可能性,降低企业应收账款的坏账成本。

一、计算并分析各项应收账款是否到期

【例4-3】 沿用[例4-1]的数据资料,增加已知条件"已收金额",如图4-12所示。

要求:判断公司现有各项应收账款是否到期并确定未到期金额。

	A	B	C	D	E	F	G	H
1	赊销日期	债务人名称	应收账款(元)	付款期限(天)	已收金额(元)	未收金额(元)	到期日期	是否到期
2	2021年04月01日	威海东恒公司	12,500.00	30	2,500.00		2021年05月01日	
3	2021年05月04日	青岛通达汽车配件公司	5,000.00	30	0.00		2021年06月03日	
4	2021年05月12日	青岛山海机械有限公司	11,000.00	25	9,000.00		2021年06月06日	
5	2021年06月13日	烟台三立有限公司	1,500.00	20	0.00		2021年07月03日	
6	2021年06月25日	济南西城机械有限公司	2,400.00	20	0.00		2021年07月15日	
7	2021年07月07日	青岛山海机械有限公司	3,000.00	25	2,800.00		2021年08月01日	
8	2021年08月16日	青岛通达汽车配件公司	10,000.00	30	0.00		2021年09月15日	
9	2021年08月20日	济南西城机械有限公司	4,800.00	20	900.00		2021年09月09日	
10	2021年09月06日	威海东恒公司	13,500.00	30	3,000.00		2021年10月06日	
11	2021年10月10日	烟台三立有限公司	970.00	20	0.00		2021年10月30日	
12	2021年10月22日	青岛通达汽车配件公司	10,000.00	30	300.00		2021年11月21日	
13	2021年11月20日	烟台三立有限公司	32,000.00	20	16,000.00		2021年12月10日	
14	2021年11月27日	济南西城机械有限公司	42,500.00	20	30,000.00		2021年12月17日	
15	2021年12月12日	青岛通达汽车配件公司	1,150.00	30	0.00		2022年01月11日	
16	2022年01月02日	青岛山海机械有限公司	2,250.00	25	0.00		2022年01月27日	
17	2022年01月17日	烟台三立有限公司	3,600.00	20	3,000.00		2022年02月06日	
18	统计日期:	2022年01月31日						

图4-12 烟台兴茂机械制造有限公司逾期应收账款分析表

【操作步骤】

第一步，将 Sheet3 重命名为"逾期应收账款分析"，将工作表"应收账款基本信息"中的数据复制到本工作表中。在"付款期限（天）"和"到期日期"之间增加两列，分别为"已收金额（元）"和"未收金额（元）"，并将增加的 E 列和 F 列单元格格式设置为货币形式。在单元格 E2 至 E17 中输入已知的"已收金额"数据，在单元格 H2 中输入"是否到期"，建立烟台兴茂机械制造有限公司逾期应收账款分析表，如图 4-12 所示。

第二步，计算未收金额。在单元格 F2 中输入公式"＝C2－E2"，得到威海东恒公司 2021 年 04 月 01 日应收账款的未收金额为 10 000.00 元。将单元格 F2 的公式套用到 F3 至 F17 中，如图 4-13 所示。

图 4-13　计算未收金额

第三步，利用 IF 函数判断现有各项应收账款是否到期。在单元格 H2 中输入公式"＝IF(G2＜\$B\$18,"是","否")"，并将单元格 H2 的公式套用到 H3 至 H17 中，可以判断所有应收账款是否到期，如图 4-14 所示。

图 4-14　判断公司现有各项应收账款是否到期

二、计算应收账款逾期天数

分析企业应收账款账龄,需要计算各项应收账款的逾期天数。通过应收账款逾期天数分析,可以使企业了解各债务人收款、欠款情况,判断欠款的可收回程度和可能发生的损失。同时,企业还可酌情作出采取放宽或紧缩商业信用政策,并可作为衡量负责收款部门和资信部门工作效率的依据。

【例 4-4】 沿用[例 4-3]的数据资料。

要求:计算分析应收账款逾期天数。

【操作步骤】

第一步,在[例 4-3]"逾期应收账款分析"工作表中的数据下方建立"应收账款逾期天数分析",将逾期天数划分为"未到期""0—30 天""30—60 天""60—90 天""90 天以上"(天数含下不含上,本书统一),如图 4-15 所示。

	A	B	C	D	E	F	G
20			应收账款逾期天数分析				
21	赊销日期	债务人名称	未到期	0-30	30-60	60-90	90天以上
22	2021年04月01日	威海东恒公司					
23	2021年05月04日	青岛通达汽车配件公司					
24	2021年05月12日	青岛山海机械有限公司					
25	2021年06月13日	烟台三立有限公司					
26	2021年06月25日	济南西城机械有限公司					
27	2021年07月07日	青岛山海机械有限公司					
28	2021年08月16日	青岛通达汽车配件公司					
29	2021年08月20日	济南西城机械有限公司					
30	2021年09月06日	威海东恒公司					
31	2021年10月10日	烟台三立有限公司					
32	2021年10月22日	青岛通达汽车配件公司					
33	2021年11月20日	烟台三立有限公司					
34	2021年11月27日	济南西城机械有限公司					
35	2021年12月12日	青岛通达汽车配件公司					
36	2022年01月02日	青岛山海机械有限公司					
37	2022年01月17日	烟台三立有限公司					
38		合计					

图 4-15 建立应收账款逾期天数分析表

第二步,计算未到期应收账款的金额。在单元格 C22 中输入公式"=IF($B$18-G2<0,C2-E2,0)",得到威海东恒公司 2021 年 04 月 01 日应收账款的未到期金额为 0.00 元。将单元格 C22 的公式套用到 C23 至 C37 中,如图 4-16 所示。

第三步,计算逾期 0—30 天的应收账款未收金额。在单元格 D22 中输入公式"=IF(AND($B$18-G2>0,$B$18-G2<=30),F2,0)"。该公式表示,如果单元格 B18"当期日期"大于单元格 G2"到期日期",即该项应收账款已经逾期,但逾期天数小于等于 30 天,则该笔应收账款显示单元格 F2"未收金额",否则,显示 0。然后将单元格 D22 的公式套用到 D23 至 D37,如图 4-17 所示。

第四步,计算逾期 30—60 天、60—90 天、90 天以上的应收账款未收金额。同第三步操作,在单元格 E22 中输入公式"=IF(AND($B$18-G2>30,$B$18-G2<=60),F2,0)",然后将单元格 E22 的公式套用到 E23 至 E37。

在单元格 F22 中输入公式"=IF(AND($B$18-G2>60,$B$18-G2<=90),F2,0)",然后将单元格 F22 的公式套用到 F23 至 F37。

	A	B	C	D	E	F	G
	C22		fx	=IF($B$18-G2<0,C2-E2,0)			
20			应收账款逾期天数分析				
21	赊销日期	债务人名称	未到期	0—30	30—60	60—90	90天以上
22	2021年04月01日	威海东恒公司	0.00				
23	2021年05月04日	青岛通达汽车配件公司	0.00				
24	2021年05月12日	青岛山海机械有限公司	0.00				
25	2021年06月13日	烟台三立有限公司	0.00				
26	2021年06月25日	济南西城机械有限公司	0.00				
27	2021年07月07日	青岛山海机械有限公司	0.00				
28	2021年08月16日	青岛通达汽车配件公司	0.00				
29	2021年08月20日	济南西城机械有限公司	0.00				
30	2021年09月06日	威海东恒公司	0.00				
31	2021年10月10日	烟台三立有限公司	0.00				
32	2021年10月22日	青岛通达汽车配件公司	0.00				
33	2021年11月20日	烟台三立有限公司	0.00				
34	2021年11月27日	济南西城机械有限公司	0.00				
35	2021年12月12日	青岛通达汽车配件公司	0.00				
36	2022年01月02日	青岛山海机械有限公司	0.00				
37	2022年01月17日	烟台三立有限公司	600.00				
38		合计					

图 4-16 计算各项应收账款的未到期金额

	A	B	C	D	E	F	G
	D22		fx	=IF(AND($B$18-G2>0,$B$18-G2<=30),F2,0)			
20			应收账款逾期天数分析				
21	赊销日期	债务人名称	未到期	0—30	30—60	60—90	90天以上
22	2021年04月01日	威海东恒公司	0.00	0.00			
23	2021年05月04日	青岛通达汽车配件公司	0.00	0.00			
24	2021年05月12日	青岛山海机械有限公司	0.00	0.00			
25	2021年06月13日	烟台三立有限公司	0.00	0.00			
26	2021年06月25日	济南西城机械有限公司	0.00	0.00			
27	2021年07月07日	青岛山海机械有限公司	0.00	0.00			
28	2021年08月16日	青岛通达汽车配件公司	0.00	0.00			
29	2021年08月20日	济南西城机械有限公司	0.00	0.00			
30	2021年09月06日	威海东恒公司	0.00	0.00			
31	2021年10月10日	烟台三立有限公司	0.00	0.00			
32	2021年10月22日	青岛通达汽车配件公司	0.00	0.00			
33	2021年11月20日	烟台三立有限公司	0.00	0.00			
34	2021年11月27日	济南西城机械有限公司	0.00	0.00			
35	2021年12月12日	青岛通达汽车配件公司	0.00	1,150.00			
36	2022年01月02日	青岛山海机械有限公司	0.00	2,250.00			
37	2022年01月17日	烟台三立有限公司	600.00	0.00			
38		合计					

图 4-17 计算逾期 0—30 天的应收账款未收金额

在单元格 G22 中输入公式"=IF（＄B＄18－G2＞90,F2,0)",然后将单元格 G22 的公式套用到 G23 至 G37。逾期 30—60 天、60—90 天、90 天以上的应收账款未收金额,如图 4-18 所示。

第五步,合计不同账龄应收账款的未收金额。在单元格 C38 中输入公式"＝SUM(C22:C37)",然后将单元格 C38 的公式套用到 D38 至 G38,得出不同逾期天数应收账款未收金额的合计,如图 4-19 所示。

由以上统计数据可以看出,烟台兴茂机械制造有限公司应收账款逾期情况非常严重,该公司 16 笔应收账款中有 10 笔逾期 90 天以上,必须重视以上逾期应收账款的催收,盘活流动资产,减少坏账损失的发生。

Excel在会计中的应用

E22 =IF(AND($B$18-G2>30, $B$18-G2<=60), F2, 0)

	A	B	C	D	E	F	G
20			应收账款逾期天数分析				
21	赊销日期	债务人名称	未到期	0-30	30-60	60-90	90天以上
22	2021年04月01日	威海东恒公司	0.00	0.00	0.00	0.00	10,000.00
23	2021年05月04日	青岛通达汽车配件公司	0.00	0.00	0.00	0.00	5,000.00
24	2021年05月12日	青岛山海机械有限公司	0.00	0.00	0.00	0.00	2,000.00
25	2021年06月13日	烟台三立有限公司	0.00	0.00	0.00	0.00	1,500.00
26	2021年06月25日	济南西城机械有限公司	0.00	0.00	0.00	0.00	2,400.00
27	2021年07月07日	青岛山海机械有限公司	0.00	0.00	0.00	0.00	200.00
28	2021年08月16日	青岛通达汽车配件公司	0.00	0.00	0.00	0.00	8,000.00
29	2021年08月20日	济南西城机械有限公司	0.00	0.00	0.00	0.00	3,900.00
30	2021年09月06日	威海东恒公司	0.00	0.00	0.00	0.00	10,500.00
31	2021年10月10日	烟台三立有限公司	0.00	0.00	0.00	0.00	970.00
32	2021年10月22日	青岛通达汽车配件公司	0.00	0.00	0.00	700.00	0.00
33	2021年11月20日	烟台三立有限公司	0.00	0.00	16,000.00	0.00	0.00
34	2021年11月27日	济南西城机械有限公司	0.00	0.00	12,500.00	0.00	0.00
35	2021年12月12日	青岛通达汽车配件公司	0.00	1,150.00	0.00	0.00	0.00
36	2022年01月02日	青岛山海机械有限公司	0.00	2,250.00	0.00	0.00	0.00
37	2022年01月17日	烟台三立有限公司	600.00	0.00	0.00	0.00	0.00
38		合计					

图 4-18 计算逾期 30—60 天、60—90 天、90 天以上的应收账款未收金额

C38 =SUM(C22:C37)

	A	B	C	D	E	F	G
20			应收账款逾期天数分析				
21	赊销日期	债务人名称	未到期	0-30	30-60	60-90	90天以上
22	2021年04月01日	威海东恒公司	0.00	0.00	0.00	0.00	10,000.00
23	2021年05月04日	青岛通达汽车配件公司	0.00	0.00	0.00	0.00	5,000.00
24	2021年05月12日	青岛山海机械有限公司	0.00	0.00	0.00	0.00	2,000.00
25	2021年06月13日	烟台三立有限公司	0.00	0.00	0.00	0.00	1,500.00
26	2021年06月25日	济南西城机械有限公司	0.00	0.00	0.00	0.00	2,400.00
27	2021年07月07日	青岛山海机械有限公司	0.00	0.00	0.00	0.00	200.00
28	2021年08月16日	青岛通达汽车配件公司	0.00	0.00	0.00	0.00	8,000.00
29	2021年08月20日	济南西城机械有限公司	0.00	0.00	0.00	0.00	3,900.00
30	2021年09月06日	威海东恒公司	0.00	0.00	0.00	0.00	10,500.00
31	2021年10月10日	烟台三立有限公司	0.00	0.00	0.00	0.00	970.00
32	2021年10月22日	青岛通达汽车配件公司	0.00	0.00	0.00	700.00	0.00
33	2021年11月20日	烟台三立有限公司	0.00	0.00	16,000.00	0.00	0.00
34	2021年11月27日	济南西城机械有限公司	0.00	0.00	12,500.00	0.00	0.00
35	2021年12月12日	青岛通达汽车配件公司	0.00	1,150.00	0.00	0.00	0.00
36	2022年01月02日	青岛山海机械有限公司	0.00	2,250.00	0.00	0.00	0.00
37	2022年01月17日	烟台三立有限公司	600.00	0.00	0.00	0.00	0.00
38		合计	600.00	3,400.00	28,500.00	700.00	44,470.00

图 4-19 合计不同账龄应收账款的未收金额

第四节 应收账款账龄分析

账龄是指债务人所欠本企业应收账款的时间。一般账龄越长,发生坏账损失的可能性就越大。账龄分析法是指根据应收账款的账龄长短来估计坏账损失的一种方法,又称应收账款账龄分析法。

在估计坏账损失之前,可将应收账款按其账龄编制一张"应收账款账龄分析表",借以了解应收账款在各个债务人之间的金额分布情况及其拖欠时间的长短。这张"应收账款账龄分析表"实际上就是本章第三节编制完成的"应收账款逾期天数分析表",利用逾期天数分析表,不仅可以对各个债务人产生的应收账款进行分析,也为计算坏账准备提供了可靠的依据。

一、建立应收账款账龄分析表

【例 4-5】 沿用[例 4-4]应收账款逾期天数分析的数据资料。

要求：对应收账款进行账龄分析。

【操作步骤】

第一步，在"逾期应收账款分析"工作表中建立"应收账款账龄分析表"，在单元格 A41 中输入"统计日期"，在单元格 B41 中输入"2022 年 01 月 31 日"。在单元格 A42 中输入"账龄"，并设置账龄种类为"未到期""0—30 天""30—60 天""60—90 天""90 天以上"。在单元格 B42 中输入"应收账款金额"，在 C42 中输入"应收账款占比"，如图 4-20 所示。

	A	B	C
40		应收账款账龄分析表	
41	统计日期	2022年01月31日	
42	账龄	应收账款金额	应收账款占比
43	未到期		
44	0-30天		
45	30-60天		
46	60-90天		
47	90天以上		
48	合计		

图 4-20　建立应收账款账龄分析表

第二步，确定各账龄应收账款的未收金额。在单元格 B43 中输入公式"＝C38"，在单元格 B44 中输入公式"＝D38"，在单元格 B45 中输入公式"＝E38"，在单元格 B46 中输入公式"＝F38"，在单元格 B47 中输入公式"＝G38"，得到各账龄应收账款的未收金额，如图 4-21 所示。

B43		fx	=C38
	A	B	C
40		应收账款账龄分析表	
41	统计日期	2022年01月31日	
42	账龄	应收账款金额	应收账款占比
43	未到期	600.00	
44	0-30天	3,400.00	
45	30-60天	28,500.00	
46	60-90天	700.00	
47	90天以上	44,470.00	
48	合计		

图 4-21　统计各账龄应收账款的未收金额

第三步，汇总各账龄应收账款的未收金额。在单元格 B48 中输入公式"＝SUM(B43:B47)"，得到各账龄应收账款未收金额的合计金额，如图 4-22 所示。

第四步，计算各账龄应收账款占比。在单元格 C43 中输入公式"＝B43/＄B＄48"，按回车键确认，设置单元格格式为百分比，可以计算出未到期应收账款占应收账款总额的百分比。将单元格C43的公式套用到C44至C48,可以得到其他账龄应收账款占应收账款总额的百分比,如图4-23所示。

	B48	fx	=SUM(B43:B47)
	A	B	C
40	应收账款账龄分析表		
41	统计日期	2022年01月31日	
42	账龄	应收账款金额	应收账款占比
43	未到期	600.00	
44	0-30天	3,400.00	
45	30-60天	28,500.00	
46	60-90天	700.00	
47	90天以上	44,470.00	
48	合计	77,670.00	

图4-22 汇总各账龄应收账款的未收金额

	C43	fx	=B43/$B$48
	A	B	C
40	应收账款账龄分析表		
41	统计日期	2022年01月31日	
42	账龄	应收账款金额	应收账款占比
43	未到期	600.00	0.77%
44	0-30天	3,400.00	4.38%
45	30-60天	28,500.00	36.69%
46	60-90天	700.00	0.90%
47	90天以上	44,470.00	57.26%
48	合计	77,670.00	100.00%

图4-23 汇总各账龄应收账款的未收金额

二、采用账龄分析法计算应收账款坏账准备金额

我国现行会计制度要求企业应当于每年年度终了,对应收账款进行全面检查,对预计不能收回的应收款项,应当计提坏账准备。企业计提坏账准备的方法包括应收款项余额百分比法、账龄分析法、销货百分比法和个别认定法。企业可以根据情况自行确定一种方法计提坏账准备,而账龄分析法是计提坏账准备的一种常用方法。

采用账龄分析法计提坏账准备时,具体步骤如下:

第一,将不同账龄的应收账款进行分类,按应收账款拖欠时间(即逾期天数也就是账龄)的长短分为若干区间,确定各个区间应收账款的金额。

第二,为每一个区间估计一个坏账准备比例。

第三,用各区间的应收账款金额乘以该区间的坏账准备比例,估计各个区间的坏账准备金额。然后,将各区间的坏账准备估计数求和,即为坏账准备的估计总额,也就是本期期末

坏账准备的应有金额。本期期末坏账准备金额减去坏账准备的期初数,即为本期应计提的坏账准备金额。

账龄分析法下,计提坏账准备的比例简单得多,通常账龄越长,发生坏账的可能性越大,估计的坏账准备的比例就越高。采用这种方法,坏账准备的计算结果更符合客观情况。在实际工作中,企业估计坏账准备比例时可以考虑以下因素:

(1) 函证情况,每次函证发出后,对方是否及时、准确地回函。
(2) 历史上应收款项回收的情况,包括回收时间和归还应收账款是否呈现周期性。
(3) 债务单位历史上是否存在无法支付的情况。
(4) 某一债务单位近期内是否有不良记录。
(5) 债务单位目前发生的财务困难与过去已发生的财务状况是否存在类似的情形。
(6) 债务单位的债务状况有否好转的可能性,包括债务单位的产品开发,现产品的销售、回款,市场需求以及资产质量状况,有无呈现出好转态势等。
(7) 债务单位所处的经济、政治和法制环境。
(8) 债务单位的内部控制、财务、生产、技术管理等情况,以及其他有利于判断可收回性的情况。

【例4-6】 沿用[例4-5]应收账款账龄分析表的数据资料。根据历史经验估计,烟台兴茂机械制造有限公司未到期的应收账款发生坏账的可能性是0,逾期0—30天的应收账款发生坏账的可能性约为1‰,逾期30—60天的应收账款发生坏账的可能性约为3‰,逾期60—90天的应收账款发生坏账的可能性约为6‰,逾期90天以上的应收账款发生坏账的可能性约为10%。

要求:采用账龄分析法计算各项应收账款坏账准备金额。

【操作步骤】

第一步,在[例4-5]"应收账款账龄分析表"的单元格D42中输入"坏账准备比例",在单元格D43到D47中输入估计的坏账准备比例,如图4-24所示。

	A	B	C	D
40	应收账款账龄分析表			
41	统计日期	2022年01月31日		
42	账龄	应收账款金额	应收账款占比	坏账准备比例
43	未到期	600.00	0.77%	0.00%
44	0-30天	3,400.00	4.38%	1.00%
45	30-60天	28,500.00	36.69%	3.00%
46	60-90天	700.00	0.90%	6.00%
47	90天以上	44,470.00	57.26%	10.00%
48	合计	77,670.00	100.00%	—

图4-24 烟台兴茂机械制造有限公司估计的坏账准备比例

第二步,计算坏账准备金额。在单元格E43中输入公式"=B43*D43",回车得到未到期应收账龄的坏账准备金额。将单元格E43的公式复制到单元格E44到E47,就可以计算各账龄应收账款的坏账准备金额,如图4-25所示。

第三步,在单元格E48中输入"=SUM(E43:E47)",回车得到坏账准备总额,如图4-26所示。

由以上计算的坏账准备金额可以明显看出,烟台兴茂机械制造有限公司应收账款产生的坏账准备总额较高,主要原因是逾期90天以上的应收账款较多,且坏账发生的概率较高。但即便如此,公司也不能放弃对逾期时间较长的应收账款的催收,同时要加强对逾期60—90天以及逾期30—60天应收账款的催收工作,防止债务人继续拖欠款项,造成公司发生更多坏账损失。

	A	B	C	D	E
			fx	=B43*D43	
40			应收账款账龄分析表		
41	统计日期	2022年01月31日			
42	账龄	应收账款金额	应收账款占比	坏账准备比例	坏账准备金额
43	未到期	600.00	0.77%	0.00%	0.00
44	0-30天	3,400.00	4.38%	1.00%	34.00
45	30-60天	28,500.00	36.69%	3.00%	855.00
46	60-90天	700.00	0.90%	6.00%	42.00
47	90天以上	44,470.00	57.26%	10.00%	4,447.00
48	合计	77,670.00	100.00%	—	

图 4-25　计算各账龄应收账款的坏账准备金额

	A	B	C	D	E
		E48	fx	=SUM(E43:E47)	
40			应收账款账龄分析表		
41	统计日期	2022年01月31日			
42	账龄	应收账款金额	应收账款占比	坏账准备比例	坏账准备金额
43	未到期	600.00	0.77%	0.00%	0.00
44	0-30天	3,400.00	4.38%	1.00%	34.00
45	30-60天	28,500.00	36.69%	3.00%	855.00
46	60-90天	700.00	0.90%	6.00%	42.00
47	90天以上	44,470.00	57.26%	10.00%	4,447.00
48	合计	77,670.00	100.00%	—	5,378.00

图 4-26　确定坏账准备合计金额

本 章 练 习

一、单项选择题

1. 下列应收的款项中,不属于应收账款的是（　　）。
   A. 应收的销售价款　　　　　　　B. 增值税税额
   C. 代垫的运杂费　　　　　　　　D. 应收债务人的利息

2. 烟台兴茂机械制造有限公司有一笔威海东恒公司的应收账款尚未收回,该笔应收账款产生日期是2022年1月20日,付款期限为30天,则到期日期为（　　）。
   A. 2022年2月20日　　　　　　　B. 2022年2月19日
   C. 2022年2月18日　　　　　　　D. 2022年2月21日

3. 确定应收账款赊销日期、赊销金额等相关信息的当前统计日期可以使用（　　）函数。
   A. NOW　　　B. DATE　　　C. YEAR　　　D. TIME

4. 统计各债务人的应收账款合计金额时,除了可以利用工具栏之外,还可以采用（　　）函数实现。
   A. SUM　　　B. COUNT　　　C. SUMIF　　　D. SUMIFS

5. 对各债务人的应收账款占比进行对比分析时,最合适的图形是（　　）。
   A. 直方图　　　B. 条形图　　　C. 折线图　　　D. 饼图

6. 为了方便了解某一债务人所欠公司款项的总额,需要利用Excel工具栏对各债务人的应收账款金额进行分类汇总。在分类汇总前,需要按照下列哪个关键字进行排序（　　）。
   A. 赊销日期　　　B. 赊销金额　　　C. 债务人名称　　　D. 到期日期

7. 对债务人进行应收账款统计时,下列内容不属于应登记的应收账款相关信息的是（　　）。
   A. 应收账款产生日期(赊销日期)　　　B. 债务人名称
   C. 应收账款金额(赊销金额)　　　　　D. 债务人公司性质

8. 企业对应收账款进行账龄分析的目的是（　　）。
   A. 计提坏账准备
   B. 掌握客户的财务状况
   C. 及时掌握尚未收取的款项及其拖欠时间的长短
   D. 及时掌握已经收取的款项

9. 确定可能发生的坏账损失的时候,将企业的应收账款按照账龄的长短分成不同的组别,根据不同的组别估计坏账损失的计提比例,进而估算坏账损失的金额,这种方法称为（　　）。
   A. 余额百分比法　　　　　　　　B. 账龄分析法
   C. 销货百分比法　　　　　　　　D. 个别认定法

10. 2022年1月31日,烟台兴茂机械制造有限公司未到期的应收账款金额为600元,发生坏账的可能性为0%;逾期0—30天的应收账款金额为3 400元,发生坏账的可能性约为1%;逾期30—60天的应收账款金额为28 500元,发生坏账的可能性约为3%;逾期60—90天的应收账款金额为700元,发生坏账的可能性约为6%;逾期90天以上的应收账款金额为44 470元,发生坏账的可能性约为10%。已知该公司1月初坏账准备余额为4 000元,则1月末应补提的坏账准备金额为( )元。

A. 5 378　　　　B. 1 378　　　　C. 0　　　　D. 4 447

二、多项选择题

1. 应收账款管理的基本内容包括( )。
A. 客户(即债务人)管理　　　　B. 计提坏账准备
C. 应收账款金额合计　　　　D. 应收账款账龄分析

2. 对债务人进行应收账款统计时,应登记的应收账款相关信息主要包括( )。
A. 应收账款产生日期(赊销日期)　　　　B. 债务人名称
C. 应收账款金额(赊销金额)　　　　D. 付款期限(信用期限)

3. 计算逾期0—30天、30—60天、60—90天、90天以上的应收账款未收金额时,需要用到的函数有( )。
A. SUM　　　　B. IF　　　　C. SUMIF　　　　D. AND

4. 企业计提坏账准备的方法主要有( )。
A. 余额百分比法　　　　B. 账龄分析法
C. 销货百分比法　　　　D. 个别认定法

5. 企业估计坏账准备比例时可以考虑以下因素中,正确的有( )。
A. 债务单位历史上是否存在无法支付的情况
B. 某一债务单位近期内是否有不良记录
C. 历史上应收款项回收的情况,包括回收时间和归还应收账款是否呈现周期性
D. 债务单位所处的经济、政治和法制环境

三、判断题

1. 企业替客户代垫的运输费和保险费属于应收账款。　　　　(　　)
2. 应收账款实质是由于赊销向客户提供的信用。　　　　(　　)
3. 应收账款具有增加销售和减少存货的作用。　　　　(　　)
4. 利用工具栏统计各债务人的应收账款合计金额时,可以直接使用"数据"→"分类汇总"命令,无需进行排序。　　　　(　　)
5. 为了分析企业应收账款账龄,需要计算各项应收账款的逾期天数。逾期天数只能划分为"未到期""0—30天""30—60天""60—90天""90天以上"这几种类型。(　　)
6. 企业发生的所有应收账款均应计提坏账准备。　　　　(　　)
7. 本期期末坏账准备的金额减去坏账准备的期初数即为本期应计提的坏账准备金额。
(　　)
8. 回收期不同的应收账款,计提坏账准备的百分比也不同。　　　　(　　)
9. 根据会计期末应收账款的余额和估计的坏账准备计提比例估计坏账损失,计提坏账

准备的方法是应收账款账龄分析法。( )
10. 一般情况下,应收账款的时间越长,计提坏账准备的比例越低。( )

四、思考题

1. 为什么要进行应收账款管理?其目标是什么?
2. 什么是应收账款账龄?分析应收账款账龄有何意义?
3. 企业估计坏账准备需要考虑哪些因素?

五、业务操作题

济南曼华包装有限公司 2022 年 01 月 31 日的应收账款资料如图 4-27 所示。根据历史经验估计,该公司未到期的应收账款发生坏账的可能性为 0,逾期 0—30 天的应收账款发生坏账的可能性约为 2%,逾期 30—60 天的应收账款发生坏账的可能性约为 5%,逾期 60—90 天的应收账款发生坏账的可能性约为 8%,逾期 90 天以上的应收账款发生坏账的可能性约为 10%。

要求:

(1) 分别计算各应收账款到期日期。
(2) 利用 SUMIF 汇总统计各债务人应收账款总额,并建立饼图分析各债务人应收账款占比情况。
(3) 计算各应收账款是否到期以及未到期金额,并进行应收账款逾期天数分析。
(4) 建立应收账款账龄分析表,计算各账龄应收账款的坏账准备金额。

	A	B	C	D	E
1	赊销日期	债务人名称	应收账款(元)	付款期限(天)	已收金额(元)
2	2021年03月15日	甲公司	30,000.00	40	2,500.00
3	2021年04月09日	乙公司	12,000.00	35	2,000.00
4	2021年05月26日	丙公司	900.00	40	0.00
5	2021年06月11日	丁公司	12,500.00	30	500.00
6	2021年06月25日	丁公司	32,500.00	30	30,000.00
7	2021年07月15日	丙公司	45,000.00	30	5,000.00
8	2021年08月08日	甲公司	3,400.00	40	2,000.00
9	2021年08月27日	丁公司	1,150.00	30	0.00
10	2021年09月17日	戊公司	2,000.00	20	0.00
11	2021年10月25日	乙公司	1,600.00	20	600.00
12	2021年11月13日	甲公司	680.00	30	0.00
13	2021年11月16日	丁公司	32,000.00	20	30,000.00
14	2021年12月23日	戊公司	6,600.00	20	3,000.00
15	2022年02月06日	丙公司	2,400.00	30	0.00
16	2022年02月20日	甲公司	3,100.00	25	0.00
17	统计日期:	2022年01月31日			

图 4-27 济南曼华包装有限公司应收账款基本信息

第五章　Excel 在固定资产管理中的应用

> **知识导航**
>
> Excel 在固定资产管理中的应用 ┬ 固定资产概述 ┬ 固定资产的概念
> 　　　　　　　　　　　　　　│　　　　　　　└ 对固定资产进行单独管理的必要性
> 　　　　　　　　　　　　　　├ 固定资产卡片账的管理 ┬ 固定资产卡片账的建立
> 　　　　　　　　　　　　　　│　　　　　　　　　　　└ 固定资产卡片账的查询
> 　　　　　　　　　　　　　　└ 固定资产折旧的计提 ┬ 固定资产折旧概述
> 　　　　　　　　　　　　　　　　　　　　　　　　　├ 固定资产折旧方法
> 　　　　　　　　　　　　　　　　　　　　　　　　　└ 固定资产计提折旧的综合应用

学习目标

1. 熟悉运用 Excel 建立并登记固定资产卡片账
2. 掌握运用 Excel 计算固定资产的累计折旧的方法
3. 掌握运用 Excel 计算固定资产的账面价值的方法

第一节　固定资产概述

一、固定资产的概念

固定资产指的是企业拥有或控制的,使用期限超过 1 年的房屋、建筑物、机器、机械、运输工具以及其他与生产、经营有关的设备、器具、工具等。不属于生产经营主要设备的物品,单位价值在 2 000 元以上,并且使用年限超过 2 年的,也应当作为固定资产。

企业固定资产种类很多,根据不同的分类标准,可以分成不同的类别。企业应当选择适当的分类标准,将固定资产进行分类,以满足经营管理的需要。

(1) 固定资产按经济用途分类,可以分为生产用固定资产和非生产用固定资产。生产用固定资产指的是直接服务于企业生产经营过程的固定资产。非生产用固定资产指的是不直接服务于生产经营过程的固定资产。

固定资产按经济用途分类,可以归类反映企业生产经营用固定资产和非生产经营用固定资产之间的组成变化情况,借以考核和分析企业固定资产管理和利用情况,从而促进固资产的合理配置,充分发挥其效用。

(2)固定资产按使用情况分类,可分为使用中的固定资产、未使用的固定资产和不需用的固定资产。使用中的固定资产,指的是正在使用的经营性和非经营性固定资产。由于季节性经营或修理等,暂时停止使用的固定资产仍属于企业使用中的固定资产;企业出租给其他单位使用的固定资产以及内部替换使用的固定资产,也属于使用中的固定资产。未使用的固定资产指的是已完工或已购建的尚未交付使用的固定资产以及因进行改建、扩建等停止使用的固定资产。例如,企业购建的尚待安装的固定资产、经营任务变更停止使用的固定资产等。不需用的固定资产指的是本企业多余或不适用,需要调配处理的固定资产。

固定资产按使用情况进行分类,有利于企业掌握固定资产的使用情况,便于比较分析固定资产的利用效率,挖掘固定资产的使用潜力,促进固定资产的合理使用,同时也便于企业准确合理地计提固定资产折旧。

(3)固定资产按所有权进行分类,可分为自有固定资产和租入固定资产。自有固定资产指的是企业拥有的可供企业自由支配使用的固定资产。租入固定资产指的是企业采用租赁方式从其他单位租入的固定资产。

(4)固定资产按经济用途和使用情况进行综合分类,可分为生产经营用固定资产、非生产经营用固定资产、租出固定资产、不需用固定资产、未使用固定资产、土地、融资租入固定资产。

由于企业的经营性质不同,经营规模有大有小,对于固定资产的分类可以有不同的分类方法,企业可以根据自己的实际情况、经营管理和会计核算的需要进行分类。

二、对固定资产进行单独管理的必要性

固定资产由于其特殊性,在企业资产管理中,处于举足轻重的地位。一般而言,其重要性体现在以下几个方面:

(1)固定资产是生产资料,是物质生产的基础。固定资产属于生产资料,生产资料是劳动者用以影响或改变劳动对象的性能或形态的物质资料。例如,机器设备、厂房、运输工具等。生产资料是物质生产的基础,在企业经济活动中处于十分重要的地位。

(2)固定资产单位价值高,所占资金比重大。与流动资产相比,固定资产的购置或取得通常要花费较大的代价。在绝大多数企业中,固定资产所占的资金在其资金总额中占有较大的比重,由于经济价值大的特点,固定资产对企业财务状况的反映也有很大影响,任何在固定资产计价或记录上的错误,都有可能在较大程度上改变企业真实的财务状况。

(3)固定资产的折旧计提对成本费用的影响较大。固定资产在使用过程中,它们的价值应以折旧的形式逐渐转移到产品或服务成本中去。由于固定资产的价值较大,即使其折旧计提几乎贯穿整个使用期间,在某一会计期间计入产品或服务成本中的折旧额依然较大。所以,固定资产的折旧计提方法是否合理,折旧额的计算是否正确,将在很大程度上影响当期的成本费用水平以及固定资产的净值。

(4)固定资产管理工作的难度较大,问题较多。由于企业的固定资产种类多、数量大、使用分散、使用期限较长,在使用和管理中容易发生被遗忘、遗失、损坏或失窃等事件。

第二节 固定资产卡片账的管理

一、固定资产卡片账的建立

在我国的会计实务中，企业对固定资产在日常核算时常采用卡片账形式。卡片账是将账户所需的格式印刷在硬卡上。严格说，卡片账也是一种活页账，只不过它不是装在活页账夹中，而是装在卡片箱内。在卡片账上详细登记固定资产的相关信息。卡片账能够对固定资产进行独立的、详尽的记录，帮助企业加强对固定资产的管理。但是，纸质卡片账也存在记录和保存的不便，通过 Excel 对固定资产取得的信息进行记录、查询、修改和删除，比纸质卡片账更加准确、快捷、方便，保管更加节约空间和安全。

固定资产管理记录表由企业财会部门根据固定资产凭证的有关内容填制。企业需要详细填写固定资产的相关信息，并针对单项固定资产分别登记如下相关信息：

(1) 资产购置日期。
(2) 资产类别。该部分是固定资产管理的重要分类依据。在前文提到，固定资产基本分为5个类别：房屋建筑物、电子设备、机器设备、办公设备和运输设备。
(3) 资产名称。
(4) 增加方式。
(5) 单位。
(6) 数量。
(7) 初始购置成本。
(8) 金额合计。
(9) 使用年限。
(10) 预计净残值。
(11) 本期计提折旧。
(12) 累计折旧。
(13) 账面价值。
(14) 处置时间。
(15) 处置净损益。

以上所列相关信息仅作参考，根据不同企业需要，可以进一步根据实际情况进行添加或删除。

【例5-1】 烟台兴茂机械制造有限公司固定资产管理基本信息如表5-1所示。

要求：建立固定资产管理表并登记固定资产现有的详细信息。

【操作步骤】

第一步，打开 Excel 工作簿，将鼠标光标移至左下方 Sheet1 处，单击鼠标右键，在弹出的快捷菜单中选择"重命名"命令，输入"固定资产管理"。

表 5-1　　　　烟台兴茂机械制造有限公司固定资产管理基本信息

编制单位：烟台兴茂机械制造有限公司　　　　　　　　　　　　　　　　　　金额单位：元

购置日期	资产类别	增加方式	单位	资产名称	数量	初始购置成本	金额合计	使用年限	预计净残值
2017/6/20	办公设备	直接购入	台	计算机	5	5 000.00	25 000.00	5	300.00
2018/12/31	办公设备	直接购入	台	激光打印机	3	3 000.00	9 000.00	5	100.00
2019/12/31	办公设备	直接购入	台	复印机	2	25 000.00	50 000.00	5	200.00
2020/12/31	机器设备	直接购入	台	机床	2	300 000.00	600 000.00	20	1 000.00

第二步，登记固定资产的相关明细信息。选择单元格 A1，输入"烟台兴茂机械制造有限公司固定资产管理"。选择单元格 A2，输入"购置日期"。将列单元格调整为合适的宽度，并将该列单元格的格式调整为日期格式。选择单元格 B2，输入"资产类别"。登记固定资产名称。选择单元格 C2，输入"资产名称"。使用相同的方法登记固定资产的其他信息。在实务处理中，为了使固定资产管理更加完善，可以根据实际情况添加明细资料，如图 5-1 所示。

图 5-1　输入固定资产详细信息

第三步，为了方便数据的输入并防止出错，在"增加方式"列设置有效性控制。光标移到 D3 单元格，选择"数据"→"数据有效性"命令，在打开的对话框中单击设置"允许"旁边的下拉三角，选择"序列"选项，如图 5-2 所示。在"来源"选项中设置固定资产增加方式："在建工程转入，投资者投入，直接购入，部门调拨，捐赠"等方式（注意，输入增加方式的具体内容时，以英文模式下的","进行分隔，不可以采用中文模式下的","进行分隔，否则无法按照序列显示具体的增加方式），如图 5-3 所示。将 D3 单元的有效性控制复制到 D 列的其他单元。

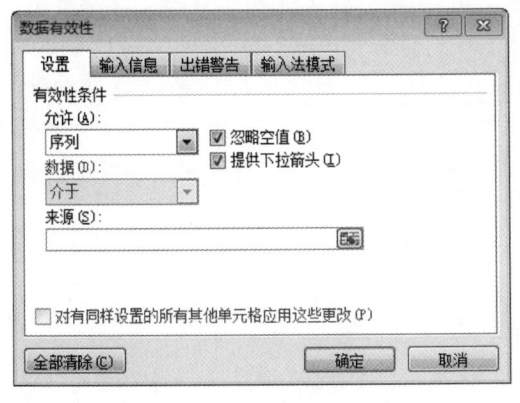

图 5-2　"数据有效性"对话框

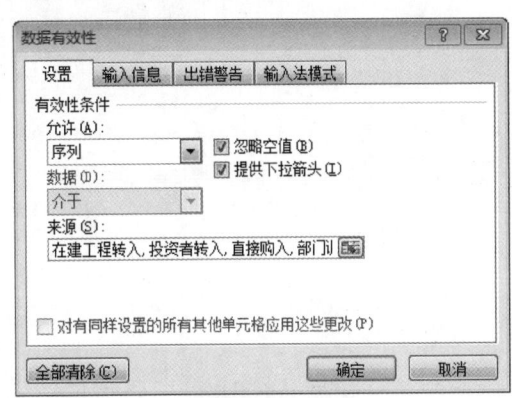

图 5-3　输入固定资产增加方式

第四步，输入现有固定资产的具体信息，如图 5-4 所示。

	A	B	C	D	E	F	G	H	I	J
1	烟台兴茂机械制造有限公司固定资产管理									
2	购置日期	资产类别	资产名称	增加方式	单位	数量	初始购置成本	金额合计	使用年限	预计净残值
3	2017/6/20	办公设备	计算机	直接购入	台	5	5,000.00	25,000.00	5	300.00
4	2018/12/31	办公设备	激光打印机	直接购入	台	3	3,000.00	9,000.00	5	100.00
5	2019/12/31	办公设备	复印机	直接购入	台	2	25,000.00	50,000.00	5	200.00
6	2020/12/31	机器设备	机床	直接购入	台	2	300,000.00	600,000.00	20	1,000.00

图 5-4　现有固定资产的具体信息

二、固定资产卡片账的查询

当企业拥有的固定资产登记完毕后，由于固定资产数量众多，为了方便查找某一项固定资产，利用 Excel 提供的自动筛选命令，建立固定资产查询功能。

【例 5-2】 沿用[例 5-1]烟台兴茂机械制造有限公司的数据资料。

要求：查询 2017 年至 2018 年购置的固定资产。

【操作步骤】

第一步，选中单元格 A2，选择“数据”→“筛选”命令。执行命令后，系统在“购置日期”等栏显示筛选按钮，如图 5-5 所示。

	A	B	C	D	E	F	G	H	I	J
1	烟台兴茂机械制造有限公司固定资产管理									
2	购置日其▾	资产类别▾	资产名科▾	增加方式▾	单位▾	数量▾	初始购置成本▾	金额合计▾	使用年限▾	预计净残值▾
3	2017/6/20	办公设备	计算机	直接购入	台	5	5,000.00	25,000.00	5	300.00
4	2018/12/31	办公设备	激光打印机	直接购入	台	3	3,000.00	9,000.00	5	100.00
5	2019/12/31	办公设备	复印机	直接购入	台	2	25,000.00	50,000.00	5	200.00
6	2020/12/31	机器设备	机床	直接购入	台	2	300,000.00	600,000.00	20	1,000.00

图 5-5　出现筛选按钮

第二步，单击该按钮，弹出查询方式的下拉列表，单击任意一栏的下拉列表，可以看到“升序”“降序”“按颜色排序”以及“日期筛选”等数据查询方式，如图 5-6 所示。

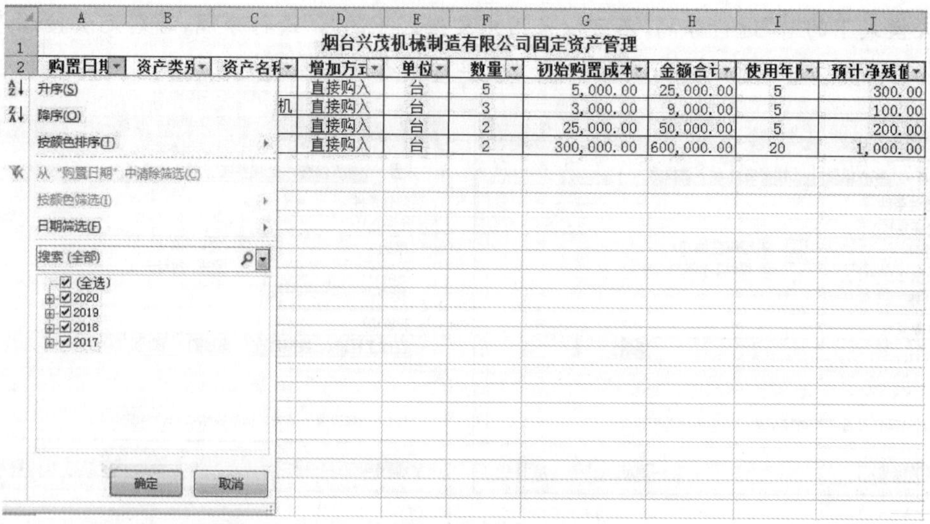

图 5-6　弹出查询方式下拉列表

自动筛选功能中最强大的是使用"自定义"方式来查询数据。Excel 2010 筛选功能中"按颜色排序"实质就是自定义排序,可以添加、删除自定义筛选条件,筛选方式非常灵活。

在图 5-6 中选择"按颜色排序"→"自定义排序"命令,如图 5-7 所示"排序"对话框,可以看到,自定义次序功能是升序与降序及自定义来排列指定的固定资产数据。

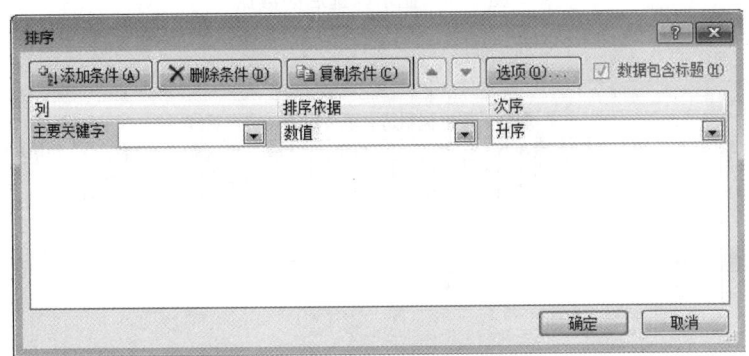

图 5-7 "排序"对话框

第三步,将光标移至 A2 栏,单击 A2 栏显示的筛选按钮,单击该按钮,选择"日期筛选",在"日期筛选"项目中取消 2019 年和 2020 年,如图 5-8 所示。

图 5-8 确定筛选条件

第四步,设置完毕后,单击"确定"按钮,开始执行筛选命令。当返回固定资产管理工作表后,可以看到显示的固定资产项目数据已经成为所需查询的 2017—2018 年的数据,如图 5-9 所示。

如果需要还原为"显示全部数据",只需要单击"筛选"按钮,选择"从'购置日期'中清除筛选"选项,即可显示现有的全部数据,如图 5-10 所示。

	A	B	C	D	E	F	G	H	I	J
1	烟台兴茂机械制造有限公司固定资产管理									
2	购置日其	资产类别	资产名称	增加方式	单位	数量	初始购置成本	金额合计	使用年限	预计净残值
3	2017/6/20	办公设备	计算机	直接购入	台	5	5,000.00	25,000.00	5	300.00
4	2018/12/31	办公设备	激光打印机	直接购入	台	3	3,000.00	9,000.00	5	100.00

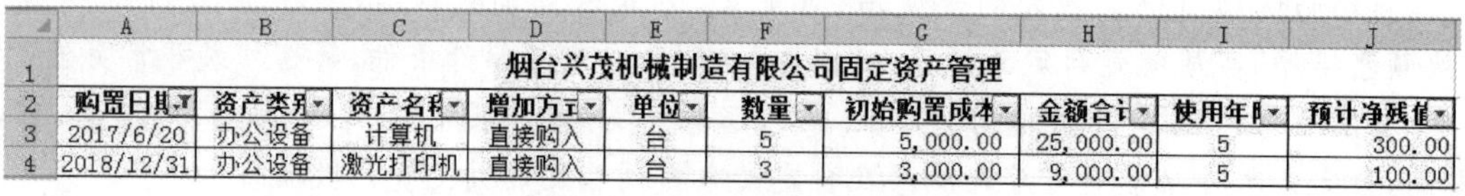

图 5-9　显示筛选后的数据

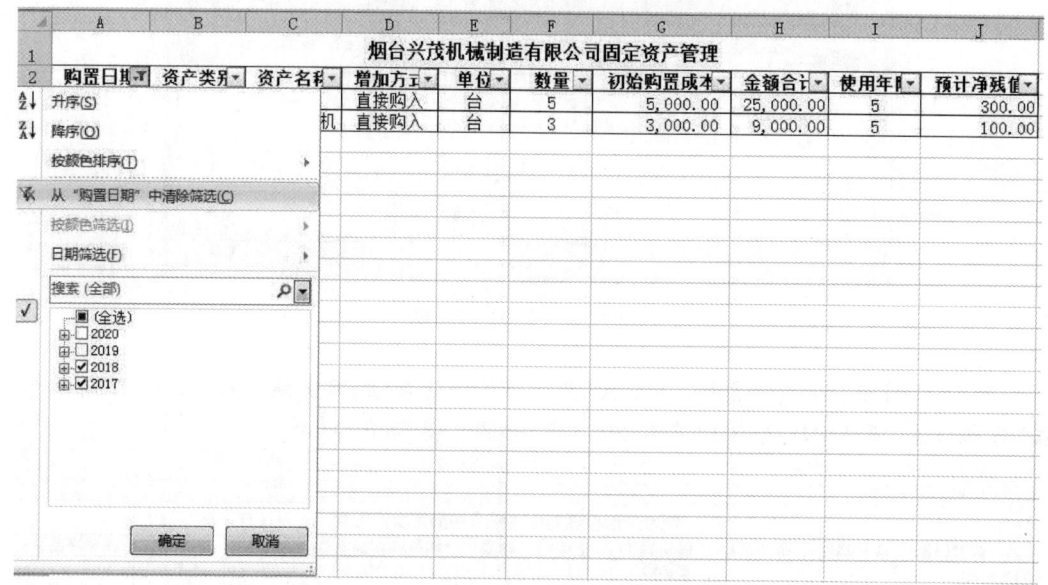

图 5-10　取消筛选的数据

第三节　固定资产折旧的计提

一、固定资产折旧概述

固定资产的折旧是指固定资产在使用过程中逐渐损耗而消失的那部分价值。固定资产损耗的这部分价值应当在固定资产的有效使用年限内进行分摊，形成折旧费用，计入各期成本。

(1) 固定资产折旧的性质。固定资产的价值随着固定资产的使用而逐渐转移到生产的产品中或构成费用，然后通过产品（商品）的销售，收回货款，得到补偿。

固定资产的损耗分为有形损耗和无形损耗两种：有形损耗是指固定资产由于使用和自然力的影响而引起的使用价值和价值的损失。无形损耗是指由于科学进步等而引起的固定资产的价值损失。

(2) 固定资产计提折旧的范围。企业在用的固定资产（包括经营用固定资产、非经营用固定资产、租出固定资产），包括房屋和建筑物，在用的机器设备、仪器仪表、运输工具，季节性停用、大修理停用的设备，融资租入和以经营租赁方式租出的固定资产。这些固定资产一般均应计提折旧。

不计提折旧的固定资产包括未使用、不需用的机器设备,以经营租赁方式租入的固定资产,在建工程项目交付使用以前的固定资产,已提足折旧继续使用的固定资产,未提足折旧提前报废的固定资产,国家规定不计提折旧的其他固定资产(如土地等)。

二、固定资产折旧方法

企业一般应按当月计提折旧,当月增加的固定资产,当月不计提折旧;当月减少的固定资产,当月照计提折旧。已提足折旧仍继续使用的固定资产不再计提折旧。提足折旧,是指已经提足该项固定资产的应提折旧总额。应提折旧总额为固定资产原价减去预计残值。

企业应当根据与固定资产有关的经济利益的预期实现方式合理选择折旧方法。可选用的折旧方法包括年限平均法、工作量法、双倍余额递减法和年数总和法等。其中,双倍余额递减法和年数总和法是加速折旧法。固定资产的折旧方法一经确定,不得随意变更。

(一) 年限平均法

年限平均法又称直线法,是最简单并且常用的一种方法。该方法是根据固定资产原值减去预计净残值后的金额,将固定资产剩余价值均衡地分摊折旧额到各期。

1. 年限平均法的计算公式

$$年折旧率 = \frac{1-预计净残值率}{预计使用年限} \times 100\%$$

$$月折旧率 = 年折旧率 \div 12$$

$$月折旧额 = 固定资产原值 \times 月折旧率$$

2. 年限平均法的缺点

(1) 固定资产在使用前期操作效能高,使用资产所获得的收入比较高。根据收入与费用配比的原则,前期应提的折旧额应该相应较多。

(2) 固定资产使用的总费用包括折旧费和修理费两部分。通常在固定资产使用后期修理费会逐渐增加。而年限平均法的折旧费用在各期是不变的。这造成了总费用逐渐增加,不符合配比的原则。

(3) 年限平均法未考虑固定资产的利用程度和强度,忽视了固定资产使用磨损程度的差异及工作效能的差异。

(4) 年限平均法没有考虑到无形损耗对固定资产的影响。

3. 年限平均法的优点

年限平均法最大的优点是简单明了,易于掌握,简化了会计核算。因此年限平均法在实际工作中得到了广泛的应用。

4. 年限平均法的适用范围

根据影响折旧方法的合理性因素,当一项固定资产在各期使用情况大致相同,其负荷程度也相同时;或者修理和维护费用在资产的使用期内没有显著的变化,资产的收入在整个年限内差不多时;或者满足或部分满足这些条件时,选择年限平均法比较合理。在实际工作中年限平均法适用于房屋、建筑物等固定资产折旧的计算。

按年限平均法计提的折旧额可以使用 SLN 函数来计算,SLN 函数用法见本书第一章介绍。

【例 5-3】 烟台兴茂机械制造有限公司某项固定资产的原值为 50 000 元,预计净残值率为 5%,预计使用年限为 6 年。

要求:采用年限平均法计算该固定资产的年折旧额和月折旧额。

【操作步骤】

第一步,打开一个新工作表,命名为"例 5-3 年限平均法计提折旧",单击单元格 A1、B1、C1、D1、E1、F1,分别输入"固定资产原值""净残值率""计提折旧年份""净残值额""年折旧额""月折旧额"。将已知数据输入相应单元格中,如图 5-11 所示。

	A	B	C	D	E	F
1	固定资产原值	净残值率	计提折旧年份	净残值额	年折旧额	月折旧额
2	50,000.00	5.00%	6			

图 5-11　输入相关项目

第二步,在单元格 D2 中输入公式"=A2*B2",然后将公式复制到单元格 D3—D7 中,得到净残值额为 2 500 元。

第三步,选中单元格 E2,单击按钮 fx,在打开的对话框中单击"或选择类别"下拉按钮,在弹出的下拉列表中选择"财务"选项,在出现的财务函数中选择"SLN"函数,如图 5-12 所示。

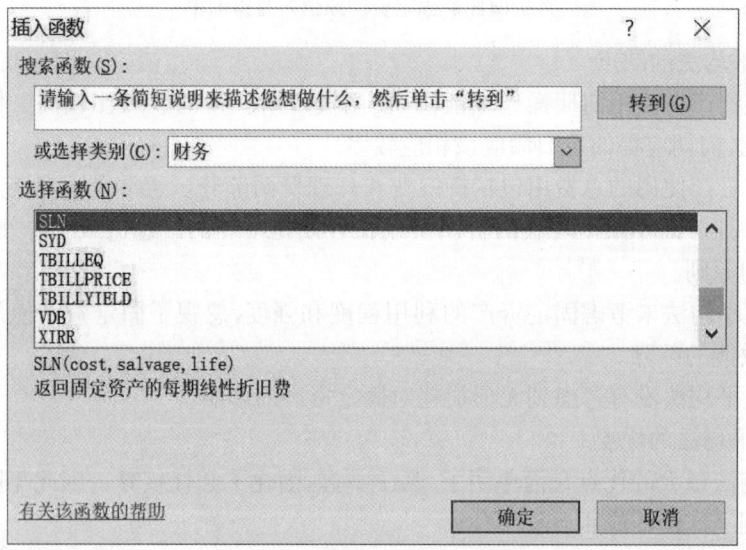

图 5-12　选择 SLN 折旧函数

第四步,按要求输入 SLN 函数的参数:固定资产原值(Cost)为"A2",固定资产净残值(Salvage)为"D2",预计使用年限(Life)为"6",如图 5-13 所示。

第五步,单击"确定"按钮,在单元格 E2 生成年折旧金额为 7 916.67 元,如图 5-14 所示。

第六步,在单元格 F2 中输入公式"=E2/12",回车得到月折旧额为 659.72 元,如图

5-15所示。

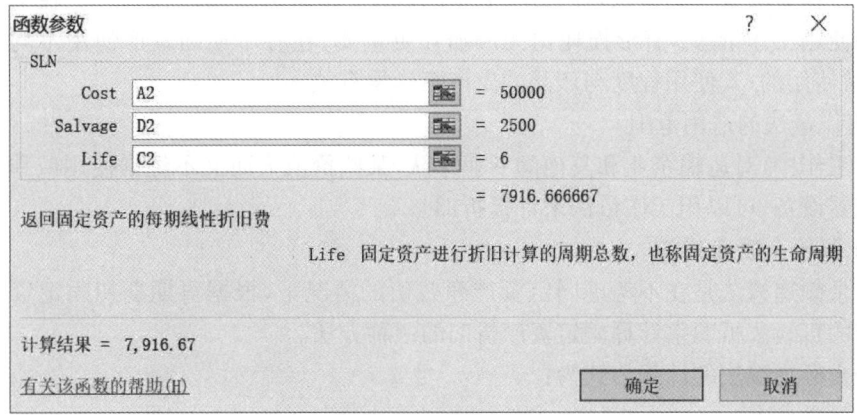

图 5-13 参数设置

图 5-14 年限平均法下年折旧额计算

图 5-15 年限平均法下月折旧额计算

(二) 工作量法

工作量法又称变动费用法,是根据实际工作量计提折旧额的一种方法。它的理论依据在于资产价值的降低是资产使用状况的函数,根据企业的经营活动情况或设备的使用状况来计提折旧。假定固定资产成本代表了购买一定数量的服务单位(可以是行驶里程数、工作小时数或产量数),然后按服务单位分配成本,这种方法弥补了年限平均法只重使用时间、不考虑使用强度的缺点。

1. 工作量法的公式

$$单位工作量折旧额 = \frac{固定资产原值 \times (1 - 预计净残值率)}{预计总工作量}$$

$$某项固定资产月折旧额 = 该项固定资产当月工作量 \times 单位工作量折旧额$$

2. 工作量法的缺点

(1) 同年限平均法一样,未能考虑到修理费用递增以及操作效能或收入递减等因素。

(2) 资产所能提供的服务数量难以准确地估计。

(3) 工作量法忽视了无形损耗对资产的影响。

3. 工作量法的优点

由于工作量法自身的特点,在有些情况下使用工作量法反而比较合理。在下列条件下可以选择使用工作量法:有形损耗比无形损耗更重要;在各个期间资产使用不均衡的情况下,不经常使用的;其使用程度与产品的生产工作量有关。

4. 工作量法的适用范围

实际工作中,对运输企业和其他的专业车队,某些价值大而又不经常使用或季节性使用的大型机器设备,可以用工作量法来计提折旧。

(三)双倍余额递减法

双倍余额递减法是在不考虑固定资产净残值的情况下,根据每期期初固定资产账面余额和双倍的直线法折旧率计算固定资产折旧的一种方法。

双倍余额递减法的计算公式为:

$$年折旧率 = \frac{2}{预计使用年限} \times 100\%$$

$$月折旧率 = 年折旧率 \div 12$$

$$月折旧额 = 固定资产原值 \times 月折旧率$$

实行双倍余额递减法计提折旧的固定资产,应当在其固定资产折旧年限到期以前两年内,将固定资产净值(扣除净残值)平均摊销。

按双倍余额递减法计提的折旧额可以使用 DDB、VDB 函数来计算,DDB、VDB 函数用法见本书第一章介绍。

【例 5-4】 沿用[例 5-3]烟台兴茂机械制造有限公司固定资产的数据资料。

要求:采用双倍余额递减法计算该固定资产的年折旧额和月折旧额。

【操作步骤】

第一步,新建"双倍余额递减法计提折旧"工作表,将已知相关信息输入工作表中,如图 5-16 所示。

	A	B	C	D
1	固定资产原值	计提折旧年份	年折旧额	月折旧额
2	50,000.00	1		
3	50,000.00	2		
4	50,000.00	3		
5	50,000.00	4		
6	50,000.00	5		
7	50,000.00	6		
8	合计			

图 5-16 输入相关项目

第二步,选中单元格 C2,单击按钮 fx,在打开的对话框中单击"或选择类别"下拉按钮,在弹出的下拉列表中选择"财务"选项,在出现的财务函数中选择"DDB"函数。

第三步,按要求输入 DDB 函数的参数:固定资产原值(Cost)为"A2",固定资产残值率(Salvage)为"A2*0.05",预计使用年限(Life)为"6",折旧计提年(Period)为"B2",如图 5-17 所示。

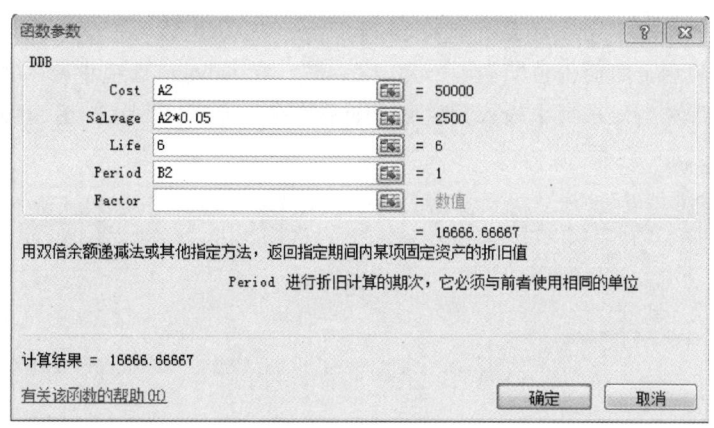

图 5-17 参数设置

第四步,单击"确定"按钮,在单元格 C2 生成第一年折旧金额为 16 666.67 元,将光标移至单元格 C2 右下方,当光标变为"+"时,向下拖动鼠标进行复制,复制至单元格 C7,则出现 1~6 年的折旧额,如图 5-18 所示。

固定资产原值	计提折旧年份	年折旧额	月折旧额
50,000.00	1	16,666.67	
50,000.00	2	11,111.11	
50,000.00	3	7,407.41	
50,000.00	4	4,938.27	
50,000.00	5	3,292.18	
50,000.00	6	2,194.79	
合计			

图 5-18 双倍余额递减法下年折旧金额计算

第五步,利用 SUM 函数计算 6 年计提折旧金额之和。在单元格 C8 中输入公式"=SUM(C2:C7)",回车得到固定资产 6 年的折旧合计数为 45 610.43 元,如图 5-19 所示。该金额不等于固定资产的原值−净残值(50 000−50 000 * 0.05=47 500),原因在于,采用双倍余额递减法计算折旧,最后两年的数据需要改用年限平均法计提折旧。

固定资产原值	计提折旧年份	年折旧额	月折旧额
50,000.00	1	16,666.67	
50,000.00	2	11,111.11	
50,000.00	3	7,407.41	
50,000.00	4	4,938.27	
50,000.00	5	3,292.18	
50,000.00	6	2,194.79	
合计		45,610.43	

图 5-19 计算各年折旧金额之和

第六步,单击单元格 C6 和单元格 C7,删除错误的折旧金额。单击单元格 C6,选择 fx 命令,在打开的对话框中单击"或选择类别"下拉按钮,选择"财务"选项,在出现的财务函数中选择前文介绍的年限平均法计提折旧的 SLN 函数。在 Cost 选项中输入固定资产在计提了前 4 年折旧之后的剩余账面价值"50 000－40 123.46"。在 Salvage 选项中输入固定资产的净残值"50 000＊0.05",在 Life 选项中输入固定资产的剩余使用年限"2"年,如图 5-20 所示。

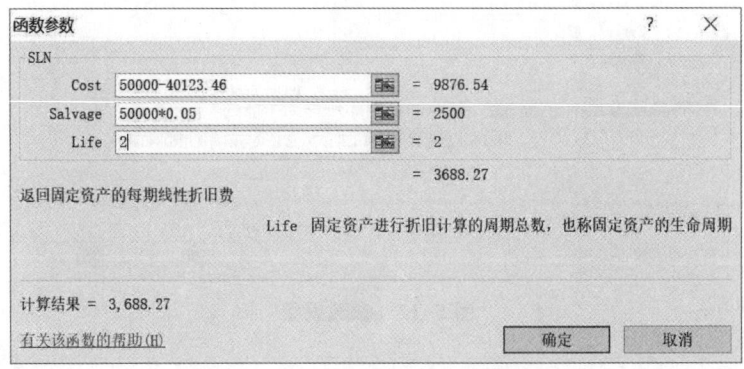

图 5-20　转为年限平均法参数设置

第七步,单击"确定"按钮后,固定资产在第五年需要计提的折旧额为 3 688.27 元,将该格式复制至单元格 C7。将最后两年的折旧金额确定下来。利用 SUM 函数计算 6 年计提折旧金额之和,合计数为 47 500,等于固定资产的原值减净残值(50 000－50 000＊0.05＝47 500),说明折旧的金额计算正确,如图 5-21 所示。

	A	B	C	D
1	固定资产原值	计提折旧年份	年折旧额	月折旧额
2	50,000.00	1	16,666.67	
3	50,000.00	2	11,111.11	
4	50,000.00	3	7,407.41	
5	50,000.00	4	4,938.27	
6	50,000.00	5	3,688.27	
7	50,000.00	6	3,688.27	
8	合计		47,500.00	

C6　=SLN(50000-40123.46,50000*0.05,2)

图 5-21　修改后的各年折旧金额

第八步,单击单元格 D2,输入公式"＝C2/12",回车得到固定资产第 1 年每个月的折旧金额为 1 388.89 元,将公式复制到 D 列其他单元格,即可计算出各年每月计提折旧的金额,如图 5-22 所示。

	A	B	C	D
1	固定资产原值	计提折旧年份	年折旧额	月折旧额
2	50,000.00	1	16,666.67	1,388.89
3	50,000.00	2	11,111.11	925.93
4	50,000.00	3	7,407.41	617.28
5	50,000.00	4	4,938.27	411.52
6	50,000.00	5	3,688.27	307.36
7	50,000.00	6	3,688.27	307.36
8	合计		47,500.00	—

D2　=C2/12

图 5-22　双倍余额递减法下月折旧额计提

(四)年数总和法

年数总和法又称年限合计法,是将固定资产的原值减去净残值后的净额乘以一个逐年递减的分数计算每年的折旧额,这个分数的分子代表固定资产尚可使用的年数,分母代表使用年限的逐年数字总和。

年数总和法的计算公式为:

$$年折旧率 = \frac{尚可使用的年数}{预计使用年限的年数总和}$$

或者:

$$年折旧率 = \frac{预计使用年限 - 已使用年限}{预计使用年限 \times (预计使用年限 + 1) \div 2} \times 100\%$$

$$月折旧率 = 年折旧率 \div 12$$

$$月折旧额 = (固定资产原值 - 预计净残值) \times 月折旧率$$

按年数总和法计提的折旧额可以使用 SYD 函数来计算,SYD 函数用法见本书第一章介绍。

【例 5-5】 沿用[例 5-3]中烟台兴茂机械制造有限公司固定资产的数据资料。

要求:采用年数总和法计算固定资产的年折旧额和月折旧额。

【操作步骤】

第一步,新建"年数总和法计提折旧"工作表,将已知相关信息输入工作表中。

第二步,选中单元格 C2,单击按钮 fx,在打开的对话框中单击"或选择类别"下拉按钮,在弹出的下拉列表中选择"财务"选项,在出现的财务函数中选择"SYD"函数。

第三步,按要求输入 SYD 函数的参数:固定资产原值(Cost)为"A2",固定资产残值率(Salvage)为"A2*0.05",预计使用年限(Life)为"6",折旧计算的期次(Per)为"B2",如图 5-23 所示。

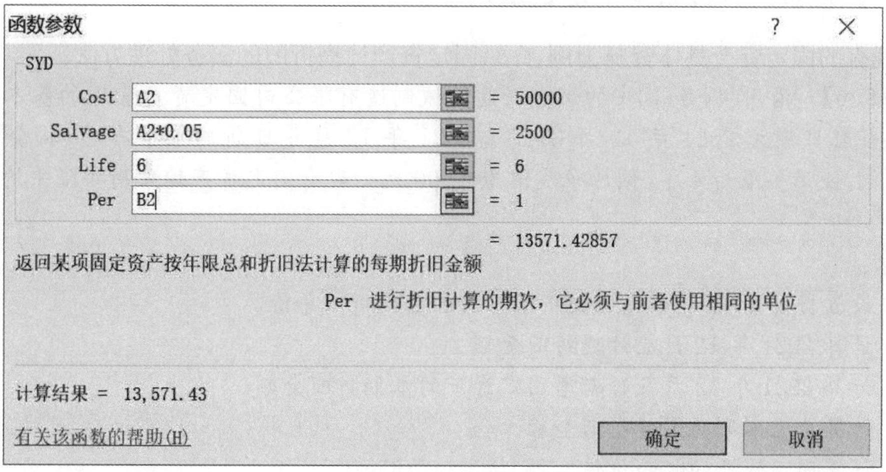

图 5-23 参数设置

第四步,单击"确定"按钮,在单元格 C2 生成第 1 年折旧金额为 13 571.43 元,将光标移至单元格C2右下方,当光标变为"+"时,向下拖动鼠标进行复制,复制至单元格C7,则出现第1—6年的折旧额,如图5-24所示。

固定资产原值	计提折旧年份	年折旧额	月折旧额
50,000.00	1	13,571.43	
50,000.00	2	11,309.52	
50,000.00	3	9,047.62	
50,000.00	4	6,785.71	
50,000.00	5	4,523.81	
50,000.00	6	2,261.90	

图5-24 年数总和法下年折旧金额计算

第五步,单击单元格D2,输入公式"=C2/12",回车得到固定资产第1年每个月的折旧金额为1 130.95元,将公式复制到D列其他单元格,即可计算出各年每月计提折旧的金额,如图5-25所示。

固定资产原值	计提折旧年份	年折旧额	月折旧额
50,000.00	1	13,571.43	1,130.95
50,000.00	2	11,309.52	942.46
50,000.00	3	9,047.62	753.97
50,000.00	4	6,785.71	565.48
50,000.00	5	4,523.81	376.98
50,000.00	6	2,261.90	188.49

图5-25 年数总和法下月折旧额计提

三、固定资产计提折旧的综合应用

以现有的固定资产具体资料为例,介绍固定资产计提折旧的实务处理方法。

【例5-6】 沿用[例5-1]中的烟台兴茂机械制造有限公司固定资产管理的基本信息资料,假设当前日期为2021年12月31日。2021年12月6日新购入卡车3辆,金额合计180 000元,使用年限为4年,预计净残值为2 000元。现有固定资产均采用年限平均法计提折旧。

要求:

(1) 设置当前日期,并确定已提折旧月份和已提折旧年份。
(2) 计算2021年12月应计提折旧金额。
(3) 计算2021年12月6日新增固定资产的本期折旧金额。
(4) 计算截至本期的累计折旧金额。
(5) 计算固定资产的账面价值。

【操作步骤】

(1) 设置当前日期,并确定已提折旧月份和已提折旧年份。

为了能方便、正确地计提现有的每一项固定资产的折旧额,在计提折旧前,需要根据当前的日期先计算每一固定资产已经计提折旧的月份、年份。如果固定资产是依据工作量法计提折旧的，需要输入相关工作量。

第一步，打开“年限平均法计提折旧”工作表，将[例 5-1]中的烟台兴茂机械制造有限公司固定资产管理的基本信息复制到该工作表中。单击单元格 K2，输入“当前日期”，如图 5-26 所示。假设当前日期为 2021 年 12 月 31 日。

	A	B	C	D	E	F	G	H	I	J	K
1	烟台兴茂机械制造有限公司固定资产管理										
2	购置日期	资产类别	资产名称	增加方式	单位	数量	初始购置成本	金额合计	使用年限	预计净残值	当前日期
3	2017/6/20	办公设备	计算机	直接购入	台	5	5,000.00	25,000.00	5	300.00	2021/12/31
4	2018/12/31	办公设备	激光打印机	直接购入	台	3	3,000.00	9,000.00	5	100.00	2021/12/31
5	2019/12/31	办公设备	复印机	直接购入	台	2	25,000.00	50,000.00	5	200.00	2021/12/31
6	2020/12/31	机器设备	机床	直接购入	台	2	300,000.00	600,000.00	20	1,000.00	2021/12/31

图 5-26 确定当前日期

第二步，将光标移至 J 列，右击鼠标，插入“已计提折旧月份”列。单击单元格 J3，设置单元格公式为“=INT(DAYS360(A3,L3)/30)”，并将此公式复制到 J 列的其他单元格，在相关单元格显示出具体的已计提折旧月份，如图 5-27 所示。在操作时需注意将 A 列及 L 列的单元格的格式设置为“日期”格式。

J3 fx =INT(DAYS360(A3,L3)/30)

	A	B	C	D	E	F	G	H	I	J	K	L
1	烟台兴茂机械制造有限公司固定资产管理											
2	购置日期	资产类别	资产名称	增加方式	单位	数量	初始购置成本	金额合计	使用年限	已计提折旧月份	预计净残值	当前日期
3	2017/6/20	办公设备	计算机	直接购入	台	5	5,000.00	25,000.00	5	54	300.00	2021/12/31
4	2018/12/31	办公设备	激光打印机	直接购入	台	3	3,000.00	9,000.00	5	36	100.00	2021/12/31
5	2019/12/31	办公设备	复印机	直接购入	台	2	25,000.00	50,000.00	5	24	200.00	2021/12/31
6	2020/12/31	机器设备	机床	直接购入	台	2	300,000.00	600,000.00	20	12	1,000.00	2021/12/31

图 5-27 确定已提折旧月份

函数 DAYS360(A3,L3)表示将计算从固定资产购置日期(认定为固定资产使用日期)开始，到当前日期的天数(如果每月按 30 天计算)，函数“DAYS360(A3,L3)/30”表示为从固定资产使用日期开始到当前日期的月份数，如果该数据不是整数，则在其前面加一条取整函数 INT()。

第三步，将光标移至 K 列，插入“已计提折旧年份”列。单击单元格 K3，设置单元格公式为“=INT(J3/L2)”，并将此公式复制到 K 列的其他单元格，在相关单元格显示出具体的已计提折旧年份，如图 5-28 所示。

fx =INT(J3/12)

C	D	E	F	G	H	I	J	K	L	M
烟台兴茂机械制造有限公司固定资产管理										
资产名称	增加方式	单位	数量	初始购置成本	金额合计	使用年限	已计提折旧月份	已计提折旧年份	预计净残值	当前日期
计算机	直接购入	台	5	5,000.00	25,000.00	5	54	4	300.00	2021/12/31
激光打印机	直接购入	台	3	3,000.00	9,000.00	5	36	3	100.00	2021/12/31
复印机	直接购入	台	2	25,000.00	50,000.00	5	24	2	200.00	2021/12/31
机床	直接购入	台	2	300,000.00	600,000.00	20	12	1	1,000.00	2021/12/31

图 5-28 确定已计提折旧年份

(2) 计算2021年12月应计提折旧金额。

在计提固定资产折旧时，首先，需要确定固定资产计提折旧的方法(本例选择年限平均法计提折旧)；其次，需要考虑当月新增固定资产当月不计提折旧；再次，需要考虑折旧已经计提完毕仍继续使用的固定资产不应再计提折旧；最后，还需要考虑由于各种原因导致最后一个月计提折旧时，可能会出现固定资产的剩余价值小于按正常公式计算的折旧额，这时的折旧额应为固定资产的剩余价值。具体操作步骤如下：

第一步，根据前文列示，N列将反映本期计提的折旧金额。单击单元格N2，输入“本月计提折旧金额”。

第二步，单击单元格N3，设置单元格公式为“＝SLN(H3，L3，I3＊12)”，并将此公式复制到N列的其他单元格，在相关单元格显示出具体的当月计提折旧金额，如图5-29所示。

fx =SLN(H3,L3,I3*12)

烟台兴茂机械制造有限公司固定资产管理

资产名称	增加方式	单位	数量	初始购置成本	金额合计	使用年限	已计提折旧月份	已计提折旧年份	预计净残值	当前日期	本月计提折旧金额
计算机	直接购入	台	5	5,000.00	25,000.00	5	54	4	300.00	2021/12/31	411.67
激光打印机	直接购入	台	3	3,000.00	9,000.00	5	36	3	100.00	2021/12/31	148.33
复印机	直接购入	台	2	25,000.00	50,000.00	5	24	2	200.00	2021/12/31	830.00
机床	直接购入	台	2	300,000.00	600,000.00	20	12	1	1,000.00	2021/12/31	2,495.83

图5-29 确定本月计提折旧金额

(3) 计算2021年12月6日新增固定资产的本期折旧金额。

第一步，单击单元格A7，输入“2021/12/6”，随后在资产类别、资产名称等相关类别内输入本月新增固定资产详情，第7行的运输设备属于本月新增固定资产，本月不应计提折旧，但是如果将N6公式复制到N7，则发现当月本不应该计提折旧的资产也出现了当月折旧金额“3708.33”，如图5-30所示。考虑到这种情况，将N列数据在O列进行修正。

烟台兴茂机械制造有限公司固定资产管理

购置日期	资产类别	资产名称	增加方式	单位	数量	初始购置成本	金额合计	使用年限	已计提折旧月份	已计提折旧年份	预计净残值	当前日期	本月计提折旧金额
2017/6/20	办公设备	计算机	直接购入	台	5	5,000.00	25,000.00	5	54	4	300.00	2021/12/31	411.67
2018/12/31	办公设备	激光打印机	直接购入	台	3	3,000.00	9,000.00	5	36	3	100.00	2021/12/31	148.33
2019/12/31	办公设备	复印机	直接购入	台	2	25,000.00	50,000.00	5	24	2	200.00	2021/12/31	830.00
2020/12/31	机器设备	机床	直接购入	台	2	300,000.00	600,000.00	20	12	1	1,000.00	2021/12/31	2,495.83
2021/12/6	运输设备	卡车	直接购入	台	3	60,000.00	180,000.00	4	0	0	2,000.00	2021/12/31	3,708.33

图5-30 本月新增固定资产

第二步，单击单元格O2，输入“修正后的本月计提折旧”列。单击单元格O3，设置单元格公式为“＝IF(J3＝0，0，N3)”，并将此公式复制到O列的其他单元格。此公式的含义为：如果“已计提折旧月份”为0(即为当月新增固定资产)，则该项固定资产的月折旧额为0，否则为原月折旧额，如图5-31所示。经过修正后，可以看出当月新增固定资产的折旧已经显示为“0.00”。

fx =IF(J7=0,0,N7)

烟台兴茂机械制造有限公司固定资产管理

单位	数量	初始购置成本	金额合计	使用年限	已计提折旧月份	已计提折旧年份	预计净残值	当前日期	本期计提折旧金额	修正后的本月计提折旧
台	5	5,000.00	25,000.00	5	54	4	300.00	2021/12/31	411.67	411.67
台	3	3,000.00	9,000.00	5	36	3	100.00	2021/12/31	148.33	148.33
台	2	25,000.00	50,000.00	5	24	2	200.00	2021/12/31	830.00	830.00
台	2	300,000.00	600,000.00	20	12	1	1,000.00	2021/12/31	2,495.83	2,495.83
辆	3	60,000.00	180,000.00	4	0	0	2,000.00	2021/12/31	3,708.33	0.00

图5-31 修正本月计提折旧金额

(4) 计算截至本期的累计折旧金额。

由于本例中规定的累计折旧的计提方法为年限平均法，需要根据已计提折旧月份和本期计提折旧的修正数额，相乘计算出累计折旧的金额。

单击单元格 P2，输入“累计折旧”。单击单元格 P3，设置单元格公式为“=J3 * O3”，并将此公式复制到 P 列的其他单元格，在相关单元格显示出具体的从计提折旧开始到截至本月的累计折旧金额，如图 5-32 所示。

P3 =J3*O3

	E	F	G	H	I	J	K	L	M	N	O	P
1	烟台兴茂机械制造有限公司固定资产管理											
2	单位	数量	初始购置成本	金额合计	使用年限	已计提折旧月份	已计提折旧年份	预计净残值	当前日期	本月计提折旧金额	修正后的本月计提折旧	累计折旧
3	台	5	5,000.00	25,000.00	5	54	4	300.00	2021/12/31	411.67	411.67	22,230.00
4	台	3	3,000.00	9,000.00	5	36	3	100.00	2021/12/31	148.33	148.33	5,340.00
5	台	2	25,000.00	50,000.00	5	24	2	200.00	2021/12/31	830.00	830.00	19,920.00
6	台	2	300,000.00	600,000.00	20	12	1	1,000.00	2021/12/31	2,495.83	2,495.83	29,950.00
7	台	3	60,000.00	180,000.00	4	0	0	2,000.00	2021/12/31	3,708.33	0.00	0.00

图 5-32 计算累计折旧金额

(5) 计算固定资产账面价值。

固定资产账面价值=固定资产原价−累计折旧

单击单元格 Q2，输入“账面价值”。单击单元格 Q3，设置单元格公式为“=H3−P3”，并将此公式复制到 Q 列的其他单元格，在相关单元格显示出固定资产的账面价值，如图 5-33 所示。

Q3 =H3-P3

	F	G	H	I	J	K	L	M	N	O	P	Q
1	烟台兴茂机械制造有限公司固定资产管理											
2	数量	初始购置成本	金额合计	使用年限	已计提折旧月份	已计提折旧年份	预计净残值	当前日期	本月计提折旧金额	修正后的本月计提折旧	累计折旧	账面价值
3	5	5,000.00	25,000.00	5	54	4	300.00	2021/12/31	411.67	411.67	22,230.00	2,770.00
4	3	3,000.00	9,000.00	5	36	3	100.00	2021/12/31	148.33	148.33	5,340.00	3,660.00
5	2	25,000.00	50,000.00	5	24	2	200.00	2021/12/31	830.00	830.00	19,920.00	30,080.00
6	2	300,000.00	600,000.00	20	12	1	1,000.00	2021/12/31	2,495.83	2,495.83	29,950.00	570,050.00
7	3	60,000.00	180,000.00	4	0	0	2,000.00	2021/12/31	3,708.33	0.00	0.00	180,000.00

图 5-33 计算固定资产账面价值

本章练习

一、单项选择题

1. 在会计实务工作中,最简单的固定资产折旧计算方法为(　　)。
   A. 年数总和法　　　　　　　　B. 年限平均法
   C. 双倍余额递减法　　　　　　D. 工作量法

2. 实行双倍余额递减法计提折旧的固定资产,应当在其固定资产折旧年限到期以前(　　)年内,将固定资产净值(扣除净残值)平均摊销。
   A. 4　　　　B. 3　　　　C. 2　　　　D. 1

3. 利用双倍余额递减法计算固定资产折旧,已知购置固定资产日期为2016年5月,使用年限为6年,那么DDB函数的life参数应设置为(　　)。
   A. 5　　　　B. 6　　　　C. 2016　　　　D. 7

4. 在进行相关操作时需注意将日期列的单元格的格式设置为(　　)格式。
   A. 数值　　　　B. 文本　　　　C. 日期　　　　D. 时间

5. 在(　　)选项中设置固定资产增加方式:"在建工程转入,投资者投入,直接购入,部门调拨,捐赠"等方式。
   A. 序列　　　　B. 数据有效性　　　　C. 来源　　　　D. 增加方式

6. 某设备原值150 000元,使用年限为10年,预计净残值为5 000元,请使用直线折旧法计算其折旧值为(　　)元。
   A. 15 000　　　　B. 14 500　　　　C. 5 000　　　　D. 10 000

7. 单击(　　)按钮,弹出查询方式的下拉列表,单击任意一栏的下拉列表,可以看到有"升序""降序""按颜色排序"以及"日期筛选"等数据查询方式。
   A. 筛选　　　　B. 查询　　　　C. 序列　　　　D. 排序

8. 编辑"已计提折旧月份"列时,单击单元格,设置单元格公式时用到的取整函数为(　　)。
   A. SYD　　　　B. DAYS　　　　C. SLN　　　　D. INT

二、多项选择题

1. 固定资产基本划分的类别有(　　)。
   A. 房屋建筑物　　　　　　　　B. 电子设备
   C. 机器设备　　　　　　　　　D. 办公设备和运输设备

2. 固定资产按经济用途分类,可以划分为(　　)。
   A. 生产用固定资产　　　　　　B. 非生产用固定资产
   C. 未使用的固定资产　　　　　D. 不需用的固定资产

3. 对固定资产进行单独管理的必要性体现在(　　)。
   A. 固定资产是生产资料,是物质生产的基础

B. 固定资产单位价值高,所占资金比重大
C. 固定资产的折旧计提对成本费用的影响较大
D. 固定资产管理工作的难度较大,问题较多

4. 双倍余额递减法计提的折旧额可以使用(　　)函数来计算。
   A. DDB　　　　　　B. SLN　　　　　　C. SYD　　　　　　D. VDB
5. 固定资产的折旧计提方法有(　　)。
   A. 年数总和法　　　　　　　　B. 年限平均法
   C. 双倍余额递减法　　　　　　D. 工作量法

三、填空题

1. 如果固定资产的维修费用比较均衡,采用加速折旧法会使企业的年净利润呈现前期较多,后期较少的情况。（　　）
2. 利用年数总和法计算固定资产折旧需要使用的函数为DDB函数。（　　）
3. 双倍余额递减法计提的折旧额可以使用SLN函数来计算。（　　）
4. 年数总和法是将固定资产的原值减去净残值后的净额乘以一个逐年递减的分数计算每年的折旧额,这个分数的分子代表固定资产尚可使用的年数,分母代表使用年限的逐年数字总和。（　　）
5. 企业一般应按当月提取折旧,当月增加的固定资产,当月不提折旧;当月减少的固定资产,当月照提折旧。（　　）
6. 年数总和法和双倍余额递减法符合谨慎性和配比性原则,适合高新技术快速发展的企业。（　　）
7. 加速折旧法是在固定资产的使用寿命内,以递增的状态分摊折旧的方法。（　　）
8. DDB函数中的Factor参数用来指定余额递减的速率。如果该参数被省略,其假定值是1。（　　）
9. 双倍余额递减法和年数总和法一样,在计算过程中均不考虑资产的预计净残值。（　　）
10. 采用DDB函数计算双倍余额递减法下的折旧金额,最后两年需要改用SYD函数计算折旧。（　　）

四、思考题

1. 如何利用Excel建立固定资产管理明细账,具体可以设置哪些管理项目?
2. 企业计提固定资产折旧的范围有哪些?

五、业务操作题

1. 天河制造有限公司固定资产管理基本信息如表5-2所示。

表5-2　　　　　　天河制造有限公司固定资产管理基本信息

编制单位:天河制造有限公司　　　　　　　　　　　　　　　　　金额单位:元

购置日期	资产类别	增加方式	单位	资产名称	数量	初始购置成本	金额合计	使用年限	预计净残值
2018/05/09	运输设备	直接购入	辆	卡车	4	60 000.00	240 000.00	5	3 000.00

（续表）

购置日期	资产类别	增加方式	单位	资产名称	数量	初始购置成本	金额合计	使用年限	预计净残值
2019/11/21	办公设备	直接购入	台	激光打印机	3	2 500.00	7 500.00	4	100.00
2020/09/22	办公设备	直接购入	台	复印机	2	20 000.00	40 000.00	4	200.00
2021/06/31	机器设备	投资者投入	台	机床	2	300 000.00	600 000.00	20	1 000.00

要求：

(1) 建立固定资产管理表并登记固定资产现有的详细信息。

(2) 查询2018年至2019年购置的固定资产。

2. 济南城际公司某项固定资产的原值为80 000元，预计净残值率为5%，预计使用年限为5年。

要求：采用双倍余额递减法计算该固定资产第1—5年每年的折旧额。

3. 威海东恒公司2022年1月31日有关固定资产资料，如表5-3所示。

表5-3　　　　　　　　　　　　固定资产概况　　　　　　　　　　金额单位：元

项目	取得时间	金额	预计使用年限	预计净残值率
机器设备	2018年5月20日	300 000	10	0.3%
办公设备	2019年3月5日	80 000	5	0.5%
建筑物	2019年8月13日	90 000 000	50	0.02%

要求：利用折旧函数，采用年限平均法计算各项固定资产的月折旧额。

第六章　Excel 在工资核算中的应用

> **知识导航**
>
> Excel 在工资核算中的应用 ┬ 制作员工工资表
> 　　　　　　　　　　　　├ 工资项目的设置
> 　　　　　　　　　　　　├ 工资数据的查询与汇总分析 ┬ 工资数据的查询
> 　　　　　　　　　　　　│　　　　　　　　　　　　 └ 工资数据的汇总分析
> 　　　　　　　　　　　　└ 打印工资发放条

学习目标

1. 掌握使用 Excel 制作员工工资表的方法
2. 掌握使用 Excel 计算员工工资表各工资项目的方法
3. 掌握使用 Excel 查询、汇总分析工资数据的方法
4. 掌握使用 Excel 打印工资条的方法

第一节　制作员工工资表

工资是企业在一定时间内直接支付给本单位职工的劳动报酬,是企业进行多种费用计提的基础。工资管理是企业管理的重要组成部分,是财务部门最基本的业务之一,不仅关系到每个职工的切身利益,也是直接影响产品成本核算的重要因素。具体来说,企业员工工资表的计算包含以下内容。

(一) 计时工资的计算

计时工资是根据考勤记录登记的每一职工出勤和缺勤的日数,按照企业规定的工资标准计算的工资。工资标准按其计算时间的不同,有月工资、日工资和小时工资三种。月工资标准也称月薪,由企业依据国家有关劳动工资法规,按照职工的工作岗位、工作能力、资历等条件综合确定,因此往往分为基本工资、岗位工资、工龄工资等。

日工资由月工资标准除以"月计薪天数"21.75 天(年日历天数 365 天减去双休日 104 天,除以全年 12 个月)计算求得;小时工资由月工资标准除以"月计薪小时数"174 小时(每日工作 8 小时)计算求得。"月平均工作天数"与"月计薪天数"不同,是由年日历天数 365 天减去双休日 104 天和法定节日之后除以 12 个月得出的。

采用计时工资制度计算应付月工资,在实际工作中有月薪制和日薪制等多种计算方法。企业一般采用月薪制,即按 21.75 天计算日工资、按缺勤天数扣减缺勤工资的计算方法(在本书中简单按照 22 天计算)。

（二）计件工资的计算

计件工资是根据产量（工作量）记录登记的每一职工（或小组）的产品产量（工作量）乘以规定的计件单价计算的工资。计算计件工资的产品产量（数量），包括合格产品数量和料废品数量，但不包括工废品数量。料废品是指由于用来加工产品的原材料、半成品和零部件质量不符合要求而造成的废品。工废品是指由于生产工人操作上的过失造成的废品。

（三）奖金、津贴、补贴等的计算

奖金是支付给职工的超额劳动或增收节支等的劳动报酬，如销售部门由于超额销售额获得的奖金。津贴和补贴是支付给职工额外劳动或特殊劳动的劳动报酬。加班加点工资是支付给职工因在节假日或规定工作时间以外劳动的劳动报酬。短期带薪缺勤，是企业支付工资或提供补偿的职工缺勤，包括年休假、病假、短期伤残、婚假、产假、丧假、探亲假等。

职工基本工资表是用来记录职工工资的构成和数据的表格。包含的基本项目通常有基本工资、岗位工资、工龄工资、住房补贴、奖金、事假扣款、病假扣款、社会保险扣款和代扣税等。

【例6-1】 烟台兴茂机械制造有限公司是一家以生产与销售抗性消音器等为主的工业企业。公司有行政管理部门、生产管理部门、生产车间和销售部四个部门。该公司主要有管理人员、生产工人、销售人员三种员工类别。每个员工的工资项目有基本工资、岗位工资、住房补贴、奖金、事假扣款、病假扣款、社会保险扣款等。2021年12月烟台兴茂机械制造有限公司的员工基本工资和出勤情况，如表6-1所示。

要求：在Excel中制作员工工资表。

表6-1　　　　　　　　　　12月员工基本工资和出勤情况

员工编号	姓名	部门	性别	员工类别	基本工资	事假天数	病假天数
1001	孔祥瑞	行政管理部门	男	管理人员	6 600		
1002	李丰富	行政管理部门	男	管理人员	5 500		
1003	王小刚	行政管理部门	男	管理人员	3 500		
1004	张丽	行政管理部门	女	管理人员	3 500	15	
2001	赵小英	生产管理部门	女	管理人员	2 500		
2002	于传强	生产管理部门	男	管理人员	2 500		
2003	刘伟	生产管理部门	男	管理人员	2 500		
3001	王亭	生产车间	男	生产工人	3 800		
3002	孙思泽	生产车间	男	生产工人	3 200		
3003	王洋	生产车间	男	生产工人	2 100		5
3004	陈玉	生产车间	女	生产工人	2 100		
3005	刘大为	生产车间	男	生产工人	1 800		2
4001	张春晖	销售部	男	销售人员	5 000		

(续表)

员工编号	姓名	部门	性别	员工类别	基本工资	事假天数	病假天数
4002	王牧	销售部	男	销售人员	3 200		1
4003	付明月	销售部	女	销售人员	3 200		
4004	杨备	销售部	男	销售人员	2 800	3	
4005	刘常会	销售部	男	销售人员	2 800		

【操作步骤】

第一步,新建一个工作簿,将 sheet1 工作表重命名为"员工工资表"。

第二步,在"员工工资表"中,按图 6-1、图 6-2 所示依次录入员工编号、姓名、部门、性别、员工类别、基本工资、岗位工资、住房补贴、奖金、应发合计、事假天数、事假扣款、病假天数、病假扣款、扣款合计、社会保险、应发工资、代扣税以及实发合计。

	A	B	C	D	E	F	G	H	I	J
1	员工编号	姓名	部门	性别	员工类别	基本工资	岗位工资	住房补贴	奖金	应发合计

图 6-1 工资基础信息设置 1

	K	L	M	N	O	P	Q	R	S
	事假天数	事假扣款	病假天数	病假扣款	扣款合计	社会保险	应发工资	代扣税	实发合计

图 6-2 工资基础信息设置 2

第三步,根据表 6-1,录入员工基本工资数值,如图 6-3 所示。

	A	B	C	D	E	F
1	员工编号	姓名	部门	性别	员工类别	基本工资
2	1001	孔祥瑞	行政管理部门	男	管理人员	6600
3	1002	李丰富	行政管理部门	男	管理人员	5500
4	1003	王小刚	行政管理部门	男	管理人员	3500
5	1004	张丽	行政管理部门	女	管理人员	3500
6	2001	赵小英	生产管理部门	女	管理人员	2500
7	2002	于传强	生产管理部门	男	管理人员	2500
8	2003	刘伟	生产管理部门	男	管理人员	2500
9	3001	王亭	生产车间	男	生产工人	3800
10	3002	孙思泽	生产车间	男	生产工人	3200
11	3003	王洋	生产车间	男	生产工人	2100
12	3004	陈玉	生产车间	女	生产工人	2100
13	3005	刘大为	生产车间	男	生产工人	1800
14	4001	张春晖	销售部	男	销售人员	5000
15	4002	王牧	销售部	男	销售人员	3200
16	4003	付明月	销售部	女	销售人员	3200
17	4004	杨备	销售部	男	销售人员	2800
18	4005	刘常会	销售部	男	销售人员	2800

图 6-3 输入员工信息与基本工资信息

第四步,在"员工工资表"工作表中,将具有会计数据的列的数字格式设置为"会计专用",小数位2位,货币符号为"无",并进行适当调整和修饰。

第二节 工资项目的设置

工资总额是指企业在一定时期内实际支付给职工的劳动报酬总数。企业的工资总额一般由基本工资、岗位工资、奖金等部分组成。在员工工资数据表中,除员工编号、姓名、部门、性别、员工类别、基本工资、病假天数、事假天数项目这些基本信息外,公司对其他项目往往规定了一定的发放标准。

【例6-2】 根据烟台兴茂机械制造有限公司的有关规定,工资项目的具体规定如下:

(1)岗位工资。根据"员工类别"发放,管理人员为1 000元,生产工人为500元,销售人员为600元。

(2)住房补贴。根据"员工类别"发放,管理人员为350元,生产工人为200元,销售人员为250元。

(3)奖金。根据"部门"类别发放,根据部门效益确定。本月行政管理部门奖金为300元,生产管理部门奖金为400元,生产车间奖金为350元。销售部奖金与个人销售额有关,完成基本销售额100万元的,奖金为500元;超额完成的,按超出金额的0.1‰提成;未完成基本销售额的,没有奖金。本月销售额如表6-2所示。

表6-2　　　　　　　　　　12月销售人员销售情况

员工编号	姓名	部门	性别	员工类别	12月销售额(万元)
4001	张春晖	销售部	男	销售人员	100
4002	王牧	销售部	男	销售人员	200
4003	付明月	销售部	女	销售人员	580
4004	杨备	销售部	男	销售人员	235
4005	刘常会	销售部	男	销售人员	540

(4)事假扣款。公司规定如果事假少于15天,将应发工资平均到每天(每月按22天计算),按天扣款;如果事假大于等于15天,扣除应发工资的70%。

(5)病假扣款。公司规定如果病假大于等于10天,扣除应发工资的30%;大于3天少于10天的,生产工人扣款300元,非工人扣款350元;小于等于3天,不扣款。

(6)社会保险扣款。社会保险费是按国家规定由企业和职工共同负担的费用,在此核算代扣的社会保险费,社会保险费包括养老、医疗等保险费用。按照烟台兴茂机械制造有限公司的规定,社会保险费应按照社保缴费基数的10%扣除,员工本年的社保基数为上年月平均工资,员工上年月平均工资如表6-3所示。

表 6-3　　　　　　　　　　　2020 年员工平均工资

员工编号	姓名	部门	性别	员工类别	员工平均工资
1001	孔祥瑞	行政管理部门	男	管理人员	5 000
1002	李丰富	行政管理部门	男	管理人员	5 500
1003	王小刚	行政管理部门	男	管理人员	4 500
1004	张丽	行政管理部门	女	管理人员	4 500
2001	赵小英	生产管理部门	女	管理人员	3 500
2002	于传强	生产管理部门	男	管理人员	3 500
2003	刘伟	生产管理部门	男	管理人员	3 500
3001	王亭	生产车间	男	生产工人	4 300
3002	孙思泽	生产车间	男	生产工人	3 700
3003	王洋	生产车间	男	生产工人	2 600
3004	陈玉	生产车间	女	生产工人	2 600
3005	刘大为	生产车间	男	生产工人	2 300
4001	张春晖	销售部	男	销售人员	5 600
4002	王牧	销售部	男	销售人员	3 800
4003	付明月	销售部	女	销售人员	3 800
4004	杨备	销售部	男	销售人员	3 400
4005	刘常会	销售部	男	销售人员	3 400

（7）代扣税。烟台兴茂机械制造有限公司依据居民个人工资、薪金所得预扣率表进行扣除，如表 6-4 所示。假定该公司员工除了享受基本费用扣除标准 5 000 元/月之外，均不享受个人专项附加扣除，并且员工 1—11 月的每月工资构成与 12 月相同。

表 6-4　　　　　　　　居民个人工资、薪金所得预扣率表

累计预扣预缴应纳税所得额	预扣率	速算扣除数
不超过 36 000 元	3%	0
超过 36 000 元至 144 000 元的部分	10%	2 520
超过 144 000 元至 300 000 元的部分	20%	16 920
超过 300 000 元至 420 000 元的部分	25%	31 920
超过 420 000 元至 660 000 元的部分	30%	52 920
超过 660 000 元至 960 000 元的部分	35%	85 920
超过 960 000 元的部分	45%	181 920

要求：在 Excel 中计算各工资项目。

Excel在会计中的应用

【操作步骤】

第一步,设置"岗位工资"项目的计算公式。

打开"员工工资表"工作表,选定单元格G2。在单元格G2输入计算"岗位工资"项目的计算公式"=IF(E2="管理人员",1000,IF(E2="生产工人",500,600))",如图6-4所示。

图6-4 设置"岗位工资"项目

选定单元格G2,鼠标指向单元格G2右下角的填充柄,按下鼠标左键向下拖动至单元格,结果如图6-5所示。

图6-5 "岗位工资"项目填充

第二步,设置"住房补贴"项目的计算公式。

打开"员工工资表"工作表,选定单元格 H2。在单元格 H2 输入计算"住房补贴"项目的计算公式"=IF(E2="管理人员",350,IF(E2="生产工人",200,250))",回车确定,如图 6-6 所示。

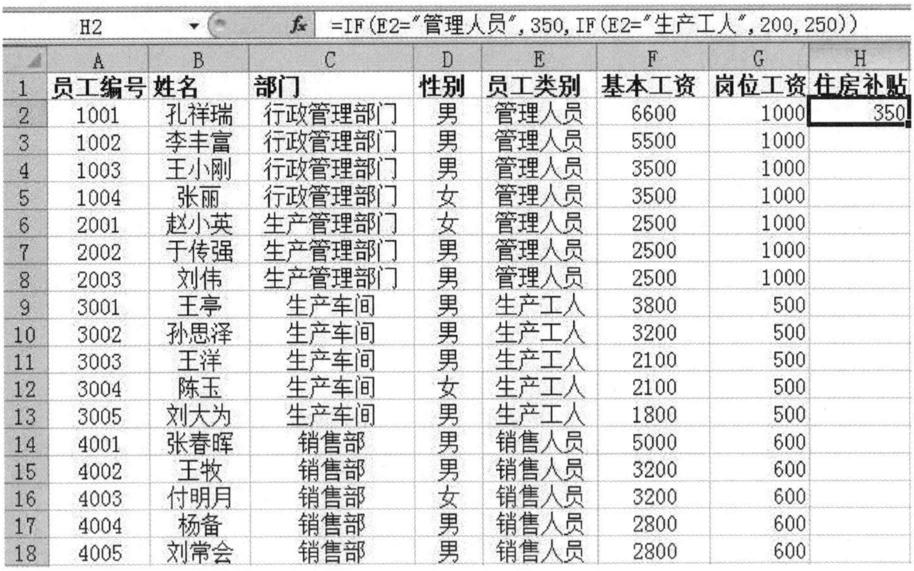

图 6-6 设置"住房补贴"项目

选定单元格 H2,鼠标指向单元格 H2 右下角的填充柄,按下鼠标左键向下拖动至单元格,结果如图 6-7 所示。

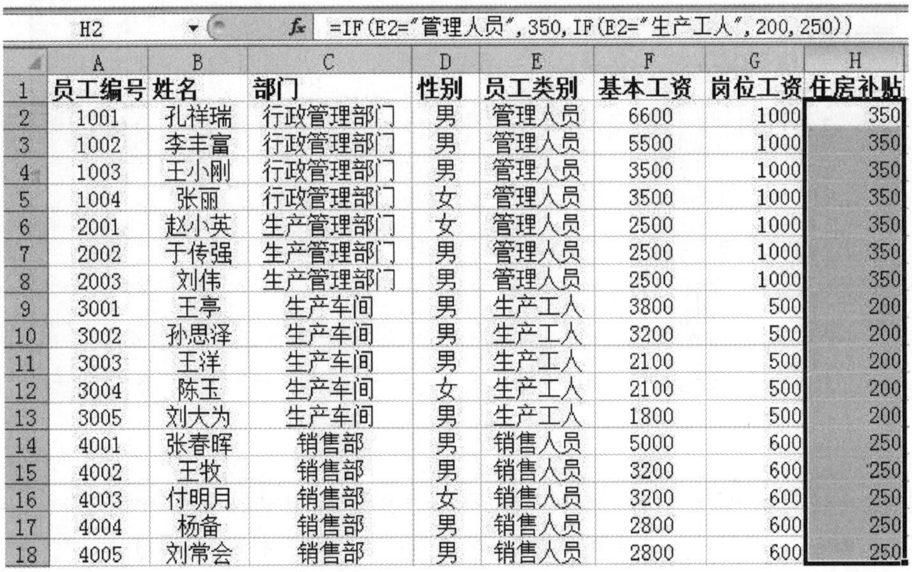

图 6-7 "住房补贴"项目填充

第三步，设置"奖金"项目的计算公式。

(1) 打开"员工工资表"工作表，在"奖金"列前插入两列，列标题为"销售额""销售提成"，并将表 6-2 中的数据填入"销售额"列中，其他部门一律填"0"，如图 6-8 所示。

员工编号	姓名	部门	性别	员工类别	基本工资	岗位工资	住房补贴	销售额	销售提成	奖金
1001	孔祥瑞	行政管理部门	男	管理人员	6600	1000	350	0		
1002	李丰富	行政管理部门	男	管理人员	5500	1000	350	0		
1003	王小刚	行政管理部门	男	管理人员	3500	1000	350	0		
1004	张丽	行政管理部门	女	管理人员	3500	1000	350	0		
2001	赵小英	生产管理部门	女	管理人员	2500	1000	350	0		
2002	于传强	生产管理部门	男	管理人员	2500	1000	350	0		
2003	刘伟	生产管理部门	男	管理人员	2500	1000	350	0		
3001	王亭	生产车间	男	生产工人	3800	500	200	0		
3002	孙思泽	生产车间	男	生产工人	3200	500	200	0		
3003	王洋	生产车间	男	生产工人	2100	500	200	0		
3004	陈玉	生产车间	女	生产工人	2100	500	200	0		
3005	刘大为	生产车间	男	生产工人	1800	500	200	0		
4001	张春晖	销售部	男	销售人员	5000	600	250	100		
4002	王牧	销售部	男	销售人员	3200	600	250	200		
4003	付明月	销售部	女	销售人员	3200	600	250	580		
4004	杨备	销售部	男	销售人员	2800	600	250	235		
4005	刘常会	销售部	男	销售人员	2800	600	250	540		

图 6-8 输入"销售额"列

(2) 选定单元格 J2。在单元格 J2 输入计算"销售提成"项目的计算公式"=IF(I2>=100,(I2-100)*0.001*10000+500,0)"。选定单元格 J2，鼠标指向单元格 J2 右下角的填充柄，按下鼠标左键向下拖动至单元格，结果如图 6-9 所示。

	员工编号	姓名	部门	性别	员工类别	基本工资	岗位工资	住房补贴	销售额	销售提成	奖金
2	1001	孔祥瑞	行政管理部门	男	管理人员	6600	1000	350	0	0	
3	1002	李丰富	行政管理部门	男	管理人员	5500	1000	350	0	0	
4	1003	王小刚	行政管理部门	男	管理人员	3500	1000	350	0	0	
5	1004	张丽	行政管理部门	女	管理人员	3500	1000	350	0	0	
6	2001	赵小英	生产管理部门	女	管理人员	2500	1000	350	0	0	
7	2002	于传强	生产管理部门	男	管理人员	2500	1000	350	0	0	
8	2003	刘伟	生产管理部门	男	管理人员	2500	1000	350	0	0	
9	3001	王亭	生产车间	男	生产工人	3800	500	200	0	0	
10	3002	孙思泽	生产车间	男	生产工人	3200	500	200	0	0	
11	3003	王洋	生产车间	男	生产工人	2100	500	200	0	0	
12	3004	陈玉	生产车间	女	生产工人	2100	500	200	0	0	
13	3005	刘大为	生产车间	男	生产工人	1800	500	200	0	0	
14	4001	张春晖	销售部	男	销售人员	5000	600	250	100	500	
15	4002	王牧	销售部	男	销售人员	3200	600	250	200	1500	
16	4003	付明月	销售部	女	销售人员	3200	600	250	580	5300	
17	4004	杨备	销售部	男	销售人员	2800	600	250	235	1850	
18	4005	刘常会	销售部	男	销售人员	2800	600	250	540	4900	

图 6-9 设置"销售提成"项目

(3) 选定单元格 K2。在单元格 K2 输入计算"奖金"项目的计算公式"=IF(C2="行政管理部门",300,IF(C2="生产管理部门",400,IF(C2="生产车间",350,J2)))"。选定单元格 K2，鼠标指向单元格 K2 右下角的填充柄，按下鼠标左键向下拖动至单元格，结果如图 6-10 所示。

K2	▼	fx	=IF(C2="行政管理部门",300,IF(C2="生产管理部门",400,IF(C2="生产车间",350,J2)))							
	A	B	C	D	E	F	G	H	I	J	K
1	员工编号	姓名	部门	性别	员工类别	基本工资	岗位工资	住房补贴	销售额	销售提成	奖金
2	1001	孔祥瑞	行政管理部门	男	管理人员	6600	1000	350	0	0	300
3	1002	李丰富	行政管理部门	男	管理人员	5500	1000	350	0	0	300
4	1003	王小刚	行政管理部门	男	管理人员	3500	1000	350	0	0	300
5	1004	张丽	行政管理部门	女	管理人员	3500	1000	350	0	0	300
6	2001	赵小英	生产管理部门	女	管理人员	2500	1000	350	0	0	400
7	2002	于传强	生产管理部门	男	管理人员	2500	1000	350	0	0	400
8	2003	刘伟	生产管理部门	男	管理人员	2500	1000	350	0	0	400
9	3001	王亭	生产车间	男	生产工人	3800	500	200	0	0	350
10	3002	孙思泽	生产车间	男	生产工人	3200	500	200	0	0	350
11	3003	王洋	生产车间	男	生产工人	2100	500	200	0	0	350
12	3004	陈玉	生产车间	女	生产工人	2100	500	200	0	0	350
13	3005	刘大为	生产车间	男	生产工人	1800	500	200	0	0	350
14	4001	张春晖	销售部	男	销售人员	5000	600	250	100	500	500
15	4002	王牧	销售部	男	销售人员	3200	600	250	200	1500	1500
16	4003	付明月	销售部	女	销售人员	3200	600	250	580	5300	5300
17	4004	杨备	销售部	男	销售人员	2800	600	250	235	1850	1850
18	4005	刘常会	销售部	男	销售人员	2800	600	250	540	4900	4900

图 6-10 设置"奖金"项目

第四步,设置"应发合计"项目的计算公式。

"应发合计"项目为"基本工资""岗位工资""住房补贴""奖金"项目之和。选定单元格 L2,在单元格 L2 输入计算"应发合计"项目的计算公式"=F2+G2+H2+K2"。选定单元格 L2,鼠标指向单元格 L2 右下角的填充柄,按下鼠标左键向下拖动至单元格,结果如图 6-11 所示。

▼	fx	=F2+G2+H2+K2								
B	C	D	E	F	G	H	I	J	K	L
姓名	部门	性别	员工类别	基本工资	岗位工资	住房补贴	销售额	销售提成	奖金	应发合计
孔祥瑞	行政管理部门	男	管理人员	6600	1000	350	0	0	300	8250
李丰富	行政管理部门	男	管理人员	5500	1000	350	0	0	300	7150
王小刚	行政管理部门	男	管理人员	3500	1000	350	0	0	300	5150
张丽	行政管理部门	女	管理人员	3500	1000	350	0	0	300	5150
赵小英	生产管理部门	女	管理人员	2500	1000	350	0	0	400	4250
于传强	生产管理部门	男	管理人员	2500	1000	350	0	0	400	4250
刘伟	生产管理部门	男	管理人员	2500	1000	350	0	0	400	4250
王亭	生产车间	男	生产工人	3800	500	200	0	0	350	4850
孙思泽	生产车间	男	生产工人	3200	500	200	0	0	350	4250
王洋	生产车间	男	生产工人	2100	500	200	0	0	350	3150
陈玉	生产车间	女	生产工人	2100	500	200	0	0	350	3150
刘大为	生产车间	男	生产工人	1800	500	200	0	0	350	2850
张春晖	销售部	男	销售人员	5000	600	250	100	500	500	6350
王牧	销售部	男	销售人员	3200	600	250	200	1500	1500	5550
付明月	销售部	女	销售人员	3200	600	250	580	5300	5300	9350
杨备	销售部	男	销售人员	2800	600	250	235	1850	1850	5500
刘常会	销售部	男	销售人员	2800	600	250	540	4900	4900	8550

图 6-11 设置"应发合计"项目

第五步,设置"事假扣款"项目的计算公式。

(1) 将表 6-1 中的考勤数据输入"病假天数""事假天数"单元格内,如图 6-12 所示。

(2) 选定单元格 N2,在单元格 N2 输入计算"事假扣款"项目的计算公式"=IF(M2>= 15,L2*70%,M2*L2/22)"。选定单元格 N2,鼠标指向单元格 N2 右下角的填充柄,按下鼠标左键向下拖动至单元格,结果如图 6-13 所示。

	A	B	C	D	E	F	G	H	I	J	K	L	M	N	O	P
1	员工编号	姓名	部门	性别	员工类别	基本工资	岗位工资	住房补贴	销售额	销售提成	奖金	应发合计	事假天数	事假扣款	病假天数	病假扣款
2	1001	孔祥瑞	行政管理部门	男	管理人员	6600	1000	350	0	0	300	8250				
3	1002	李丰富	行政管理部门	男	管理人员	5500	1000	350	0	0	300	7150				
4	1003	王小刚	行政管理部门	男	管理人员	3500	1000	350	0	0	300	5150				
5	1004	张丽	行政管理部门	女	管理人员	3500	1000	350	0	0	300	5150	15			
6	2001	赵小英	生产管理部门	女	管理人员	2500	1000	350	0	0	400	4250				
7	2002	于传强	生产管理部门	男	管理人员	2500	1000	350	0	0	400	4250				
8	2003	刘伟	生产管理部门	男	管理人员	2500	1000	350	0	0	400	4250				
9	3001	王亭	生产车间	男	生产工人	3800	500	200	0	0	350	4850				
10	3002	孙思泽	生产车间	男	生产工人	3200	500	200	0	0	350	4250				
11	3003	王洋	生产车间	男	生产工人	2100	500	200	0	0	350	3150			5	
12	3004	陈玉	生产车间	女	生产工人	2100	500	200	0	0	350	3150				
13	3005	刘大为	生产车间	男	生产工人	1800	500	200	0	0	350	2850			2	
14	4001	张春晖	销售部	男	销售人员	5000	600	250	100	500	500	6350				
15	4002	王牧	销售部	男	销售人员	3200	600	250	200	1500	1500	5550			1	
16	4003	付明月	销售部	女	销售人员	3200	600	250	580	5300	5300	9350				
17	4004	杨鲁	销售部	男	销售人员	2800	600	250	235	1850	1850	5500	3			
18	4005	刘常会	销售部	男	销售人员	2800	600	250	540	4900	4900	8550				

图 6-12　输入考勤数据

N2　=IF(M2>=15, L2*70%, M2*L2/22)

	C	D	E	F	G	H	I	J	K	L	M	N
1	部门	性别	员工类别	基本工资	岗位工资	住房补贴	销售额	销售提成	奖金	应发合计	事假天数	事假扣款
2	行政管理部门	男	管理人员	6600	1000	350	0	0	300	8250		0
3	行政管理部门	男	管理人员	5500	1000	350	0	0	300	7150		0
4	行政管理部门	男	管理人员	3500	1000	350	0	0	300	5150		0
5	行政管理部门	女	管理人员	3500	1000	350	0	0	300	5150	15	3605
6	生产管理部门	女	管理人员	2500	1000	350	0	0	400	4250		0
7	生产管理部门	男	管理人员	2500	1000	350	0	0	400	4250		0
8	生产管理部门	男	管理人员	2500	1000	350	0	0	400	4250		0
9	生产车间	男	生产工人	3800	500	200	0	0	350	4850		0
10	生产车间	男	生产工人	3200	500	200	0	0	350	4250		0
11	生产车间	男	生产工人	2100	500	200	0	0	350	3150		0
12	生产车间	女	生产工人	2100	500	200	0	0	350	3150		0
13	生产车间	男	生产工人	1800	500	200	0	0	350	2850		0
14	销售部	男	销售人员	5000	600	250	100	500	500	6350		0
15	销售部	男	销售人员	3200	600	250	200	1500	1500	5550		0
16	销售部	女	销售人员	3200	600	250	580	5300	5300	9350		0
17	销售部	男	销售人员	2800	600	250	235	1850	1850	5500	3	750
18	销售部	男	销售人员	2800	600	250	540	4900	4900	8550		0

图 6-13　设置"事假扣款"项目

第六步，设置"病假扣款"项目的计算公式。

选定单元格 P2，在单元格 P2 输入计算"病假扣款"项目的计算公式"=IF(O2<=3,0, IF(O2>=10,L2*30%,IF(E2="生产工人",500,800)))"。选定单元格 P2，鼠标指向单元格 P2 右下角的填充柄，按下鼠标左键向下拖动至单元格，结果如图 6-14 所示。

P2　=IF(O2<=3,0,IF(O2>=10,L2*30%,IF(E2="生产工人",500,800)))

	E	F	G	H	I	J	K	L	M	N	O	P
1	员工类别	基本工资	岗位工资	住房补贴	销售额	销售提成	奖金	应发合计	事假天数	事假扣款	病假天数	病假扣款
2	管理人员	6600	1000	350	0	0	300	8250		0		0
3	管理人员	5500	1000	350	0	0	300	7150		0		0
4	管理人员	3500	1000	350	0	0	300	5150		0		0
5	管理人员	3500	1000	350	0	0	300	5150	15	3605		0
6	管理人员	2500	1000	350	0	0	400	4250		0		0
7	管理人员	2500	1000	350	0	0	400	4250		0		0
8	管理人员	2500	1000	350	0	0	400	4250		0		0
9	生产工人	3800	500	200	0	0	350	4850		0		0
10	生产工人	3200	500	200	0	0	350	4250		0		0
11	生产工人	2100	500	200	0	0	350	3150		0	5	500
12	生产工人	2100	500	200	0	0	350	3150		0		0
13	生产工人	1800	500	200	0	0	350	2850		0	2	0
14	销售人员	5000	600	250	100	500	500	6350		0		0
15	销售人员	3200	600	250	200	1500	1500	5550		0	1	0
16	销售人员	3200	600	250	580	5300	5300	9350		0		0
17	销售人员	2800	600	250	235	1850	1850	5500	3	750		0
18	销售人员	2800	600	250	540	4900	4900	8550		0		0

图 6-14　设置"病假扣款"项目

第七步,设置"扣款合计"项目的计算公式。

"扣款合计"项目为"事假扣款""病假扣款"项目之和。选定单元格 L2,在单元格 L2 输入计算"应发合计"项目的计算公式"=F2+G2+H2+K2"。选定单元格 L2,鼠标指向单元格 L2 右下角的填充柄,按下鼠标左键向下拖动至单元格,结果如图 6-15 所示。

	F	G	H	I	J	K	L	M	N	O	P	Q
1	基本工资	岗位工资	住房补贴	销售额	销售提成	奖金	应发合计	事假天数	事假扣款	病假天数	病假扣款	扣款合计
2	6600	1000	350	0	0	300	8250		0		0	0
3	5500	1000	350	0	0	300	7150		0		0	0
4	3500	1000	350	0	0	300	5150		0		0	0
5	3500	1000	350	0	0	300	5150	15	3605		0	3605
6	2500	1000	350	0	0	400	4250		0		0	0
7	2500	1000	350	0	0	400	4250		0		0	0
8	2500	1000	350	0	0	400	4250		0		0	0
9	3800	500	200	0	0	350	4850		0		0	0
10	3200	500	200	0	0	350	4250		0		0	0
11	2100	500	200	0	0	350	3150		0	5	500	500
12	2100	500	200	0	0	350	3150		0		0	0
13	1800	500	200	0	0	350	2850		0	2	0	0
14	5000	600	250	100	500	500	6350		0		0	0
15	3200	600	250	200	1500	1500	5550		0	1	0	0
16	3200	600	250	580	5300	5300	9350		0		0	0
17	2800	600	250	235	1850	1850	5500	3	750		0	750
18	2800	600	250	540	4900	4900	8550		0		0	0

图 6-15 设置"扣款合计"项目

第八步,设置"社会保险"项目的计算公式。

(1) 打开"员工工资表"工作表,在"社会保险"列前插入一列,列标题为"社保缴费基数",并将表 6-3 中的数据填入"社保缴费基数"列中,如图 6-16 所示。

	F	G	H	I	J	K	L	M	N	O	P	Q	R
1	基本工资	岗位工资	住房补贴	销售额	销售提成	奖金	应发合计	事假天数	事假扣款	病假天数	病假扣款	扣款合计	社保缴费基数
2	6600	1000	350	0	0	300	8250		0		0	0	5000
3	5500	1000	350	0	0	300	7150		0		0	0	5500
4	3500	1000	350	0	0	300	5150		0		0	0	4500
5	3500	1000	350	0	0	300	5150	15	3605		0	3605	4500
6	2500	1000	350	0	0	400	4250		0		0	0	3500
7	2500	1000	350	0	0	400	4250		0		0	0	3500
8	2500	1000	350	0	0	400	4250		0		0	0	3500
9	3800	500	200	0	0	350	4850		0		0	0	4300
10	3200	500	200	0	0	350	4250		0		0	0	3700
11	2100	500	200	0	0	350	3150		0	5	500	500	2600
12	2100	500	200	0	0	350	3150		0		0	0	2600
13	1800	500	200	0	0	350	2850		0	2	0	0	2300
14	5000	600	250	100	500	500	6350		0		0	0	5600
15	3200	600	250	200	1500	1500	5550		0	1	0	0	3800
16	3200	600	250	580	5300	5300	9350		0		0	0	3800
17	2800	600	250	235	1850	1850	5500	3	750		0	750	3400
18	2800	600	250	540	4900	4900	8550		0		0	0	3400

图 6-16 输入"社保缴费基数"

(2) 选定单元格 S2,在单元格 S2 输入计算"社会保险"项目的计算公式"=R2*10%"。选定单元格 N2,鼠标指向单元格 N2 右下角的填充柄,按下鼠标左键向下拖动至单元格,结果如图 6-17 所示。

第九步,设置"应发工资"项目的计算公式。

"应发工资"项目为"应发合计"减"扣款合计""社会保险"项目。选定单元格 T2,在单元

	F	G	H	I	J	K	L	M	N	O	P	Q	R	S
1	基本工资	岗位工资	住房补贴	销售额	销售提成	奖金	应发合计	事假天数	事假扣款	病假天数	病假扣款	扣款合计	社保缴费基数	社会保险
2	6600	1000	350	0	0	300	8250	0	0	0	0	0	5000	500
3	5500	1000	350	0	0	300	7150	0	0	0	0	0	5500	550
4	3500	1000	350	0	0	300	5150	0	0	0	0	0	4500	450
5	3500	1000	350	0	0	300	5150	15	3605	0	0	3605	4500	450
6	2500	1000	350	0	0	400	4250	0	0	0	0	0	3500	350
7	2500	1000	350	0	0	400	4250	0	0	0	0	0	3500	350
8	2500	1000	350	0	0	400	4250	0	0	0	0	0	3500	350
9	3800	500	200	0	0	350	4850	0	0	0	0	0	4300	430
10	3200	500	200	0	0	350	4250	0	0	0	0	0	3700	370
11	2100	500	200	0	0	350	3150	0	0	5	500	500	2600	260
12	2100	500	200	0	0	350	3150	0	0	0	0	0	2600	260
13	1800	500	200	0	0	350	2850	0	0	2	0	0	2300	230
14	5000	600	250	100	500	500	6350	0	0	0	0	0	5600	560
15	3200	600	250	200	1500	1500	5550	0	0	0	1	0	3800	380
16	3200	600	250	580	5300	5300	9350	0	0	0	0	0	3800	380
17	2800	600	250	235	1850	1850	5500	3	750	0	0	750	3400	340
18	2800	600	250	540	4900	4900	8550	0	0	0	0	0	3400	340

图 6-17 设置"社会保险"项目

格 T2 输入计算"应发工资"项目的计算公式"=L2-Q2-S2"。选定单元格 T2,鼠标指向单元格 T2 右下角的填充柄,按下鼠标左键向下拖动至单元格,结果如图 6-18 所示。

	F	G	H	I	J	K	L	M	N	O	P	Q	R	S	T
1	基本工资	岗位工资	住房补贴	销售额	销售提成	奖金	应发合计	事假天数	事假扣款	病假天数	病假扣款	扣款合计	社保缴费基数	社会保险	应发工资
2	6600	1000	350	0	0	300	8250	0	0	0	0	0	5000	500	7750
3	5500	1000	350	0	0	300	7150	0	0	0	0	0	5500	550	6600
4	3500	1000	350	0	0	300	5150	0	0	0	0	0	4500	450	4700
5	3500	1000	350	0	0	300	5150	15	3605	0	0	3605	4500	450	1095
6	2500	1000	350	0	0	400	4250	0	0	0	0	0	3500	350	3900
7	2500	1000	350	0	0	400	4250	0	0	0	0	0	3500	350	3900
8	2500	1000	350	0	0	400	4250	0	0	0	0	0	3500	350	3900
9	3800	500	200	0	0	350	4850	0	0	0	0	0	4300	430	4420
10	3200	500	200	0	0	350	4250	0	0	0	0	0	3700	370	3880
11	2100	500	200	0	0	350	3150	0	0	5	500	500	2600	260	2390
12	2100	500	200	0	0	350	3150	0	0	0	0	0	2600	260	2890
13	1800	500	200	0	0	350	2850	0	0	2	0	0	2300	230	2620
14	5000	600	250	100	500	500	6350	0	0	0	0	0	5600	560	5790
15	3200	600	250	200	1500	1500	5550	0	0	0	1	0	3800	380	5170
16	3200	600	250	580	5300	5300	9350	0	0	0	0	0	3800	380	8970
17	2800	600	250	235	1850	1850	5500	3	750	0	0	750	3400	340	4410
18	2800	600	250	540	4900	4900	8550	0	0	0	0	0	3400	340	8210

图 6-18 设置"应发工资"项目

第十步,设置"代扣税"项目的计算公式。

根据上一步可知,该公司员工中扣除社会保险等之后的应发工资最高的是孔祥瑞,具体为 7 750 元。假定所有员工 1—11 月工资构成与 12 月相同,并且该公司员工除了享受基本费用扣除标准 5 000 元/月之外,均不享受个人专项附加扣除,则孔祥瑞累计年应纳税所得额 = 7 750×12-5 000×12=33 000 元<36 000 元,预扣率全部是 3%,速算扣除数为 0。因此,该公司每个月应替员工代扣税的金额是一致的,针对 12 月份应代扣税金额此处简化计算,直接用 12 月份的相关数据,应用月度表计算。具体按年计算的月度预扣率表如表 6-5 所示。

表 6-5　　　　　　居民个人工资、薪金所得月度预扣率表

累计预扣预缴应纳税所得额	预扣率	速算扣除数
不超过 3 000 元	3%	0
超过 3 000 元至 12 000 元的部分	10%	210
超过 12 000 元至 25 000 元的部分	20%	1 410
超过 25 000 元至 35 000 元的部分	25%	2 660

(续表)

累计预扣预缴应纳税所得额	预扣率	速算扣除数
超过 35 000 元至 55 000 元的部分	30%	4 410
超过 55 000 元至 80 000 元的部分	35%	7 160
超过 80 000 元的部分	45%	15 160

选定单元格 U2，在单元格 U2 输入计算"代扣税"项目的计算公式"=IF(T2－5000<=0,0,IF(T2－5000<=3000,(T2－5000)*0.03,IF(T2－5000<=12000,(T2－5000)*0.1－210,IF(T2－5000<=25000,(T2－5000)*0.2－1410,IF(T2－5000<=35000,(T2－5000)*0.25－2660,IF(T2－5000<=55000,(T2－5000)*0.3－4410,IF(T2－5000<=80000,(T2－5000)*0.35－7160,IF(T2－5000>80000,(T2－5000)*0.45－15160))))))))"。选定单元格 U2，鼠标指向单元格 U2 右下角的填充柄，按下鼠标左键向下拖动至单元格，结果如图 6-19 所示。

图 6-19 设置"代扣税"项目

第十一步，设置"实发合计"项目的计算公式。

"实发合计"项目为"应发工资"减"代扣税"项目。选定单元格 V2，在单元格 V2 输入计算"应发工资"项目的计算公式"=T2－U2"。选定单元格 V2，鼠标指向单元格 V2 右下角的填充柄，按下鼠标左键向下拖动至单元格，结果如图 6-20 所示。

图 6-20 设置"实发合计"项目

第十二步，为制作完成的"员工工资表"加上边框。如图6-21所示。

	A	B	C	D	E	F	G	H	I	J	K	L
1	员工编号	姓名	部门	性别	员工类别	基本工资	岗位工资	住房补贴	销售额	销售提成	奖金	应发合计
2	1001	孔祥瑞	行政管理部门	男	管理人员	6600	1000	350	0	0	300	8250
3	1002	李丰富	行政管理部门	男	管理人员	5500	1000	350	0	0	300	7150
4	1003	王小刚	行政管理部门	男	管理人员	3500	1000	350	0	0	300	5150
5	1004	张丽	行政管理部门	女	管理人员	3500	1000	350	0	0	300	5150
6	2001	赵小英	生产管理部门	女	管理人员	2500	1000	350	0	0	400	4250
7	2002	于传强	生产管理部门	男	管理人员	2500	1000	350	0	0	400	4250
8	2003	刘伟	生产管理部门	男	管理人员	2500	1000	350	0	0	400	4250
9	3001	王亭	生产车间	男	生产工人	3800	500	200	0	0	350	4850
10	3002	孙思泽	生产车间	男	生产工人	3200	500	200	0	0	350	4250
11	3003	王洋	生产车间	男	生产工人	2100	500	200	0	0	350	3150
12	3004	陈玉	生产车间	女	生产工人	2100	500	200	0	0	350	3150
13	3005	刘大为	生产车间	男	生产工人	1800	500	200	0	0	350	2850
14	4001	张春晖	销售部	男	销售人员	5000	600	250	100	500	500	6350
15	4002	王牧	销售部	男	销售人员	3200	600	250	200	1500	1500	5550
16	4003	付明月	销售部	女	销售人员	3200	600	250	580	5300	5300	9350
17	4004	杨备	销售部	男	销售人员	2800	600	250	235	1850	1850	5500
18	4005	刘常会	销售部	男	销售人员	2800	600	250	540	4900	4900	8550

图6-21 设置边框

第三节 工资数据的查询与汇总分析

企业在经营管理过程中，往往需要查询某个部门或某个员工的工资数据。因此在制作好工资的Excel表后，在日常工作中需要查询与统计分析员工工资，如使用函数对员工工资进行查询，使用数据透视表对员工工资进行统计分析等。

一、工资数据的查询

（一）利用"筛选"功能进行工资数据的查询

【例6-3】 根据前述例题中烟台兴茂机械制造有限公司工资表进行工资数据的查询。
要求：利用"筛选"命令查询"行政管理部门"员工的工资情况。

【操作步骤】
第一步，打开"员工工资表"工作表，选择"数据"中的"筛选"命令，如图6-22所示。

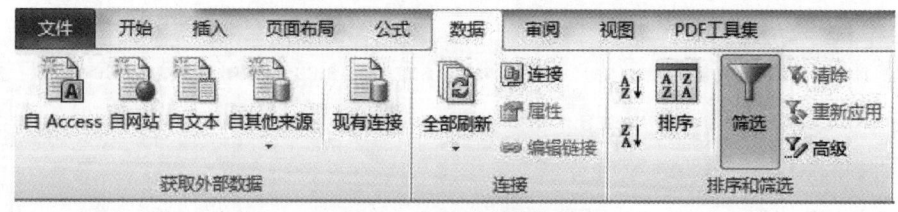

图6-22 选择"筛选"命令

第二步，进入筛选状态，在弹出的下拉列表中选择"行政管理部门"选项，如图6-23所示。获得筛选后的结果，如图6-24所示。

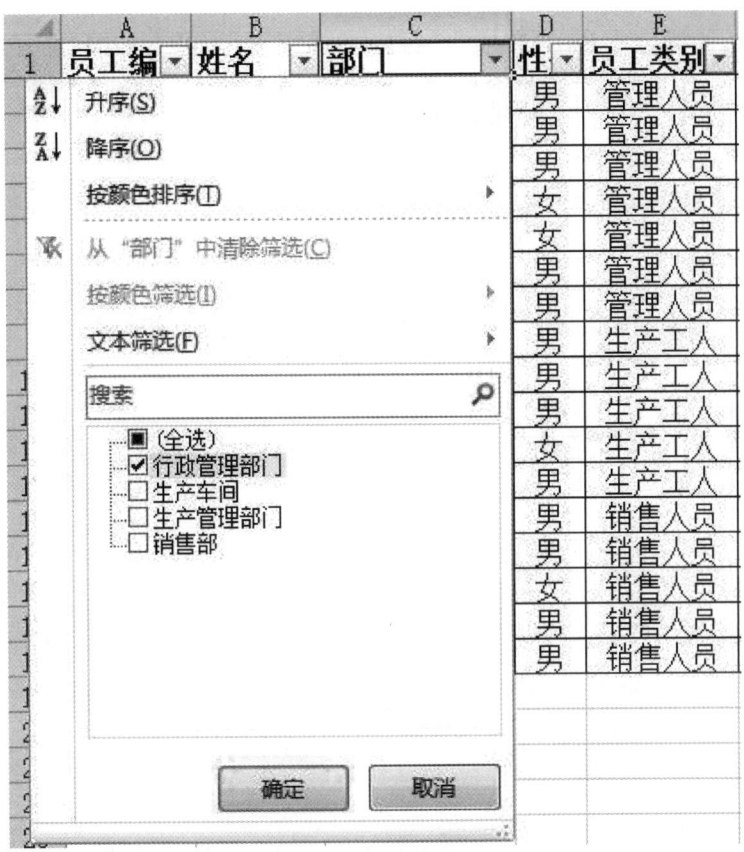

图 6-23 筛选部门

员工编	姓名	部门	性	员工类别	基本工资	岗位工	住房补	销售额	销售提	奖金	应发合
1001	孔祥瑞	行政管理部门	男	管理人员	6600	1000	350	0	0	300	8250
1002	李丰富	行政管理部门	男	管理人员	5500	1000	350	0	0	300	7150
1003	王小刚	行政管理部门	男	管理人员	3500	1000	350	0	0	300	5150
1004	张丽	行政管理部门	女	管理人员	3500	1000	350	0	0	300	5150

图 6-24 筛选部门结果

【例 6-4】 根据前述例题中烟台兴茂机械制造有限公司工资表进行工资数据的查询。

要求：利用"筛选"命令查询"销售部"员工"应发合计"大于 6 000 元的情况。

【操作步骤】

第一步，打开"员工工资表"工作表，选择"数据"中的"筛选"命令，进入筛选状态，点击"部门"，在弹出的下拉列表中选择"销售部"选项，查询结果如图 6-25 所示。

第二步，单击"应发合计"标题列右侧下拉列表，在下拉列表中的"数字筛选"二级菜单中的"大于"命令，如图 6-26 所示。

第三步，在弹出的"自定义自动筛选方式"对话框中，在"应发合计"大于文本框中输入">6000"，如图 6-27 所示，单击"确定"按钮，得到如图 6-28 所示的查询结果。

	A	B	C	D	E	F	G	H	I	J	K	L
1	员工编	姓名	部门	性	员工类别	基本工资	岗位工	住房补	销售额	销售提成	奖金	应发合
14	4001	张春晖	销售部	男	销售人员	5000	600	250	100	500	500	6350
15	4002	王牧	销售部	男	销售人员	3200	600	250	200	1500	1500	5550
16	4003	付明月	销售部	女	销售人员	3200	600	250	580	5300	5300	9350
17	4004	杨备	销售部	男	销售人员	2800	600	250	235	1850	1850	5500
18	4005	刘常会	销售部	男	销售人员	2800	600	250	540	4900	4900	8550

图 6-25 筛选"销售部"结果

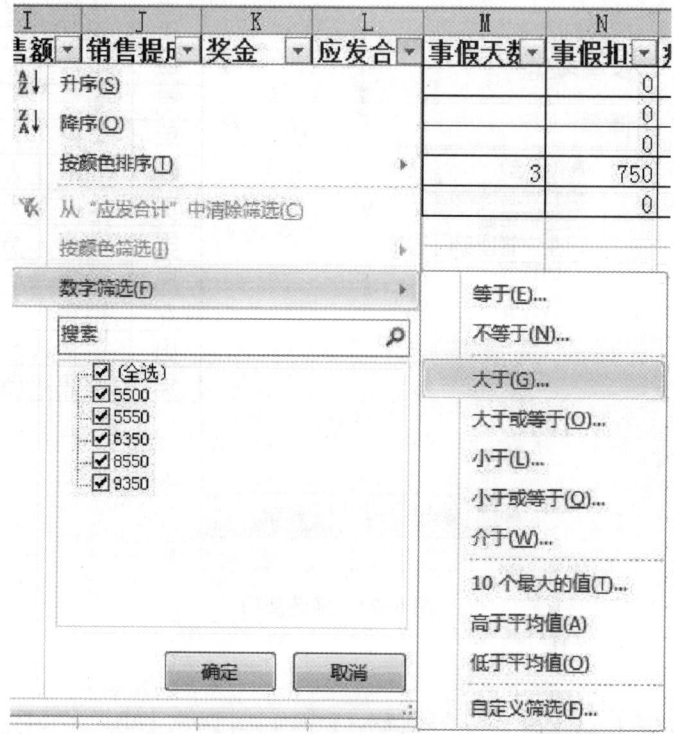

图 6-26 数字筛选内容

图 6-27 数字筛选选项

1	员工编	姓名	部门	性	员工类别	基本工资	岗位工	住房补	销售额	销售提	奖金	应发合计
14	4001	张春晖	销售部	男	销售人员	5000	600	250	100	500	500	6350
16	4003	付明月	销售部	女	销售人员	3200	600	250	580	5300	5300	9350
18	4005	刘常会	销售部	男	销售人员	2800	600	250	540	4900	4900	8550

图 6-28 数字筛选结果

（二）利用 VLOOKUP 功能进行工资数据的查询

当企业员工数据较多时，往往用 VLOOKUP 函数编辑，此时可以以员工姓名为基础，直接查询员工工资。

【例 6-5】 根据前述例题中烟台兴茂机械制造有限公司工资表进行工资数据的查询。

要求：使用 VLOOKUP 函数，根据员工姓名查询个人工资情况。

【操作步骤】

第一步，将工作表 Sheet2 重命名为"工资查询"。在新建的"工资查询"工作表中按图 6-29 所示，建立工资查询表，要求在姓名下方的单元格输入员工姓名后，在对应的其他单元格显示该员工的工资项目数据。

	A	B	C	D	E	F	G	H	I	J	K
1	姓名	部门	性别	员工类别	基本工资	岗位工资	住房补贴	销售额	销售提成	奖金	应发合计
2											
3		事假天数	事假扣款	病假天数	病假扣款	扣款合计	社保缴费基数	社会保险	应发工资	代扣税	实发合计
4											

图 6-29 工资查询工作表的设置

第二步，打开"员工工资表"，为了方便函数的设置，将工资数据区命名为"YTXM"。选择"公式"中的"名称管理器"选项，如图 6-30 所示。

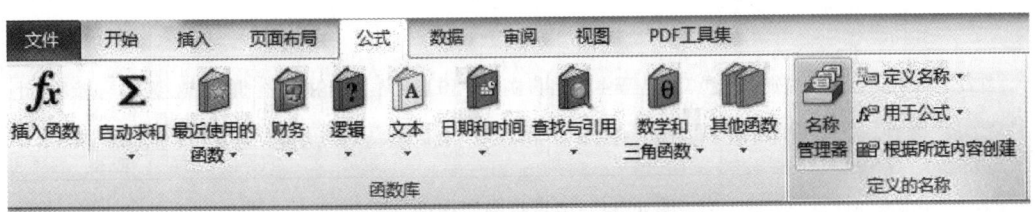

图 6-30 公式中的"名称管理器"选项

设定名称为"YTXM"，区域选择为"=员工工资表！$B$2:$V$18"，如图 6-31 所示，点击"确定"。

第三步，打开"工资查询"工作表，选定单元格 B2，插入函数，选择 VLOOKUP 函数，如图 6-32 所示。点击"确定"，在函数参数中设置如图 6-33 所示。

第四步，将单元格 B2 的该函数复制到其他单元格中，并依次修改"col_index_num"参数，即根据"YTXM"中的位置做相应修改。

第五步，在单元格 A2 中输入"孔祥瑞"，即可查询该员工的工资情况，如图 6-34 所示。

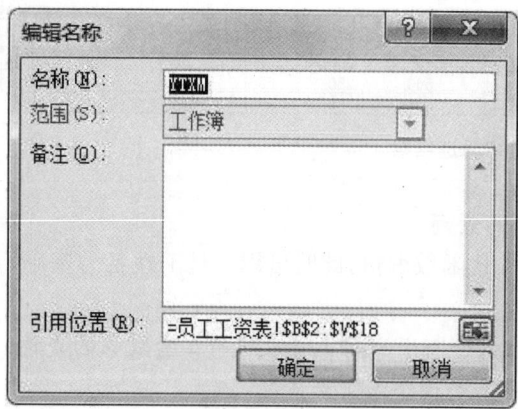
图6-31 "名称管理器"的设置

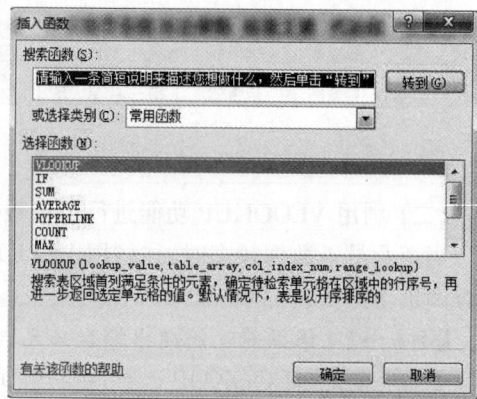
图6-32 选择插入VLOOKUP函数

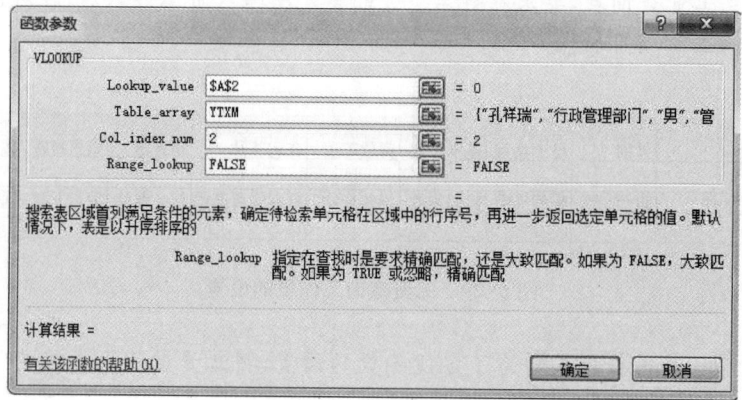
图6-33 VLOOKUP函数参数设置

	A	B	C	D	E	F	G	H	I	J	K
1	姓名	部门	性别	员工类别	基本工资	岗位工资	住房补贴	销售额	销售提成	奖金	应发合计
2	孔祥瑞	行政管理部门	男	管理人员	6600	1000	350	0		300	8250
3		事假天数	事假扣款	病假天数	病假扣款	扣款合计	社保缴费基数	社会保险	应发工资	代扣税	实发合计
4		0	0	0	0	0	5000	500	7750	82.5	7667.5

图6-34 工资查询表查询结果

二、工资数据的汇总分析

【例6-6】 根据前述例题中烟台兴茂机械制造有限公司工资表进行工资数据的汇总分析。

要求：利用数据透视表和数据透视图功能，分析各部门、各类型员工"应发工资"汇总情况。

【操作步骤】

第一步，打开"员工工资表"工作表。选择"插入"中的"表格"命令组，单击"数据透视表"

按钮,弹出"创建数据透视表"对话框,在对话框"选择一个表或区域"中输入"员工工资表!＄A＄1：＄V＄18"区域,选择放置数据透视表的位置为"新工作表",点击"确定",如图6-35所示。

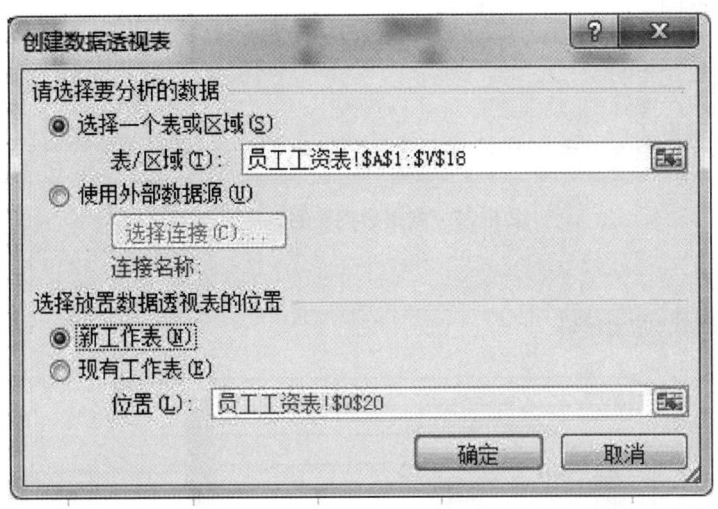

图6-35　创建数据透视表

第二步,创建一个新的数据透视表工作表,并显示"数据透视表字段"任务窗格,如图6-36所示。

图6-36　数据透视表的任务窗格

第三步,将字段"部门"拖至行字段,将"员工类别"拖至列字段,将"应发工资"拖至值字段,从而得到"应发工资"按照部门与员工类别的数据透视汇总表,如图6-37所示。

第四步,点击"选项"中的"数据透视图",选择"插入图表"的类型,即可得到数据透视图,如图6-38所示。

	A	B	C	D	E
1					
2					
3	求和项:应发工资	员工类别 ▼			
4	部门 ▼	管理人员	生产工人	销售人员	总计
5	行政管理部门	20145			20145
6	生产车间		16200		16200
7	生产管理部门	11700			11700
8	销售部			32550	32550
9	总计	31845	16200	32550	80595

图 6-37 数据透视表的数据汇总

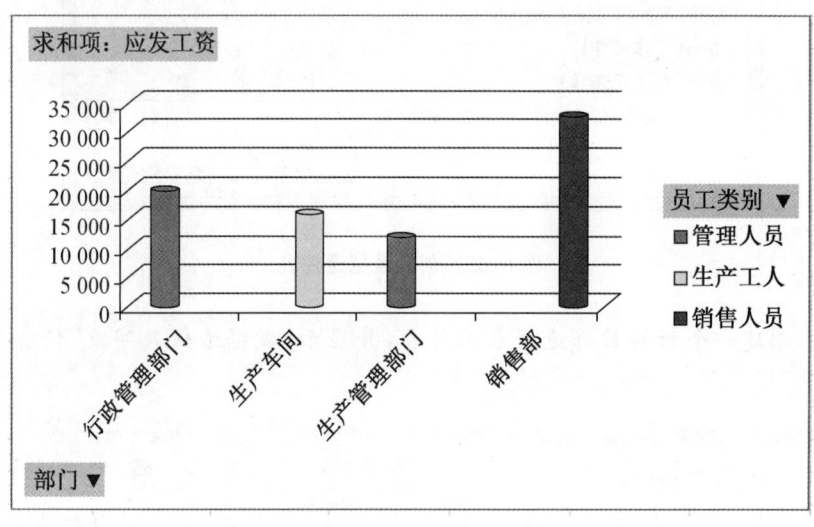

图 6-38 数据透视图

第四节 打印工资发放条

工资条是发放给企业职工的工资清单。工资条对每一项工资数据都记载清晰,包括该员工工资的各个组成部分的内容和数值。

【例 6-7】 沿用前述例题中烟台兴茂机械制造有限公司工资表。

要求:制作并打印工资条。

【操作步骤】

第一步,复制"员工工资表"工作表,将新工作表重命名为"工资发放条"。

第二步,在"工资发放条"工作表的第 3 行前插入 3 个空白行。复制员工工资表的标题至工作表第 5 行,如图 6-39 所示。

第三步,选择第 3、4、5 列,复制,右键点击第 7 列,选择"插入复制的单元格",使其复制到该职工的信息之前,如图 6-40 所示。

	A	B	C	D	E	F	G	H	I	J	K	L
1	员工编号	姓名	部门	性别	员工类别	基本工资	岗位工资	住房补贴	销售额	销售提成	奖金	应发合计
2	1001	孔祥瑞	行政管理部门	男	管理人员	6600	1000	350	0	0	300	8250
3												
4												
5	员工编号	姓名	部门	性别	员工类别	基本工资	岗位工资	住房补贴	销售额	销售提成	奖金	应发合计
6	1002	李丰富	行政管理部门	男	管理人员	5500	1000	350	0	0	300	7150
7	1003	王小刚	行政管理部门	男	管理人员	3500	1000	350	0	0	300	5150
8	1004	张丽	行政管理部门	女	管理人员	3500	1000	350	0	0	300	5150
9	2001	赵小英	生产管理部门	女	管理人员	2500	1000	350	0	0	400	4250
10	2002	于传强	生产管理部门	男	管理人员	2500	1000	350	0	0	400	4250
11	2003	刘伟	生产管理部门	男	管理人员	2500	1000	350	0	0	400	4250
12	3001	王亭	生产车间	男	生产工人	3800	500	200	0	0	350	4850
13	3002	孙思泽	生产车间	男	生产工人	3200	500	200	0	0	350	4250
14	3003	王洋	生产车间	男	生产工人	2100	500	200	0	0	350	3150
15	3004	陈玉	生产车间	女	生产工人	2100	500	200	0	0	350	3150
16	3005	刘大为	生产车间	男	生产工人	1800	500	200	0	0	350	2850
17	4001	张春晖	销售部	男	销售人员	5000	600	250	100	500	500	6350
18	4002	王牧	销售部	男	销售人员	3200	600	250	200	1500	1500	5550
19	4003	付明月	销售部	女	销售人员	3200	600	250	580	5300	5300	9350
20	4004	杨备	销售部	男	销售人员	2800	600	250	235	1850	1850	5500
21	4005	刘常会	销售部	男	销售人员	2800	600	250	540	4900	4900	8550

图 6-39　在"工资发放条"表中插入行与复制标题

	A	B	C	D	E	F	G	H	I	J	K	L
1	员工编号	姓名	部门	性别	员工类别	基本工资	岗位工资	住房补贴	销售额	销售提成	奖金	应发合计
2	1001	孔祥瑞	行政管理部门	男	管理人员	6600	1000	350	0	0	300	8250
3												
4												
5	员工编号	姓名	部门	性别	员工类别	基本工资	岗位工资	住房补贴	销售额	销售提成	奖金	应发合计
6	1002	李丰富	行政管理部门	男	管理人员	5500	1000	350	0	0	300	7150
7												
8												
9	员工编号	姓名	部门	性别	员工类别	基本工资	岗位工资	住房补贴	销售额	销售提成	奖金	应发合计
10	1003	王小刚	行政管理部门	男	管理人员	3500	1000	350	0	0	300	5150
11	1004	张丽	行政管理部门	女	管理人员	3500	1000	350	0	0	300	5150
12	2001	赵小英	生产管理部门	女	管理人员	2500	1000	350	0	0	400	4250
13	2002	于传强	生产管理部门	男	管理人员	2500	1000	350	0	0	400	4250
14	2003	刘伟	生产管理部门	男	管理人员	2500	1000	350	0	0	400	4250
15	3001	王亭	生产车间	男	生产工人	3800	500	200	0	0	350	4850
16	3002	孙思泽	生产车间	男	生产工人	3200	500	200	0	0	350	4250
17	3003	王洋	生产车间	男	生产工人	2100	500	200	0	0	350	3150
18	3004	陈玉	生产车间	女	生产工人	2100	500	200	0	0	350	3150
19	3005	刘大为	生产车间	男	生产工人	1800	500	200	0	0	350	2850
20	4001	张春晖	销售部	男	销售人员	5000	600	250	100	500	500	6350
21	4002	王牧	销售部	男	销售人员	3200	600	250	200	1500	1500	5550
22	4003	付明月	销售部	女	销售人员	3200	600	250	580	5300	5300	9350
23	4004	杨备	销售部	男	销售人员	2800	600	250	235	1850	1850	5500
24	4005	刘常会	销售部	男	销售人员	2800	600	250	540	4900	4900	8550

图 6-40　在"工资发放条"表中复制单元格

第四步，重复操作过程，并根据页面宽度，对"工资发放条"工作表做相应的调整，如字体调整，加边框，插入"月份"将"销售额""事假天数""病假天数"单元格隐藏，使打印的工资发放条美观整洁，如图6-41所示。

第五步，打印工资发放条。打开"工资发放条"工作表。选择要打印的工资发放条区域范围，选择"文件"中的"打印"命令，打开如图6-42所示的打印窗口，点击打印按钮即可打印。

月份	员工编号	姓名	部门	性别	员工类别	基本工资	岗位工资	住房补贴	销售提成	奖金	应发合计	事假扣款	病假扣款	扣款合计	社会保险	应发工资	代扣税	实发合计
2021年12月	1001	孔祥瑞	行政管理部门	男	管理人员	6600	1000	350	0	300	8250	0	0	0	500	7750	82.5	7667.5

月份	员工编号	姓名	部门	性别	员工类别	基本工资	岗位工资	住房补贴	销售提成	奖金	应发合计	事假扣款	病假扣款	扣款合计	社会保险	应发工资	代扣税	实发合计
2021年12月	1002	李丰富	行政管理部门	男	管理人员	5500	1000	350	0	300	7150	0	0	0	550	6600	48	6552

月份	员工编号	姓名	部门	性别	员工类别	基本工资	岗位工资	住房补贴	销售提成	奖金	应发合计	事假扣款	病假扣款	扣款合计	社会保险	应发工资	代扣税	实发合计
2021年12月	1003	王小刚	行政管理部门	男	管理人员	3500	1000	350	0	300	5150	0	0	0	450	4700	0	4700

月份	员工编号	姓名	部门	性别	员工类别	基本工资	岗位工资	住房补贴	销售提成	奖金	应发合计	事假扣款	病假扣款	扣款合计	社会保险	应发工资	代扣税	实发合计
2021年12月	1004	张丽	行政管理部门	女	管理人员	3500	1000	350	0	300	5150	3605	0	3605	450	1095	0	1095

月份	员工编号	姓名	部门	性别	员工类别	基本工资	岗位工资	住房补贴	销售提成	奖金	应发合计	事假扣款	病假扣款	扣款合计	社会保险	应发工资	代扣税	实发合计
2021年12月	2001	赵小英	生产管理部门	女	管理人员	2500	1000	350	0	400	4250	0	0	0	350	3900	0	3900

月份	员工编号	姓名	部门	性别	员工类别	基本工资	岗位工资	住房补贴	销售提成	奖金	应发合计	事假扣款	病假扣款	扣款合计	社会保险	应发工资	代扣税	实发合计
2021年12月	2002	于传强	生产管理部门	男	管理人员	2500	1000	350	0	400	4250	0	0	0	350	3900	0	3900

图 6-41 "工资发放条"表格的打印调整

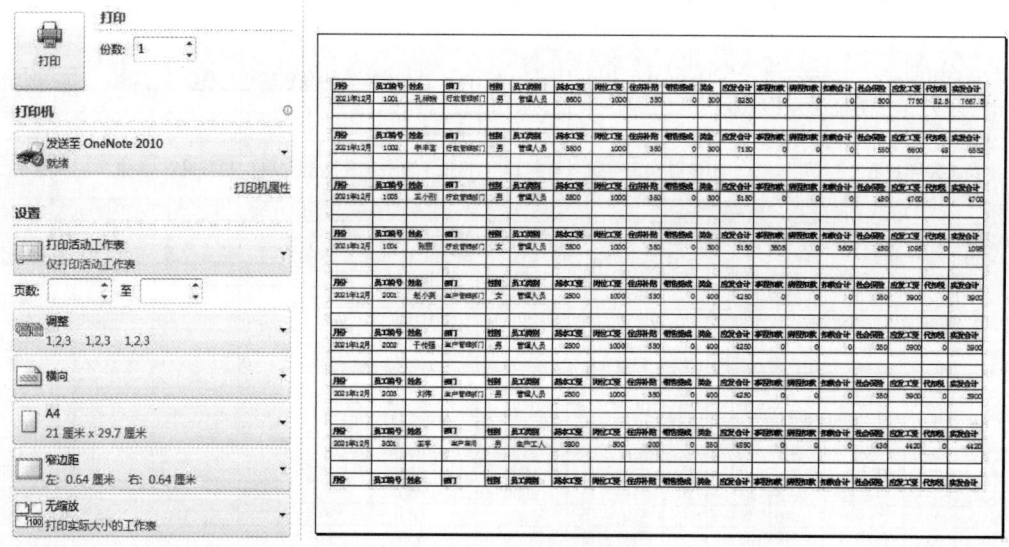

图 6-42 打印"工资发放条"

本章练习

一、单项选择题

1. （　　）是根据考勤记录登记的每一职工出勤和缺勤的天数，按照企业规定的工资标准计算的工资。
   A. 奖金　　　　　B. 计时工资　　　　C. 计件工资　　　　D. 津贴补贴

2. 由于用来加工产品的原材料、半成品和零部件质量不符合要求而造成的废品是指（　　）。
   A. 工废品　　　　B. 料废品　　　　　C. 工料废品　　　　D. 以上皆不是

3. 下列各项中，属于按国家规定由企业和职工共同负担的费用是（　　）。
   A. 个人所得税　　B. 社会保险费　　　C. 失业保险费　　　D. 生育保险费

4. 在"病假扣款"的设置中，公司规定如果病假大于等于10天，扣除应发工资的30%；大于3天少于10天的，生产工人扣款500元，非生产工人扣款800元；小于等于3天，不扣款。O2为"病假天数"，L2为"应发工资"，E2为"员工类别"，则使用（　　）公式。
   A. =IF(O2<=3,0,IF(O2>=10,L2*30%,IF(E2="生产工人",500,800)))
   B. =IF(O2<=3,0,IF(O2>=10,L2*30%,IF(E2="生产工人",800,500)))
   C. =IF(O2<=3,500,IF(O2>=10,L2*30%,IF(E2="生产工人",0,800)))
   D. =IF(O2<=3,800,IF(O2>=10,L2*30%,IF(E2="生产工人",500,0)))

5. 在制作"员工工资表"工作表时，将具有会计数据的列的数字格式设置为（　　）。
   A. 数字　　　　　B. 文本　　　　　　C. 会计专用　　　　D. 其他

6. （　　）项目为"应发合计"减"扣款合计""社会保险"项目。
   A. "应发工资"　　　　　　　　　　　B. "代扣税"
   C. "实发合计"　　　　　　　　　　　D. 以上皆不是

7. 在Excel表格中，查询"行政管理部门"员工的工资情况应使用（　　）。
   A. 筛选命令　　　B. 数据透视表　　　C. IF函数　　　　D. 以上皆不是

二、多项选择题

1. 工资标准按其计算时间的不同，有（　　）。
   A. 月工资　　　　B. 日工资　　　　　C. 年工资　　　　　D. 小时工资

2. 职工基本工资表是用来记录职工工资的构成和数据的表格，包含的基本项目可以有（　　）。
   A. 基本工资　　　B. 岗位工资　　　　C. 工龄工资　　　　D. 奖金

3. 分析员工工资表中各部门、各类型员工"应发工资"项目汇总情况，可使用（　　）。
   A. 筛选功能　　　B. 数据透视表　　　C. IF函数　　　　　D. 数据透视图

4. 计算计件工资的产品产量，包括（　　）。
   A. 合格产品数量　B. 料废品数量　　　C. 工废品数量　　　D. 半成品数量

三、判断题

1. 工资是企业在一定时间内直接支付给本单位职工的劳动报酬,是企业进行各种费用计提的基础。( )
2. "应发合计"项目为"基本工资""岗位工资"项目之和。( )
3. 在员工工资数据表中,除员工编号、姓名、部门、性别、员工类别、基本工资、病假天数、事假天数项目这些基本信息外,公司对其他项目往往具有一定的发放标准。( )
4. 使用数据透视表可以对员工工资进行统计分析。( )
5. 当企业员工数据较多时,往往用到数据透视表,此时可以以员工姓名为基础,直接查询员工工资。( )
6. 为了给数据区命名,可以选择"公式"中的"名称管理器"选项。( )
7. 工资条是发放给企业职工的工资清单,在工资条内仅有该企业员工工资总额的内容。( )
8. 加班加点工资是支付给职工因在节假日或规定工作时间以外劳动的劳动报酬。( )

四、思考题

1. 工资与工资管理的含义是什么?
2. 计时工资有哪些类别?
3. 职工薪酬的含义与内容有哪些?
4. 如何区分工资结算和工资分配?

五、业务操作题

1. 烟台三立有限公司2021年12月的工资、销售额、出勤记录、社保缴费基数等资料如图6-43所示。

	A	B	C	D	E	F	G	H	I	J
1	员工编号	姓名	部门	性别	员工类别	基本工资	销售额	事假天数	病假天数	社保缴费基数
2	1001	刘东	管理部门	男	管理人员	8700	0			8000
3	1002	王玉莹	管理部门	女	管理人员	6600	0	16		6000
4	1003	张洪庆	管理部门	男	管理人员	6500	0			6000
5	1004	刘玲	管理部门	女	管理人员	3500	0		2	3200
6	1005	陈伟	管理部门	男	管理人员	3500	0			3200
7	2001	从加深	生产车间	男	管理人员	6500	0			7500
8	2002	吴妮妮	生产车间	女	管理人员	5500	0			6000
9	2003	赵宇	生产车间	男	生产工人	3800	0	11		4000
10	2004	宋思明	生产车间	男	生产工人	3200	0			4000
11	2005	陈丹	生产车间	男	生产工人	3900	0			4000
12	2006	林立衡	生产车间	男	生产工人	3200	0			3500
13	3001	刘青青	销售部门	女	销售人员	8000	146		12	8000
14	3002	杨峰	销售部门	男	销售人员	5000	200			5000
15	3003	付冬冬	销售部门	男	销售人员	3200	158			3000

图6-43 烟台三立有限公司2021年12月员工工资相关资料

根据公司的有关规定,工资项目的具体规定如下:

(1) 岗位工资。根据"员工类别"发放,管理人员为800元,生产工人为500元,销售人员为600元。

(2) 住房补贴。根据"员工类别"发放,管理人员为500元,生产工人为300元,销售人员为350元。

(3) 奖金。根据"部门"类别发放,根据部门效益确定。本月管理部门奖金为300元,生产车间奖金为500元。销售部门奖金与个人销售额有关,完成基本销售额100万元的,奖金为500元;超额完成的,按超出金额的0.1%提成;未完成基本销售额的,没有奖金。

(4) 事假扣款。公司规定如果事假少于15天,将应发工资平均到每天(每月按22天计算),按天扣款;如果事假大于等于15天,扣除应发工资的70%。

(5) 病假扣款。公司规定如果病假大于等于10天,扣除应发工资的30%;大于3天少于10天的,生产工人扣款300元,非工人扣款350元;小于等于3天,不扣款。

(6) 社会保险扣款。社会保险费按照社保缴费基数的10%扣除。

(7) 代扣税。公司依据相关个人所得税税率表进行扣除。

要求:

(1) 编制该公司的"员工工资表",工资表基础信息设置如图6-44、图6-45所示。

A	B	C	D	E	F	G	H	I	J
员工编号	姓名	部门	性别	员工类别	基本工资	岗位工资	住房补贴	奖金	应发合计

图6-44 工资基础信息设置1

K	L	M	N	O	P	Q	R	S
事假天数	事假扣款	病假天数	病假扣款	扣款合计	社会保险	应发工资	代扣税	实发合计

图6-45 工资基础信息设置2

(2) 使用VLOOKUP函数对该公司的工资进行查询,如图6-46所示。

A	B	C	D	E	F	G	H	I	J	K
姓名	部门	性别	员工类别	基本工资	岗位工资	住房补贴	销售额	销售提成	奖金	应发合计
事假天数	事假扣款	病假天数	病假扣款	扣款合计	社保缴费基数	社会保险	应发工资	代扣税	实发合计	

图6-46 烟台三立有限公司工资查询表

(3) 建立并编制工作表"员工工资发放条"。

2. 烟台前程有限公司2021年12月的工资、出勤记录等资料如图6-47所示。根据公司的有关规定,工资项目的具体规定如下:

(1) 岗位工资。根据"员工类别"发放,管理人员为600元,生产工人为500元,销售人员为600元。

(2) 住房补贴。根据"员工类别"发放,管理人员为400元,生产工人为300元,销售人员为350元。

(3) 事假扣款。公司规定如果事假少于15天,将应发工资平均到每天(每月按22天计算),按天扣款;如果事假大于等于15天,扣除应发工资的70%。

(4) 病假扣款。公司规定如果病假大于等于10天,扣除应发工资的30%;大于3天少于10天的,生产工人扣款300元,非工人扣款350元;小于等于3天,不扣款。

	A	B	C	D	E	F	G	H
1	员工编号	姓名	部门	性别	员工类别	基本工资	事假天数	病假天数
2	1001	王若英	管理部门	女	管理人员	6000		
3	1002	刘萍	管理部门	女	管理人员	4500		
4	1003	张宗亭	管理部门	男	管理人员	4500	2	
5	2001	陈华	生产车间	男	生产工人	3500		
6	2002	张晓东	生产车间	男	生产工人	3500		
7	2003	田青	生产车间	男	生产工人	3500		
8	2004	林雷	生产车间	女	生产工人	3500		10
9	2005	乔宇	生产车间	男	生产工人	3500		
10	2006	王杨	生产车间	男	生产工人	3500		
11	2007	林松	销售部门	男	生产工人	3500		
12	2008	刘芬	销售部门	女	生产工人	3500		2
13	3001	赵明起	销售部门	男	销售人员	3000		
14	3002	张彤彤	销售部门	女	销售人员	3000		
15	3003	刘元	销售部门	男	销售人员	3000		

图 6-47 烟台前程有限公司 2021 年 12 月员工工资相关资料

(5) 假设不考虑其他情况。

要求：

(1) 编制该公司的"员工工资表"，工资表基础信息设置如图 6-48 所示。

	A	B	C	D	E	F	G	H	I	J	K	L	M	N	O
1	员工编号	姓名	部门	性别	员工类别	基本工资	岗位工资	住房补贴	应发合计	事假天数	事假扣款	病假天数	病假扣款	扣款合计	应发工资

图 6-48 工资基础信息设置

(2) 使用数据透视表对员工工资进行统计分析，分析各部门、各类型员工"应发工资"汇总情况。

(3) 建立并编制工作表"员工工资发放条"。

第七章　Excel 在会计报表中的应用

> **知识导航**
>
> Excel 在会计报表中的应用
> - 会计报表概述
>   - 会计报表的概念
>   - 会计报表的分类
>   - 会计报表的编制要求
> - Excel 在资产负债表中的应用
>   - 资产负债表的概念与结构
>   - 资产负债表的填列方法
>   - Excel 在资产负债表中的应用举例
> - Excel 在利润表中的应用
>   - 利润表的概念与结构
>   - 利润表的填列方法
>   - Excel 在利润表中的应用举例
> - Excel 在现金流量表中的应用
>   - 现金流量表的概念与结构
>   - 现金流量的分类
>   - Excel 在现金流量表中的应用举例

学习目标

1. 了解会计报表的概念、分类以及编制要求
2. 熟悉利用 Excel 编制现金流量表
2. 掌握利用 Excel 编制资产负债表的方法
3. 掌握利用 Excel 编制利润表的方法

第一节　会计报表概述

一、会计报表的概念

会计报表是以企业的会计凭证、会计账簿和其他会计资料为依据，按照公认的会计准则和会计制度的要求，定期编制并对外报送的、以货币作为计量单位，总括地反映企业某一日期的财务状况和一定时期的经营成果、现金流量的书面报告文件。

企业的会计报表是企业会计核算的最终成果，是企业对外提供财务信息的重要形式，甚至可以说，企业的日常会计核算工作都是为了期末编制会计报表积累资料和做好前期

的准备工作。企业的外部利益相关者，如投资者、债权人、政府管理部门等，要了解企业的财务状况、经营成果和现金流量等方面的信息，主要渠道就是企业编制和对外提供的会计报表。

二、会计报表的分类

1. 会计报表按编报时间不同分类

会计报表按编报时间不同，可分为中期会计报表和年度会计报表。中期会计报表是指以短于一个完整会计年度的报告期间为基础编制的会计报表，包括月报、季报和半年报等。

2. 会计报表按反映内容不同分类

会计报表按其反映内容不同，可以分为资产负债表、利润表、现金流量表和所有者权益变动表等。

3. 会计报表按编报主体不同分类

会计报表按编报主体不同，可以分为个别会计报表和合并会计报表。其中，个别会计报表是由企业在自身会计核算的基础上对账簿记录进行加工而编制的会计报表，主要用以反映企业自身的财务状况、经营成果和现金流量情况。

三、会计报表的编制要求

为了使会计报表能够最大限度地满足有关方面的需要，实现编制会计报表的基本目的，充分发挥会计报表的作用，企业编制的会计报表应当遵循真实可靠、相关可比、全面完整、编报及时、便于理解的原则，符合国家统一的会计准则的有关规定。

第二节 Excel在资产负债表中的应用

一、资产负债表的概念与结构

1. 资产负债表的概念

资产负债表又称财务状况表，是反映企业在某一特定日期财务状况的报表，也称为静态报表。它是根据"资产＝负债＋所有者权益"这一会计等式，按照一定的分类标准和顺序，把企业某一日期的资产、负债和所有者权益各项目予以适当排列，并对日常工作中形成的大量数据进行加工整理后编制而成的。

2. 资产负债表的结构

我国会计实务中使用账户式的资产负债表。资产负债表中的资产分成流动资产和非流动资产两大类，资产项目按其流动性由强到弱依次排列列示。负债分成流动负债和非流动负债两大类，负债项目按其流动性由强到弱依次排列列示。所有者权益项目按其永久性由强到弱依次排列列示。

我国资产负债表（适用于已执行新金融准则、新收入准则和新租赁准则的企业）具体格式如表7-1所示。

表 7-1　　　　　　　　　　　　　　　资产负债表　　　　　　　　　　　　　　　会企 01 表

编制单位：_____　　　　　　_____年_____月_____日　　　　　　　　　　单位：元

资产	期末余额	上年年末余额	负债和所有者权益（或股东权益）	期末余额	上年年末余额
流动资产：			流动负债：		
货币资金			短期借款		
交易性金融资产			交易性金融负债		
衍生金融资产			衍生金融负债		
应收票据			应付票据		
应收账款			应付账款		
应收款项融资			预收款项		
预付款项			合同负债		
其他应收款			应付职工薪酬		
存货			应交税费		
合同资产			其他应付款		
持有待售资产			持有待售负债		
一年内到期的非流动资产			一年内到期的非流动负债		
其他流动资产			其他流动负债		
流动资产合计			流动负债合计		
非流动资产：			非流动负债：		
债权投资			长期借款		
其他债权投资			应付债券		
长期应收款			其中：优先股		
长期股权投资			永续债		
其他权益工具投资			租赁负债		
其他非流动金融资产			长期应付款		
投资性房地产			预计负债		
固定资产			递延收益		
在建工程			递延所得税负债		
生产性生物资产			其他非流动负债		
油气资产			非流动负债合计		
使用权资产			负债合计		
无形资产			所有者权益(或股东权益)：		

(续表)

资产	期末余额	上年年末余额	负债和所有者权益(或股东权益)	期末余额	上年年末余额
开发支出			实收资本(或股本)		
商誉			其他权益工具		
长期待摊费用			其中：优先股		
递延所得税资产			永续债		
其他非流动资产			资本公积		
非流动资产合计			减：库存股		
			其他综合收益		
			专项储备		
			盈余公积		
			未分配利润		
			所有者权益(或股东权益)合计		
资产总计			负债和所有者权益(或股东权益)总计		

二、资产负债表的填列方法

1. "上年年末余额"栏的填列方法

资产负债表中"上年年末余额"栏通常根据上年年末有关项目的期末余额填列，且与上年年末资产负债表"期末余额"栏一致。

2. "期末余额"栏的填列方法

（1）根据总分类账科目余额填列。资产负债表"期末余额"栏，一般应根据资产类、负债类和所有者权益类总账科目的期末余额填列，如"递延所得税资产""短期借款""递延所得税负债""实收资本(或股本)""资本公积""库存股""其他综合收益""盈余公积"等项目。有些项目则需根据几个总账账户的期末余额计算填列，如"货币资金"项目，需根据"库存现金""银行存款""其他货币资金"三个总账账户期末余额的合计数填列。

（2）根据明细账科目余额计算填列。例如，资产负债表中"应付账款"项目，需要根据"应付账款"和"预付账款"两个账户所属的相关明细账户的期末贷方余额合计数填列；"预收款项"项目需要根据"预收账款"和"应收账款"两个账户所属的相关明细账户的期末贷方余额合计数填列。

（3）根据总账科目和明细科目余额分析计算填列。例如，资产负债表中"长期借款"项目，需要根据"长期借款"总账账户余额扣除"长期借款"账户所属的明细账户中将在资产负债表日起一年内到期且企业不能自主地将清偿义务展期的长期借款后的金额计算填列；"长期待摊费用"项目，需要根据"长期待摊费用"总账账户余额扣除"长期待摊费用"账户所属的明细账户中将在资产负债表日起一年内摊销的数额后的金额计算填列。

（4）根据有关科目余额减去其备抵科目余额后的净额填列。例如，资产负债表中的"长期股权投资"项目，应根据"长期股权投资"账户的期末余额减去"长期股权投资减值准备"账户余额后的净额填列；"固定资产"项目，应根据"固定资产"账户的期末余额减去"累计折旧""固定资产减值准备"两个备抵账户余额，并加上（或减去）"固定资产清理"账户借方（或贷方）余额后的净额填列；"无形资产"项目，应根据"无形资产"账户的期末余额，减去"累计摊销""无形资产减值准备"账户余额后的净额填列。

（5）综合运用上述填列方法填列。例如，资产负债表中的"存货"项目，需根据"原材料""库存商品""委托加工物资""周转材料""材料采购""在途物资""发出商品""生产成本"等总账账户期末余额的分析汇总数，并加上（或减去）"材料成本差异"借方（或贷方）余额，再减去"存货跌价准备"账户余额后的金额填列；"应收账款"项目，需要根据"应收账款"和"预收账款"两个账户所属的相关明细账户中期末借方余额合计数减去"坏账准备"账户中相关余额后的净额填列。

三、Excel在资产负债表中的应用举例

【例7-1】 烟台兴茂机械制造有限公司2021年9月的科目余额如表7-2所示。

要求：根据科目余额表，利用Excel编制烟台兴茂机械制造有限公司2021年9月30日的资产负债表。

表7-2　　　　　　　　　　　　　科目余额表
单位：烟台兴茂机械制造有限公司　　　　2021年9月

总账科目	期初余额		本期发生额		期末余额	
	借方金额	贷方金额	借方金额	贷方金额	借方金额	贷方金额
库存现金	3 200.00				3 200.00	
银行存款	1 918 000.00		2 194 630.00	3 503 393.00	609 237.00	
其他货币资金	158 000.00			144 000.00	14 000.00	
交易性金融资产	26 900.00		3 000.00		29 900.00	
应收票据	85 000.00		224 000.00	309 000.00	—	
应收账款	394 800.00		565 000.00	6 500.00	953 300.00	
坏账准备		8 000.00	6 500.00	17 566.00		19 066.00
预付账款	63 500.00		275 500.00	339 000.00	—	
应收股利	—		40 000.00	40 000.00		
其他应收款	6 000.00				6 000.00	
材料采购	105 000.00		424 300.00	229 300.00	300 000.00	
原材料	103 200.00		224 600.00	300 000.00	27 800.00	
周转材料	65 000.00			60 000.00	5 000.00	
生产成本	—		1 076 600.00	1 076 600.00		
制造费用	—		252 600.00	252 600.00		

(续表)

总账科目	期初余额		本期发生额		期末余额	
	借方金额	贷方金额	借方金额	贷方金额	借方金额	贷方金额
库存商品	128 000.00		1 076 600.00	850 000.00	354 600.00	
材料成本差异	3 500.00		5 000.00	7 500.00	1 000.00	
存货跌价准备		7 500.00		11 190.00		18 690.00
待处理财产损溢	—		10 000.00	10 000.00	—	
其他权益工具投资	80 000.00		15 000.00		95 000.00	
长期股权投资	210 000.00				210 000.00	
长期股权投资减值准备		3 500.00				3 500.00
固定资产清理			343 900.00	343 900.00	—	
固定资产	3 109 000.00		1 581 500.00	960 000.00	3 730 500.00	
累计折旧		605 000.00	485 000.00	135 000.00		255 000.00
固定资产减值准备		185 000.00	125 000.00	10 000.00		70 000.00
工程物资			130 000.00		130 000.00	
在建工程	1 500 000.00		560 000.00	1 500 000.00	560 000.00	
研发支出			83 100.00	65 100.00	18 000.00	
无形资产	1 300 000.00				1 300 000.00	
累计摊销		240 000.00		80 000.00		320 000.00
递延所得税资产			9 689.00		9 689.00	
短期借款		550 000.00	300 000.00			250 000.00
应付票据		230 000.00	140 000.00			90 000.00
应付账款		750 000.00	95 000.00			655 000.00
应付职工薪酬		51 000.00	1 026 000.00	975 000.00		—
应交税费		50 800.00	339 363.00	339 722.25		51 159.25
其他应付款		68 000.00				68 000.00
应付利息		14 000.00	10 000.00	22 000.00		26 000.00
应付股利				80 000.00		80 000.00
长期借款		1 800 000.00	860 000.00	670 500.00		1 610 500.00
递延所得税负债		7 000.00		4 500.00		11 500.00
实收资本		1 100 000.00				1 100 000.00
资本公积		3 344 800.00				3 344 800.00
其他综合收益		4 500.00	3 750.00	15 000.00		15 750.00
盈余公积		150 000.00		20 826.08		170 826.08

(续表)

总账科目	期初余额		本期发生额		期末余额	
	借方金额	贷方金额	借方金额	贷方金额	借方金额	贷方金额
本年利润			1 643 000.00	1 643 000.00	—	
利润分配		90 000.00	201 652.16	309 086.83		197 434.67
主营业务收入			1 600 000.00	1 600 000.00		
主营业务成本			850 000.00	850 000.00	—	
税金及附加			12 463.00	12 463.00		
销售费用			22 000.00	22 000.00		
管理费用			340 700.00	340 700.00		
财务费用			47 500.00	47 500.00		
投资收益			40 000.00	40 000.00	—	
公允价值变动损益			3 000.00	3 000.00		
信用减值损失			17 566.00	17 566.00		
资产减值损失			21 190.00	21 190.00		
资产处置损益			43 900.00	43 900.00		
营业外支出			10 000.00	10 000.00		
所得税费用			69 420.25	69 420.25		
合计	9 259 100.00	9 259 100.00	17 408 023.41	17 408 023.41	8 357 226.00	8 357 226.00

【操作步骤】

第一步,打开"第七章 Excel在会计报表中的应用"工作簿。

第二步,在"科目余额表"工作表中创建过渡的单元格区域O5:P18,录入1～12月和1～12月的月末日期,如图7-1所示。

第三步,在"科目余额表"工作表中选择单元格P5,输入公式"=Vlookup(G3,O7:P18,2,0)"。

第四步,在"资产负债表"工作表中选择单元格D3:E3,合并居中,在合并居中后的单元格中输入公式"=科目余额表!E3&"年"&科目余额表!G3&"月"&科目余额表!P5&"日""。设置公式后,资产负债表可自动获取"科目余额表"的年月,并加上月末的日期,形成"资产负债表"的日期。

第五步,参照表7-3和表7-4录入资产负债表公式,自动生成的资产负债表如表7-5所示。

	每月末日期	
	月	日
	1	31
	2	28
	3	31
	4	30
	5	31
	6	30
	7	31
	8	31
	9	30
	10	31
	11	30
	12	31

图7-1 1～12月的月末日期

表 7-3　　　　　　　　　　　资产负债表资产项目公式

资产	行次	期末余额	期初余额
流动资产：			
货币资金	1	=IFERROR(VLOOKUP("库存现金",科目余额表!B6:K66,9,0),0)+IFERROR(VLOOKUP("银行存款",科目余额表!B6:K66,9,0),0)+IFERROR(VLOOKUP("其他货币资金",科目余额表!B6:K66,9,0),0)	=IFERROR(VLOOKUP("库存现金",科目余额表!B6:D66,2,0),0)+IFERROR(VLOOKUP("银行存款",科目余额表!B6:D66,2,0),0)+IFERROR(VLOOKUP("其他货币资金",科目余额表!B6:D66,2,0),0)
交易性金融资产	2	=IFERROR(VLOOKUP("交易性金融资产",科目余额表!B6:K66,9,0),0)	=IFERROR(VLOOKUP("交易性金融资产",科目余额表!B6:D66,2,0),0)
衍生金融资产	3	=IFERROR(VLOOKUP("衍生金融资产",科目余额表!B6:K66,9,0),0)	=IFERROR(VLOOKUP("衍生金融资产",科目余额表!B6:D66,2,0),0)
应收票据	4	=IFERROR(VLOOKUP("应收票据",科目余额表!B6:K66,9,0),0)	=IFERROR(VLOOKUP("应收票据",科目余额表!B6:D66,2,0),0)
应收账款	5	=IFERROR(VLOOKUP("应收账款",科目余额表!B6:K66,9,0),0)−IFERROR(VLOOKUP("坏账准备",科目余额表!B6:K66,10,0),0)	=IFERROR(VLOOKUP("应收账款",科目余额表!B6:D66,2,0),0)−IFERROR(VLOOKUP("坏账准备",科目余额表!B6:D66,3,0),0)
应收款项融资	6	=IFERROR(VLOOKUP("应收款项融资",科目余额表!B6:K66,9,0),0)	=IFERROR(VLOOKUP("应收款项融资",资产负债表!B6:D66,2,0),0)
预付款项	7	=IFERROR(VLOOKUP("预付账款",科目余额表!B6:K66,9,0),0)	=IFERROR(VLOOKUP("预付账款",科目余额表!B6:D66,2,0),0)
其他应收款	8	=IFERROR(VLOOKUP("其他应收款",科目余额表!B6:K66,9,0),0)+IFERROR(VLOOKUP("应收股利",科目余额表!B6:K66,9,0),0)+IFERROR(VLOOKUP("应收利息",科目余额表!B6:K66,9,0),0)	=IFERROR(VLOOKUP("其他应收款",科目余额表!B6:D66,2,0),0)+IFERROR(VLOOKUP("应收股利",科目余额表!B6:D66,2,0),0)+IFERROR(VLOOKUP("应收利息",科目余额表!B6:D66,2,0),0)
存货	9	=IFERROR(VLOOKUP("原材料",科目余额表!B6:K66,9,0),0)+IFERROR(VLOOKUP("库存商品",科目余额表!B6:K66,9,0),0)+IFERROR(VLOOKUP("发出商品",科目余额表!B6:K66,9,0),0)+IFERROR(VLOOKUP("周转材料",科目余额表!B6:K66,9,0),0)+IFERROR(VLOOKUP("材料采购",科目余额表!B6:K66,9,0),0)+IFERROR(VLOOKUP("在途物资",科目余额表!B6:K66,9,0),0)+IFERROR(VLOOKUP("生产成本",科目余额表!B6:K66,9,0),0)+IFERROR(VLOOKUP("消耗性生物资产",科目余额表!B6:K66,9,0),0)+IFERROR(VLOOKUP("材料成本差异",科目余额表!B6:K66,9,0),0)−IFERROR(VLOOKUP("材料成本差异",科目余额表!B6:K66,10,0),0)+IFERROR(VLOOKUP("存货跌价准备",科目余额表!B6:K66,10,0),0)+IFERROR(VLOOKUP("委托加工物资",科目余额表!B6:K66,9,0),0)+IFERROR(VLOOKUP("委托代销商品",科目余额表!B6:K66,9,0),0)−IFERROR(VLOOKUP("受托代销商品款",科目余额表!B6:K66,10,0),0)	=IFERROR(VLOOKUP("原材料",科目余额表!B6:D66,2,0),0)+IFERROR(VLOOKUP("库存商品",科目余额表!B6:D66,2,0),0)+IFERROR(VLOOKUP("发出商品",科目余额表!B6:D66,2,0),0)+IFERROR(VLOOKUP("周转材料",科目余额表!B6:D66,2,0),0)+IFERROR(VLOOKUP("材料采购",科目余额表!B6:D66,2,0),0)+IFERROR(VLOOKUP("在途物资",科目余额表!B6:D66,2,0),0)+IFERROR(VLOOKUP("生产成本",科目余额表!B6:D66,2,0),0)+IFERROR(VLOOKUP("消耗性生物资产",科目余额表!B6:D66,2,0),0)+IFERROR(VLOOKUP("材料成本差异",科目余额表!B6:D66,2,0),0)−IFERROR(VLOOKUP("材料成本差异",科目余额表!B6:D66,3,0),0)−IFERROR(VLOOKUP("存货跌价准备",科目余额表!B6:D66,3,0),0)+IFERROR(VLOOKUP("委托加工物资",科目余额表!B6:D66,2,0),0)+IFERROR(VLOOKUP("委托代销商品",科目余额表!B6:D66,2,0),0)−IFERROR(VLOOKUP("受托代销商品款",科目余额表!B6:D66,3,0),0)

(续表)

资产	行次	期末余额	期初余额
合同资产	10	=IFERROR(VLOOKUP("合同资产",科目余额表!B6:K66,9,0),0)－IFERROR(VLOOKUP("合同资产减值准备",科目余额表!B6:K66,10,0),0)	=IFERROR(VLOOKUP("合同资产",科目余额表!B6:D66,2,0),0)－IFERROR(VLOOKUP("合同资产减值准备",科目余额表!B6:D66,3,0),0)
持有待售资产	11	=IFERROR(VLOOKUP("持有待售资产",科目余额表!B6:K66,9,0),0)－IFERROR(VLOOKUP("持有待售资产减值准备",科目余额表!B6:K66,10,0),0)	=IFERROR(VLOOKUP("持有待售资产",科目余额表!B6:D66,2,0),0)－IFERROR(VLOOKUP("持有待售资产减值准备",科目余额表!B6:D66,3,0),0)
一年内到期的非流动资产	12	—	—
其他流动资产	13	—	—
流动资产合计	14	=SUM(C6:C18)	=SUM(D6:D18)
非流动资产：			
债权投资	15	=IFERROR(VLOOKUP("债权投资",科目余额表!B6:K66,9,0),0)－IFERROR(VLOOKUP("债权投资减值准备",科目余额表!B6:K66,10,0),0)	=IFERROR(VLOOKUP("债权投资",科目余额表!B6:D66,2,0),0)－IFERROR(VLOOKUP("债权投资减值准备",科目余额表!B6:D66,3,0),0)
其他债权投资	16	=IFERROR(VLOOKUP("其他债权投资",科目余额表!B6:K66,9,0),0)	=IFERROR(VLOOKUP("其他债权投资",科目余额表!B6:D66,2,0),0)
长期应收款	17	=IFERROR(VLOOKUP("长期应收款",科目余额表!B6:K66,9,0),0)－IFERROR(VLOOKUP("未实现融资收益",科目余额表!B6:K66,10,0),0)	=IFERROR(VLOOKUP("长期应收款",科目余额表!B6:D66,2,0),0)－IFERROR(VLOOKUP("未实现融资收益",科目余额表!B6:D66,3,0),0)
长期股权投资	18	=IFERROR(VLOOKUP("长期股权投资",科目余额表!B6:K66,9,0),0)－IFERROR(VLOOKUP("长期股权投资减值准备",科目余额表!B6:K66,10,0),0)	=IFERROR(VLOOKUP("长期股权投资",科目余额表!B6:D66,2,0),0)－IFERROR(VLOOKUP("长期股权投资减值准备",科目余额表!B6:D66,3,0),0)
其他权益工具投资	19	=IFERROR(VLOOKUP("其他权益工具投资",科目余额表!B6:K66,9,0),0)	=IFERROR(VLOOKUP("其他权益工具投资",科目余额表!B6:D66,2,0),0)
其他非流动金融资产	20	—	—
投资性房地产	21	=IFERROR(VLOOKUP("投资性房地产",科目余额表!B6:K66,9,0),0)－IFERROR(VLOOKUP("投资性房地产累计折旧",科目余额表!B6:K66,10,0),0)－IFERROR(VLOOKUP("投资性房地产减值准备",科目余额表!B6:K66,10,0),0)	=IFERROR(VLOOKUP("投资性房地产",科目余额表!B6:D66,2,0),0)－IFERROR(VLOOKUP("投资性房地产累计折旧",科目余额表!B6:D66,3,0),0)－IFERROR(VLOOKUP("投资性房地产减值准备",科目余额表!B6:D66,3,0),0)
固定资产	22	=IFERROR(VLOOKUP("固定资产",科目余额表!B6:K66,9,0),0)－IFERROR(VLOOKUP("累计折旧",科目余额表!B6:K66,10,0),0)－IFERROR(VLOOKUP("固定资产减值准备",科目余额表!B6:K66,10,0),0)－IFERROR(VLOOKUP("固定资产清理",科目余额表!B6:K66,9,0),0)－IFERROR(VLOOKUP("固定资产清理",科目余额表!B6:K66,10,0),0)	=IFERROR(VLOOKUP("固定资产",科目余额表!B6:D66,2,0),0)－IFERROR(VLOOKUP("累计折旧",科目余额表!B6:D66,3,0),0)－IFERROR(VLOOKUP("固定资产减值准备",科目余额表!B6:D66,3,0),0)+IFERROR(VLOOKUP("固定资产清理",科目余额表!B6:D66,2,0),0)－IFERROR(VLOOKUP("固定资产清理",科目余额表!B6:D66,3,0),0)

(续表)

资产	行次	期末余额	期初余额
在建工程	23	=IFERROR(VLOOKUP("在建工程",科目余额表!B6:K66,9,0),0)－IFERROR(VLOOKUP("在建工程减值准备",科目余额表!B6:K66,10,0),0)＋IFERROR(VLOOKUP("工程物资",科目余额表!B6:K66,9,0),0)－IFERROR(VLOOKUP("工程物资减值准备",科目余额表!B6:K66,10,0),0)	=IFERROR(VLOOKUP("在建工程",科目余额表!B6:D66,2,0),0)－IFERROR(VLOOKUP("在建工程减值准备",科目余额表!B6:D66,3,0),0)＋IFERROR(VLOOKUP("工程物资",科目余额表!B6:D66,2,0),0)－IFERROR(VLOOKUP("工程物资减值准备",科目余额表!B6:D66,3,0),0)
生产性生物资产	24	=IFERROR(VLOOKUP("生产性生物资产",科目余额表!B6:K66,9,0),0)－IFERROR(VLOOKUP("生产性生物资产减值准备",科目余额表!B6:K66,10,0),0)－IFERROR(VLOOKUP("生产性生物资产累计折旧",科目余额表!B6:K66,10,0),0)	=IFERROR(VLOOKUP("生产性生物资产",科目余额表!B6:D66,2,0),0)－IFERROR(VLOOKUP("生产性生物资产减值准备",科目余额表!B6:D66,3,0),0)－IFERROR(VLOOKUP("生产性生物资产累计折旧",科目余额表!B6:D66,3,0),0)
油气资产	25	=IFERROR(VLOOKUP("油气资产",科目余额表!B6:K66,9,0),0)－IFERROR(VLOOKUP("累计折耗",科目余额表!B6:K66,10,0),0)	=IFERROR(VLOOKUP("油气资产",科目余额表!B6:D66,2,0),0)－IFERROR(VLOOKUP("累计折耗",科目余额表!B6:D66,3,0),0)
使用权资产	26	=IFERROR(VLOOKUP("使用权资产",科目余额表!B6:K66,9,0),0)－IFERROR(VLOOKUP("使用权资产减值准备",科目余额表!B6:K66,10,0),0)－IFERROR(VLOOKUP("使用权资产累计折旧",科目余额表!B6:K66,10,0),0)	=IFERROR(VLOOKUP("使用权资产",科目余额表!B6:D66,2,0),0)－IFERROR(VLOOKUP("使用权资产减值准备",科目余额表!B6:D66,3,0),0)－IFERROR(VLOOKUP("使用权资产累计折旧",科目余额表!B6:D66,3,0),0)
无形资产	27	=IFERROR(VLOOKUP("无形资产",科目余额表!B6:K66,9,0),0)－IFERROR(VLOOKUP("无形资产减值准备",科目余额表!B6:K66,10,0),0)－IFERROR(VLOOKUP("累计摊销",科目余额表!B6:K66,10,0),0)	=IFERROR(VLOOKUP("无形资产",科目余额表!B6:D66,2,0),0)－IFERROR(VLOOKUP("无形资产减值准备",科目余额表!B6:D66,3,0),0)－IFERROR(VLOOKUP("累计摊销",科目余额表!B6:D66,3,0),0)
开发支出	28	=IFERROR(VLOOKUP("研发支出",科目余额表!B6:K66,9,0),0)	=IFERROR(VLOOKUP("研发支出",科目余额表!B6:D66,2,0),0)
商誉	29	=IFERROR(VLOOKUP("商誉",科目余额表!B6:K66,9,0),0)－IFERROR(VLOOKUP("商誉减值准备",科目余额表!B6:K66,10,0),0)	=IFERROR(VLOOKUP("商誉",科目余额表!B6:D66,2,0),0)－IFERROR(VLOOKUP("商誉减值准备",科目余额表!B6:D66,3,0),0)
长期待摊费用	30	=IFERROR(VLOOKUP("长期待摊费用",科目余额表!B6:K66,9,0),0)	=IFERROR(VLOOKUP("长期待摊费用",科目余额表!B6:D66,2,0),0)
递延所得税资产	31	=IFERROR(VLOOKUP("递延所得税资产",科目余额表!B6:K66,9,0),0)	=IFERROR(VLOOKUP("递延所得税资产",科目余额表!B6:D66,2,0),0)
其他非流动资产	32	—	
非流动资产合计	33	=SUM(C21:C38)	=SUM(D21:D38)
资产总计	34	=C39＋C19	=D39＋D19

表 7-4　　　　　　　　　　　资产负债表负债和所有者权益项目公式

负债和所有者权益（或股东权益）	行次	期末余额	期初余额
流动负债：			
短期借款	35	=IFERROR(VLOOKUP("短期借款",科目余额表!B6:K66,10,0),0)	=IFERROR(VLOOKUP("短期借款",科目余额表!B6:D66,3,0),0)
交易性金融负债	36	=IFERROR(VLOOKUP("交易性金融负债",科目余额表!B6:K66,10,0),0)	=IFERROR(VLOOKUP("交易性金融负债",科目余额表!B6:D66,3,0),0)
衍生金融负债	37	=IFERROR(VLOOKUP("衍生金融负债",科目余额表!B6:K66,10,0),0)	=IFERROR(VLOOKUP("衍生金融负债",科目余额表!B6:D66,3,0),0)
应付票据	38	=IFERROR(VLOOKUP("应付票据",科目余额表!B6:K66,10,0),0)	=IFERROR(VLOOKUP("应付票据",科目余额表!B6:D66,3,0),0)
应付账款	39	=IFERROR(VLOOKUP("应付账款",科目余额表!B6:K66,10,0),0)	=IFERROR(VLOOKUP("应付账款",科目余额表!B6:D66,3,0),0)
预收款项	40	=IFERROR(VLOOKUP("预收账款",科目余额表!B6:K66,10,0),0)	=IFERROR(VLOOKUP("预收账款",科目余额表!B6:D66,3,0),0)
合同负债	41	=IFERROR(VLOOKUP("合同负债",科目余额表!B6:K66,10,0),0)	=IFERROR(VLOOKUP("合同负债",科目余额表!B6:D66,3,0),0)
应付职工薪酬	42	=IFERROR(VLOOKUP("应付职工薪酬",科目余额表!B6:K66,10,0),0)	=IFERROR(VLOOKUP("应付职工薪酬",科目余额表!B6:D66,3,0),0)
应交税费	43	=IFERROR(VLOOKUP("应交税费",科目余额表!B6:K66,10,0),0)	=IFERROR(VLOOKUP("应交税费",科目余额表!B6:D66,3,0),0)
其他应付款	44	=IFERROR(VLOOKUP("其他应付款",科目余额表!B6:K66,10,0),0)+IFERROR(VLOOKUP("应付利息",科目余额表!B6:K66,10,0),0)+IFERROR(VLOOKUP("应付股利",科目余额表!B6:K66,10,0),0)	=IFERROR(VLOOKUP("其他应付款",科目余额表!B6:D66,3,0),0)+IFERROR(VLOOKUP("应付利息",科目余额表!B6:D66,3,0),0)+IFERROR(VLOOKUP("应付股利",科目余额表!B6:D66,3,0),0)
持有待售负债	45	=IFERROR(VLOOKUP("持有待售负债",科目余额表!B6:K66,10,0),0)	=IFERROR(VLOOKUP("持有待售负债",科目余额表!B6:D66,3,0),0)
一年内到期的非流动负债	46	—	—
其他流动负债	47	—	—
流动负债合计	48	=SUM(F6:F18)	=SUM(G6:G18)
非流动负债：			
长期借款	49	=IFERROR(VLOOKUP("长期借款",科目余额表!B6:K66,10,0),0)	=IFERROR(VLOOKUP("长期借款",科目余额表!B6:D66,3,0),0)
应付债券	50	=IFERROR(VLOOKUP("应付债券",科目余额表!B6:K66,10,0),0)	=IFERROR(VLOOKUP("应付债券",科目余额表!B6:D66,3,0),0)
其中：优先股	51	—	—

(续表)

负债和所有者权益（或股东权益）	行次	期末余额	期初余额
永续债	52	—	—
租赁负债	53	=IFERROR(VLOOKUP("租赁负债",科目余额表!B6:K66,10,0),0)	=IFERROR(VLOOKUP("租赁负债",科目余额表!B6:D66,3,0),0)
长期应付款	54	=IFERROR(VLOOKUP("长期应付款",科目余额表!B6:K66,10,0),0)+IFERROR(VLOOKUP("专项应付款",科目余额表!B6:K66,10,0),0)−IFERROR(VLOOKUP("未确认融资费用",科目余额表!B6:K66,9,0),0)	=IFERROR(VLOOKUP("长期应付款",科目余额表!B6:D66,3,0),0)+IFERROR(VLOOKUP("专项应付款",科目余额表!B6:D66,3,0),0)−IFERROR(VLOOKUP("未确认融资费用",科目余额表!B6:D66,2,0),0)
预计负债	55	=IFERROR(VLOOKUP("预计负债",科目余额表!B6:K66,10,0),0)	=IFERROR(VLOOKUP("预计负债",科目余额表!B6:D66,3,0),0)
递延收益	56	=IFERROR(VLOOKUP("递延收益",科目余额表!B6:K66,10,0),0)	=IFERROR(VLOOKUP("递延收益",科目余额表!B6:D66,3,0),0)
递延所得税负债	57	=IFERROR(VLOOKUP("递延所得税负债",科目余额表!B6:K66,10,0),0)	=IFERROR(VLOOKUP("递延所得税负债",科目余额表!B6:D66,3,0),0)
其他非流动负债	58	—	—
非流动负债合计	59	=F21+F22+F25+F26+F27+F28+F29+F30	=G21+G22+G25+G26+G27+G28+G29+G30
负债合计	60	=F31+F19	=G31+G19
所有者权益（或股东权益）：			
实收资本（或股本）	61	=IFERROR(VLOOKUP("实收资本",科目余额表!B6:K66,10,0),VLOOKUP("股本",科目余额表!B6:K66,10,0))	=IFERROR(VLOOKUP("实收资本",科目余额表!B6:D66,3,0),VLOOKUP("股本",科目余额表!B6:D66,3,0))
其他权益工具	62	=IFERROR(VLOOKUP("其他权益工具",科目余额表!B6:K66,10,0),0)	=IFERROR(VLOOKUP("其他权益工具",科目余额表!B6:D66,3,0),0)
其中：优先股	63	—	—
永续债	64	—	—
资本公积	65	=IFERROR(VLOOKUP("资本公积",科目余额表!B6:K66,10,0),0)	=IFERROR(VLOOKUP("资本公积",科目余额表!B6:D66,3,0),0)
减：库存股	66	=IFERROR(VLOOKUP("库存股",科目余额表!B6:K66,9,0),0)	=IFERROR(VLOOKUP("库存股",科目余额表!B6:D66,2,0),0)
其他综合收益	67	=IFERROR(VLOOKUP("其他综合收益",科目余额表!B6:K66,10,0),0)	=IFERROR(VLOOKUP("其他综合收益",科目余额表!B6:D66,3,0),0)
专项储备	68	=IFERROR(VLOOKUP("专项储备",科目余额表!B6:K66,10,0),0)	=IFERROR(VLOOKUP("专项储备",科目余额表!B6:D66,3,0),0)
盈余公积	69	=IFERROR(VLOOKUP("盈余公积",科目余额表!B6:K66,10,0),0)	=IFERROR(VLOOKUP("盈余公积",科目余额表!B6:D66,3,0),0)

(续表)

负债和所有者权益（或股东权益）	行次	期末余额	期初余额
未分配利润	70	=IF(IFERROR(VLOOKUP("利润分配",科目余额表!B6:K66,10,0),0)>0,IFERROR(VLOOKUP("利润分配",科目余额表!B6:K66,10,0),0),-IFERROR(VLOOKUP("利润分配",科目余额表!B6:K66,9,0),0))+IF(IFERROR(VLOOKUP("本年利润",科目余额表!B6:K66,10,0),0)>0,IFERROR(VLOOKUP("本年利润",科目余额表!B6:K66,10,0),0),-IFERROR(VLOOKUP("本年利润",科目余额表!B6:K66,9,0),0))	=IF(IFERROR(VLOOKUP("利润分配",科目余额表!B6:D66,3,0),0)>0,IFERROR(VLOOKUP("利润分配",科目余额表!B6:D66,3,0),0),-IFERROR(VLOOKUP("利润分配",科目余额表!B6:D66,2,0),0))+IF(IFERROR(VLOOKUP("本年利润",科目余额表!B6:D66,3,0),0)>0,IFERROR(VLOOKUP("本年利润",科目余额表!B6:D66,3,0),0),-IFERROR(VLOOKUP("本年利润",科目余额表!B6:D66,2,0),0))
所有者权益（或股东权益）合计	71	=F34+F35+F38+F40+F41+F42+F43-F39	=G34+G35+G38+G40+G41+G42+G43-G39
负债和所有者权益（或股东权益）总计	72	=F44+F32	=G44+G32

表 7-5　　　　　　　　　　　　　资产负债表　　　　　　　　　　　　会企 01 表
编制单位：烟台兴茂机械制造有限公司　　　2021 年 9 月 30 日　　　　　　　　单位：元

资产	期末余额	期初余额	负债和所有者权益（或股东权益）	期末余额	期初余额
流动资产：			流动负债：		
货币资金	626 437.00	2 079 200.00	短期借款	250 000.00	550 000.00
交易性金融资产	29 900.00	26 900.00	交易性金融负债	—	—
衍生金融资产	—	—	衍生金融负债	—	—
应收票据	—	85 000.00	应付票据	90 000.00	230 000.00
应收账款	934 234.00	386 800.00	应付账款	655 000.00	750 000.00
应收款项融资	—	—	预收款项	—	—
预付款项	—	63 500.00	合同负债	—	—
其他应收款	6 000.00	6 000.00	应付职工薪酬	—	51 000.00
存货	669 710.00	397 200.00	应交税费	51 159.25	50 800.00
合同资产	—	—	其他应付款	174 000.00	82 000.00
持有待售资产	—	—	持有待售负债	—	—
一年内到期的非流动资产	—	—	一年内到期的非流动负债	—	—
其他流动资产	—	—	其他流动负债	—	—
流动资产合计	2 266 281.00	3 044 600.00	流动负债合计	1 220 159.25	1 713 800.00

(续表)

资产	期末余额	期初余额	负债和所有者权益（或股东权益）	期末余额	期初余额
非流动资产：			非流动负债：		
债权投资	—	—	长期借款	1 610 500.00	1 800 000.00
其他债权投资			应付债券		
长期应收款			其中：优先股		
长期股权投资	206 500.00	206 500.00	永续债		
其他权益工具投资	95 000.00	80 000.00	租赁负债		
其他非流动金融资产	—	—	长期应付款		
投资性房地产			预计负债		
固定资产	3 405 500.00	2 319 000.00	递延收益		
在建工程	690 000.00	1 500 000.00	递延所得税负债	11 500.00	7 000.00
生产性生物资产			其他非流动负债		
油气资产	—	—	非流动负债合计	1 622 000.00	1 807 000.00
使用权资产	—	—	负债合计	2 842 159.25	3 520 800.00
无形资产	980 000.00	1 060 000.00	所有者权益（或股东权益）：		
开发支出	18 000.00	—	实收资本（或股本）	1 100 000.00	1 100 000.00
商誉	—		其他权益工具		
长期待摊费用	—	—	其中：优先股	—	—
递延所得税资产	9 689.00		永续债		
其他非流动资产	—	—	资本公积	3 344 800.00	3 344 800.00
非流动资产合计	5 404 689.00	5 165 500.00	减：库存股	—	—
			其他综合收益	15 750.00	4 500.00
			专项储备	—	
			盈余公积	170 826.08	150 000.00
			未分配利润	197 434.67	90 000.00
			所有者权益（或股东权益）合计	4 828 810.75	4 689 300.00
资产总计	7 670 970.00	8 210 100.00	负债和所有者权益（或股东权益）总计	7 670 970.00	8 210 100.00

第三节 Excel 在利润表中的应用

一、利润表的概念与结构

1. 利润表的概念

利润表是反映企业在一定期间(如年度、季度、月份)经营成果的会计报表。利润表把企业一定期间的营业收入与其同一会计期间的营业费用进行配比,以计算出企业一定时期的净利润(或净亏损),在很大程度上说明了企业的经营管理水平。

2. 利润表的结构

我国会计实务中采用的利润表基本格式是多步式,如表 7-6 所示。

表 7-6　　　　　　　　　　　　　利润表　　　　　　　　　　　　　会企 02 表

编制单位：　　　　　　　　　　　　____年____月　　　　　　　　　　　　单位：元

项　目	本期金额	上期金额
一、营业收入		
减：营业成本		
税金及附加		
销售费用		
管理费用		
研发费用		
财务费用		
其中：利息费用		
利息收入		
加：其他收益		
投资收益(损失以"一"号填列)		
其中：对联营企业和合营企业的投资收益		
以摊余成本计量的金融资产终止确认收益(损失以"一"号填列)		
净敞口套期收益(损失以"一"号填列)		
公允价值变动收益(损失以"一"号填列)		
信用减值损失(损失以"一"号填列)		
资产减值损失(损失以"一"号填列)		
资产处置收益(损失以"一"号填列)		
二、营业利润(亏损以"一"号填列)		

(续表)

项　目	本期金额	上期金额
加：营业外收入		
减：营业外支出		
三、利润总额（亏损以"－"号填列）		
减：所得税费用		
四、净利润（净亏损以"－"号填列）		
（一）持续经营净利润（净亏损以"－"号填列）		
（二）终止经营净利润（净亏损以"－"号填列）		
五、其他综合收益的税后净额		
（一）不能重分类进损益的其他综合收益		
1. 重新计量设定受益计划变动额		
2. 权益法下不能转损益的其他综合收益		
3. 其他权益工具投资公允价值变动		
4. 企业自身信用风险公允价值变动		
……		
（二）将重分类进损益的其他综合收益		
1. 权益法下可转损益的其他综合收益		
2. 其他债权投资公允价值变动		
3. 金融资产重分类计入其他综合收益的金额		
4. 其他债权投资信用减值准备		
5. 现金流量套期储备		
6. 外币财务报表折算差额		
……		
六、综合收益总额		
七、每股收益：		
（一）基本每股收益		
（二）稀释每股收益		

二、利润表的填列方法

1. "上期金额"栏的填列方法

"上期金额"栏内各项目数字，应根据上年度利润表"本期金额"栏内所列数字填列。

2. "本期金额"栏的填列方法

利润表的编制依据主要是各损益类账户的本期发生数。一般而言,各收入类项目应根据相应的收入类账户的贷方净发生额填列,各费用类项目应根据相应的费用类账户的借方净发生额填列。有些项目需计算、分析后填列,如"营业收入"项目应根据"主营业务收入"账户和"其他业务收入"账户发生额的合计数填列;"营业成本"项目应根据"主营业务成本"和"其他业务成本"账户发生额的合计数填列。"营业利润""利润总额"和"净利润"的计算方法如下:

营业利润 = 营业收入 − 营业成本 − 税金及附加 − 销售费用 − 管理费用 − 研发费用 − 财务费用 − 资产减值损失 − 信用减值损失 + 其他收益 ± 投资净损益 ± 公允价值变动净损益 ± 资产处置净损益

利润总额 = 营业利润 + 营业外收入 − 营业外支出

净利润 = 利润总额 − 所得税费用

三、Excel 在利润表中的应用举例

【例 7-2】 烟台兴茂机械制造有限公司 2021 年 9 月的科目余额表如表 7-2 所示,月末转入本年利润前,"投资收益"账户余额在借方,"信用减值损失"账户余额在贷方,"资产处置损益"账户余额在贷方。

要求:根据科目余额表,利用 Excel 编制烟台兴茂机械制造有限公司 2021 年 9 月份的利润表。

【操作步骤】

第一步,在"利润表"工作表中选择单元格 C4,录入公式"=科目余额表!E3&"年"&科目余额表!G3&"月""。

第二步,参照表 7-7 录入利润表公式,自动生成的利润表如表 7-8 所示。

表 7-7　　　　　　　　　　利润表项目公式

项　目	行次	本月金额
一、营业收入	1	=IFERROR(VLOOKUP("主营业务收入",科目余额表!B6:I66,8,0),0)+IFERROR(VLOOKUP("其他业务收入",科目余额表!B6:I66,8,0),0)
减:营业成本	2	=IFERROR(VLOOKUP("主营业务成本",科目余额表!B6:I66,4,0),0)+IFERROR(VLOOKUP("其他业务成本",科目余额表!B6:I66,4,0),0)
税金及附加	3	=IFERROR(VLOOKUP("税金及附加",科目余额表!B6:I66,4,0),0)
销售费用	4	=IFERROR(VLOOKUP("管理费用",科目余额表!B6:I66,4,0),0)
管理费用	5	=IFERROR(VLOOKUP("销售费用",科目余额表!B6:I66,4,0),0)

(续表)

项　目	行次	本月金额
研发费用	6	=IFERROR(VLOOKUP("研发费用",科目余额表!B6:I66,8,0),0)
财务费用	7	=IFERROR(VLOOKUP("财务费用",科目余额表!B6:I66,8,0),0)
其中：利息费用	8	—
利息收入	9	—
加：其他收益	10	=IFERROR(VLOOKUP("其他收益",科目余额表!B6:I66,8,0),0)
投资收益（损失以"一"号填列）	11	=－IFERROR(VLOOKUP("投资收益",科目余额表!B6:I66,8,0),0)
其中：对联营企业和合营企业的投资收益	12	—
以摊余成本计量的金融资产终止确认收益（损失以"一"号填列）	13	—
净敞口套期收益（损失以"一"号填列）	14	=IFERROR(VLOOKUP("净敞口套期收益",科目余额表!B6:I66,8,0),0)
公允价值变动收益（损失以"一"号填列）	15	=IFERROR(VLOOKUP("公允价值变动损益",科目余额表!B6:I66,8,0),0)
信用减值损失（损失以"一"号填列）	16	=IFERROR(VLOOKUP("信用减值损失",科目余额表!B6:I66,4,0),0)
资产减值损失（损失以"一"号填列）	17	=－IFERROR(VLOOKUP("资产减值损失",科目余额表!B6:I66,4,0),0)
资产处置收益（损失以"一"号填列）	18	=IFERROR(VLOOKUP("资产处置损益",科目余额表!B6:I66,8,0),0)
二、营业利润（亏损以"一"号填列）	19	=D6－D7－D8－D9－D10－D11－D12＋D15＋D16＋D19＋D20＋D21＋D22＋D23
加：营业外收入	20	=IFERROR(VLOOKUP("营业外收入",科目余额表!B6:I66,8,0),0)
减：营业外支出	21	=IFERROR(VLOOKUP("营业外支出",科目余额表!B6:I66,4,0),0)
三、利润总额（亏损以"一"号填列）	22	=D24＋D25－D26
减：所得税费用	23	=IFERROR(VLOOKUP("所得税费用",科目余额表!B6:I66,8,0),0)
四、净利润（净亏损以"一"号填列）	24	=D27－D28

表 7-8　　　　　　　　　　　　　　　　利润表　　　　　　　　　　　　　　　　会企 02 表
编制单位：烟台兴茂机械制造有限公司　　　2021 年 9 月　　　　　　　　　　　　　单位：元

项　目	本月金额
一、营业收入	1 600 000.00
减：营业成本	850 000.00
税金及附加	12 463.00
销售费用	340 700.00
管理费用	22 000.00
研发费用	0.00
财务费用	47 500.00
其中：利息费用	—
利息收入	—
加：其他收益	—
投资收益（损失以"—"号填列）	－40 000.00
其中：对联营企业和合营企业的投资收益	—
以摊余成本计量的金融资产终止确认收益（损失以"—"号填列）	—
净敞口套期收益（损失以"—"号填列）	—
公允价值变动收益（损失以"—"号填列）	3 000.00
信用减值损失（损失以"—"号填列）	17 566.00
资产减值损失（损失以"—"号填列）	－21 190.00
资产处置收益（损失以"—"号填列）	43 900.00
二、营业利润（亏损以"—"号填列）	330 613.00
加：营业外收入	—
减：营业外支出	10 000.00
三、利润总额（亏损以"—"号填列）	320 613.00
减：所得税费用	69 420.25
四、净利润（净亏损以"—"号填列）	251 192.75

第四节　Excel 在现金流量表中的应用

一、现金流量表的概念与结构

1. 现金流量表的概念

现金流量表是反映企业一定会计期间内现金和现金等价物流入和流出情况的动态报表。现金流量表所指的现金是广义的现金概念，包括库存现金、可以随时用于支付的存款以及现金等价物。

2. 现金流量表的结构

现金流量表由主表和附注构成。主表以收付实现制为基础,采用直接法编制,主要揭示企业经营活动、投资活动及筹资活动现金流量信息,如表7-9所示。附注采用间接法编制,主要反映如何将净利润调整到经营活动现金流量的过程,如表7-10所示。

二、现金流量的分类

我国《企业会计准则第31号——现金流量表》将企业的业务活动按其性质分为经营活动、投资活动与筹资活动,为了在现金流量表中反映企业在一定时期内现金净流量变动的原因,相应地将企业一定期间内产生的现金流量分为经营活动产生的现金流量、投资活动产生的现金流量和筹资活动产生的现金流量。

表7-9　　　　　　　　　　　　　现金流量表　　　　　　　　　　　　会企03表

编制单位　　　　　　　　　　　　＿＿＿年＿＿＿月　　　　　　　　　　　单位:元

项　目	本期金额	上期金额
一、经营活动产生的现金流量:		
销售商品、提供劳务收到的现金		
收到的税费返还		
收到其他与经营活动有关的现金		
经营活动现金流入小计		
购买商品、接受劳务支付的现金		
支付给职工以及为职工支付的现金		
支付的各项税费		
支付其他与经营活动有关的现金		
经营活动现金流出小计		
经营活动产生的现金流量净额		
二、投资活动产生的现金流量:		
收回投资收到的现金		
取得投资收益收到的现金		
处置固定资产、无形资产和其他长期资产收回的现金净额		
处置子公司及其他营业单位收到的现金净额		
收到其他与投资活动有关的现金		
投资活动现金流入小计		
购建固定资产、无形资产和其他长期资产支付的现金		
投资支付的现金		

(续表)

项　目	本期金额	上期金额
取得子公司及其他营业单位支付的现金净额		
支付其他与投资活动有关的现金		
投资活动现金流出小计		
投资活动产生的现金流量净额		
三、筹资活动产生的现金流量：		
吸收投资收到的现金		
取得借款收到的现金		
收到其他与筹资活动有关的现金		
筹资活动现金流入小计		
偿还债务支付的现金		
分配股利、利润或偿付利息支付的现金		
支付其他与筹资活动有关的现金		
筹资活动现金流出小计		
筹资活动产生的现金流量净额		
四、汇率变动对现金及现金等价物的影响		
五、现金及现金等价物净增加额		
加：期初现金及现金等价物余额		
六、期末现金及现金等价物余额		

表 7-10　　　　　　　　　　　现金流量表附注　　　　　　　　　　会企 03 表附注

编制单位：　　　　　　　　　　　＿＿＿＿年＿＿＿＿月　　　　　　　　　　单位：元

补充资料	本期金额
1. 将净利润调节为经营活动现金流量：	
净利润	
加：资产减值准备	
固定资产折旧、油气资产折耗、生产性生物资产折旧	
无形资产摊销	
长期待摊费用摊销	
处置固定资产、无形资产和其他长期资产的损失（收益以"－"号填列）	
固定资产报废损失（收益以"－"号填列）	
公允价值变动损失（收益以"－"号填列）	
财务费用（收益以"－"号填列）	

	(续表)
补充资料	本期金额
投资损失(收益以"-"号填列)	
递延所得税资产减少(增加以"-"号填列)	
递延所得税负债增加(减少以"-"号填列)	
存货的减少(增加以"-"号填列)	
经营性应收项目的减少(增加以"-"号填列)	
经营性应付项目的增加(减少以"-"号填列)	
其他	
经营活动产生的现金流量净额	
2. 不涉及现金收支的重大投资和筹资活动:	
债务转为资本	
一年内到期的可转换公司债券	
融资租入固定资产	
3. 现金及现金等价物净变动情况:	
现金的期末余额	
减：现金的期初余额	
加：现金等价物的期末余额	
减：现金等价物的期初余额	
现金及现金等价物净增加额	

三、Excel 在现金流量表中的应用举例

【例 7-3】 烟台兴茂机械制造有限公司 2021 年 12 月初货币资金期初余额为 3 876 557.49 元，2021 年 12 月财务人员根据发生的经济业务完成记账凭证表的编制，记账凭证表部分内容如图 7-2 所示。

要求：根据记账凭证表，利用 Excel 编制烟台兴茂机械制造有限公司 2021 年 12 月的现金流量表。

【操作步骤】

第一步，在"记账凭证表"工作表中的单元格区域 R4：R25，依次输入"销售商品、提供劳务收到的现金""收到的税费返还""收到其他与经营活动有关的现金""购买商品、接受劳务支付的现金""支付给职工以及为职工支付的现金""支付的各项税费""支付其他与经营活动有关的现金""收回投资收到的现金""取得投资收益收到的现金""处置固定资产、无形资产和其他长期资产收回的现金净额""处置子公司及其他营业单位收到的现金净额""收到其他与投资活动有关的现金""购建固定资产、无形资产和其他长期资产支付的现金""投资支付的现金""取得子公司及其他营业单位支付的现金净额""支付其他与投资活动有关的现金""吸收投资收到的现金""取得借款收到的现金""收到其他与筹资活动有关的现金""偿还债务支付的现金""分配股利、利润或偿付利息支付的现金""支付其他与筹资活动有关的现金"。

年	月	日	序号	凭证编号	摘要	科目编码	总账科目	借方金额	贷方金额
					2021年12月烟台兴茂机械制造有限公司记账凭证表				
2021	12	01	01	2021120101	购入固定资产	1601	固定资产	81,500.00	
2021	12	01	01	2021120101		2221	应交税费	10,400.00	
2021	12	01	01	2021120101		1002	银行存款		91,900.00
2021	12	01	02	2021120102	商业汇票到期付款	2201	应付票据	140,000.00	
2021	12	01	02	2021120102		1002	银行存款		140,000.00
2021	12	02	03	2021120203	偿还货款	2202	应付账款	95,000.00	
2021	12	02	03	2021120203		1002	银行存款		95,000.00
2021	12	04	04	2021120404	购入材料	1401	材料采购	300,000.00	
2021	12	04	04	2021120404		2221	应交税费	39,000.00	
2021	12	04	04	2021120404		1123	预付账款		339,000.00
2021	12	05	05	2021120505	补付货款	1123	预付账款	275,500.00	
2021	12	05	05	2021120505		1002	银行存款		275,500.00
2021	12	05	06	2021120506	取得长期借款	1002	银行存款	500,000.00	
2021	12	05	06	2021120506		2601	长期借款		500,000.00
2021	12	08	07	2021120807	材料验收入库	1403	原材料	100,000.00	
2021	12	08	07	2021120807		1404	材料成本差异	5,000.00	
2021	12	08	07	2021120807		1401	材料采购		105,000.00
2021	12	08	08	2021120808	销售商品	1122	应收账款	565,000.00	
2021	12	08	08	2021120808		6001	主营业务收入		500,000.00
2021	12	08	08	2021120808		2221	应交税费		65,000.00
2021	12	08	09	2021120809	计提工程人员工资	1604	在建工程	400,000.00	
2021	12	08	09	2021120809		2211	应付职工薪酬		400,000.00
2021	12	09	10	2021120910	购入工程物资	1605	工程物资	130,000.00	
2021	12	09	10	2021120910		2221	应交税费	16,900.00	
2021	12	09	10	2021120910		1002	银行存款		146,900.00
2021	12	09	11	2021120911	转入固定资产清理	1606	固定资产清理	340,000.00	
2021	12	09	11	2021120911		1602	累计折旧	260,000.00	
2021	12	09	11	2021120911		1603	固定资产减值准备	100,000.00	
2021	12	09	11	2021120911		1601	固定资产		700,000.00
2021	12	09	12	2021120912	出售固定资产	1002	银行存款	339,000.00	
2021	12	09	12	2021120912		1606	固定资产清理		300,000.00
2021	12	09	12	2021120912		2221	应交税费		39,000.00
2021	12	09	13	2021120913	确认出售固定资产税费	1606	固定资产清理	3,900.00	
2021	12	09	13	2021120913		2221	应交税费		3,900.00
2021	12	09	14	2021120914	结转出售固定资产损益	6115	资产处置损益	43,900.00	
2021	12	09	14	2021120914		1606	固定资产清理		43,900.00
2021	12	10	15	2021121015	归还短期借款	2001	短期借款	300,000.00	
2021	12	10	15	2021121015		1002	银行存款		300,000.00
2021	12	10	16	2021121016	归还短期借款利息	2231	应付利息	10,000.00	
2021	12	10	16	2021121016		1002	银行存款		10,000.00
2021	12	10	17	2021121017	确认专门借款资本化利息	1604	在建工程	160,000.00	
2021	12	10	17	2021121017		2601	长期借款		160,000.00
2021	12	11	18	2021121118	出售商品	1002	银行存款	1,017,000.00	
2021	12	11	18	2021121118		6001	主营业务收入		900,000.00
2021	12	11	18	2021121118		2221	应交税费		117,000.00
2021	12	11	19	2021121119	确认长期股权投资应收股利	1131	应收股利	40,000.00	
2021	12	11	19	2021121119		6111	投资收益		40,000.00
2021	12	11	20	2021121120	收取股利	1002	银行存款	40,000.00	
2021	12	11	20	2021121120		1131	应收股利		40,000.00
2021	12	13	21	2021121321	固定资产完工	1601	固定资产	1,500,000.00	
2021	12	13	21	2021121321		1604	在建工程		1,500,000.00
2021	12	13	22	2021121322	支付广告费	6601	销售费用	22,000.00	
2021	12	13	22	2021121322		1002	银行存款		22,000.00
2021	12	14	23	2021121423	发工资	2211	应付职工薪酬	1,026,000.00	
2021	12	14	23	2021121423		1002	银行存款		1,026,000.00
2021	12	14	24	2021121424	计提工资	5001	生产成本	518,000.00	
2021	12	14	24	2021121424		5101	制造费用	11,400.00	
2021	12	14	24	2021121424		6602	管理费用	45,600.00	
2021	12	14	24	2021121424		2211	应付职工薪酬		575,000.00
2021	12	15	25	2021121525	支付水电费	6602	管理费用	195,000.00	
2021	12	15	25	2021121525		1002	银行存款		195,000.00
2021	12	15	26	2021121526	出售商品	1121	应收票据	226,000.00	
2021	12	15	26	2021121526		6001	主营业务收入		200,000.00
2021	12	15	26	2021121526		2221	应交税费		26,000.00
2021	12	15	27	2021121527	商业汇票贴现	1002	银行存款	211,000.00	
2021	12	15	27	2021121527		6603	财务费用	15,000.00	
2021	12	15	27	2021121527		1121	应收票据		226,000.00
2021	12	16	28	2021121628	商业汇票到期收款	1002	银行存款	85,000.00	
2021	12	16	28	2021121628		1121	应收票据		85,000.00
2021	12	16	29	2021121629	购买材料	1401	材料采购	124,300.00	
2021	12	16	29	2021121629		2221	应交税费	15,070.00	
2021	12	16	29	2021121629		1015	其他货币资金		139,370.00
2021	12	16	30	2021121630	材料验收入库	1403	原材料	124,600.00	
2021	12	16	30	2021121630		1401	材料采购		124,300.00
2021	12	16	30	2021121630		1404	材料成本差异		300.00
2021	12	16	31	2021121631	计提利息	6603	财务费用	32,500.00	
2021	12	16	31	2021121631		2231	应付利息		22,000.00
2021	12	16	31	2021121631		2601	长期借款		10,500.00
2021	12	19	32	2021121932	研发支出	5301	研发支出	18,000.00	
2021	12	19	32	2021121932		1002	银行存款		18,000.00
2021	12	24	33	2021122433	生产领用材料	5001	生产成本	300,000.00	
2021	12	24	33	2021122433		1403	原材料		300,000.00
2021	12	24	34	2021122434	车间领用低值易耗品	5101	制造费用	60,000.00	
2021	12	24	34	2021122434		1431	周转材料		60,000.00
2021	12	27	35	2021122735	分配材料成本差异	5001	生产成本	6,000.00	

图 7-2 烟台兴茂机械制造有限公司 2021 年 12 月记账凭证表

第二步，在"记账凭证表"工作表中选择单元格K3，单击"数据→数据有效性"按钮，打开"数据有效性"对话框，在"设置"选项卡"允许"下拉菜单中选择"序列"，在"来源"输入框中选择区域"$R$4:$R$25"，如图7-3所示。

第三步，单击"确定"，完成"现金流量选项"的数据有效性设置，如图7-4所示。

第四步，将鼠标放在单元格K3的右下角使其变为黑色十字形，按住鼠标左键向下填充可完成K列其他单元格的数据有效性设置。

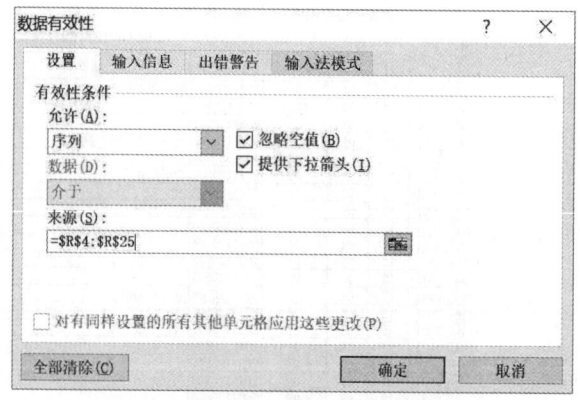

图7-3 设置现金流量选项数据有效性

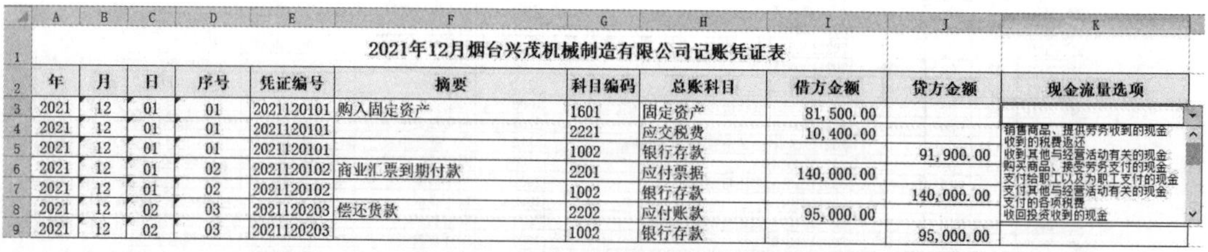

图7-4 "现金流量选项"数据有效性

第五步，选中"记账凭证表"工作表中第二行，单击"数据→筛选"按钮完成自动筛选设置，将"科目编码"为"1001""1002"和"1015"的行筛出，如图7-5所示。

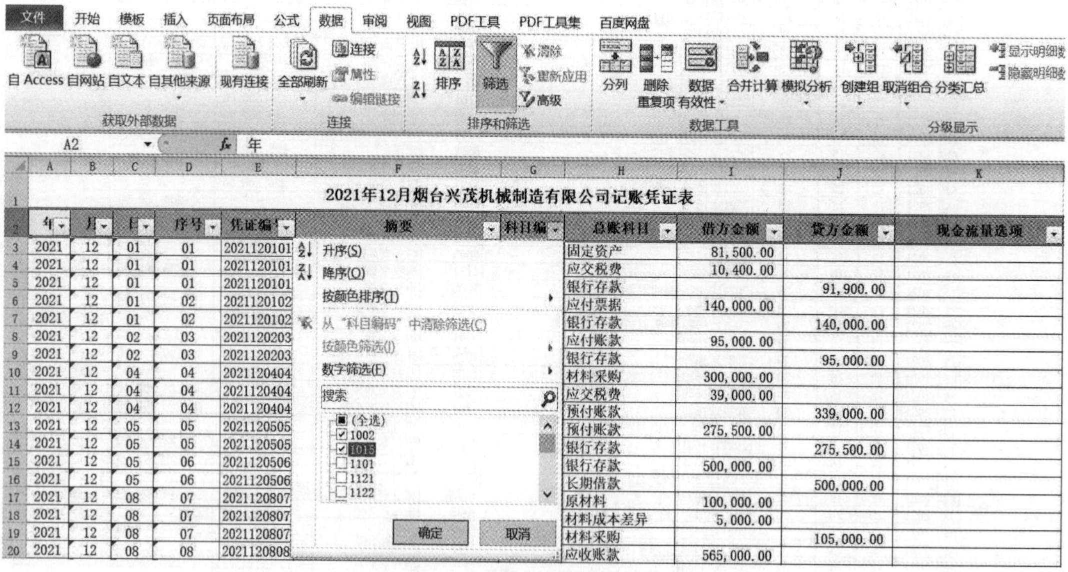

图7-5 科目编码数据筛选设置

第六步，单击“确定”，将筛选出的行次填充为水绿色。

第七步，分析筛选出的经济业务性质，在“现金流量选项”中选择填入现金流量项目，完成底稿，如图 7-6 所示。

	A	B	C	D	E	F	G	H	I	J	K
1	2021年12月烟台兴茂机械制造有限公司记账凭证表										
2	年	月	日	序号	凭证编号	摘要	科目编码	总账科目	借方金额	贷方金额	现金流量选项
5	2021	12	01	01	2021120101		1002	银行存款		91, 900. 00	购建固定资产、无形资产和其他长期资产支付的现金
7	2021	12	01	02	2021120102		1002	银行存款		140, 000. 00	购买商品、接受劳务支付的现金
9	2021	12	02	03	2021120203		1002	银行存款		95, 000. 00	购买商品、接受劳务支付的现金
14	2021	12	05	05	2021120505		1002	银行存款		275, 500. 00	购买商品、接受劳务支付的现金
15	2021	12	05	06	2021120506	取得长期借款	1002	银行存款	500, 000. 00		取得借款收到的现金
27	2021	12	09	10	2021120910		1002	银行存款		146, 900. 00	购建固定资产、无形资产和其他长期资产支付的现金
32	2021	12	09	12	2021120912	出售固定资产	1002	银行存款	339, 000. 00		处置固定资产、无形资产和其他长期资产收回的现金净额
40	2021	12	10	15	2021121015		1002	银行存款		300, 000. 00	偿还债务支付的现金
42	2021	12	10	16	2021121016		1002	银行存款		10, 000. 00	分配股利、利润或偿付利息支付的现金
45	2021	12	11	18	2021121118	出售商品	1002	银行存款	1, 017, 000. 00		销售商品、提供劳务收到的现金
50	2021	12	11	20	2021121120	收取股利	1002	银行存款	40, 000. 00		取得投资收益收到的现金
55	2021	12	13	22	2021121322		1002	银行存款		22, 000. 00	支付其他与经营活动有关的现金
57	2021	12	14	23	2021121423		1002	银行存款		1, 026, 000. 00	支付给职工以及为职工支付的现金
63	2021	12	15	25	2021121525		1002	银行存款		195, 000. 00	支付其他与经营活动有关的现金
67	2021	12	15	27	2021121527	商业汇票贴现	1002	银行存款	211, 000. 00		销售商品、提供劳务收到的现金
70	2021	12	16	28	2021121628	商业汇票到期收款	1002	银行存款	85, 000. 00		销售商品、提供劳务收到的现金
74	2021	12	16	29	2021121629		1015	其他货币资金		139, 370. 00	购买商品、接受劳务支付的现金
82	2021	12	19	32	2021121932		1002	银行存款		18, 000. 00	支付其他与投资活动有关的现金
98	2021	12	29	39	2021122939		1002	银行存款		179, 993. 00	支付的各项税费
100	2021	12	31	40	2021123140		1002	银行存款		65, 100. 00	支付其他与经营活动有关的现金
104	2021	12	31	42	2021123142		1002	银行存款		860, 000. 00	偿还债务支付的现金

图 7-6 现金流量表编制底稿

第八步，参照表 7-11，在“现金流量表主表”工作表中录入公式，自动生成现金流量表，如表 7-12 所示。

表 7-11 现金流量表主表项目公式

项 目	行次	本月金额
一、经营活动产生的现金流量		
销售商品、提供劳务收到的现金	1	=SUMIF(记账凭证表！K:K,MID(现金流量表主表！B8,3,60),记账凭证表！I:I)
收到的税费返还	2	=SUMIF(现金流量表主表！K:K,MID(现金流量表主表！B9,3,60),现金流量表主表！I:I)
收到其他与经营活动有关的现金	3	=SUMIF(记账凭证表！K:K,MID(现金流量表主表！B10,3,60),记账凭证表！I:I)
经营活动现金流入小计	4	=SUM(C8:C10)
购买商品、接受劳务支付的现金	5	=SUMIF(记账凭证表！K:K,MID(现金流量表主表！B12,3,60),记账凭证表！J:J)
支付给职工以及为职工支付的现金	6	=SUMIF(记账凭证表！K:K,MID(现金流量表主表！B13,3,60),记账凭证表！J:J)
支付的各项税费	7	=SUMIF(记账凭证表！K:K,MID(现金流量表主表！B14,3,60),记账凭证表！J:J)
支付其他与经营活动有关的现金	8	=SUMIF(记账凭证表！K:K,MID(现金流量表主表！B15,3,60),记账凭证表！J:J)
经营活动现金流出小计	9	=SUM(C12:C15)
经营活动产生的现金流量净额	10	=C11－C16

(续表)

项 目	行次	本月金额
二、投资活动产生的现金流量：		
收回投资收到的现金	11	=SUMIF(记账凭证表!K:K,MID(现金流量表主表!B19,3,60),记账凭证表!I:I)
取得投资收益收到的现金	12	=SUMIF(记账凭证表!K:K,MID(现金流量表主表!B20,3,60),记账凭证表!I:I)
处置固定资产、无形资产和其他长期资产收回的现金净额	13	=SUMIF(记账凭证表!K:K,MID(现金流量表主表!B21,3,60),记账凭证表!I:I)
处置子公司及其他营业单位收到的现金净额	14	=SUMIF(记账凭证表!K:K,MID(现金流量表主表!B22,3,60),记账凭证表!I:I)
收到其他与投资活动有关的现金	15	=SUMIF(记账凭证表!K:K,MID(现金流量表主表!B23,3,60),记账凭证表!I:I)
投资活动现金流入小计	16	=SUM(C19:C23)
购建固定资产、无形资产和其他长期资产支付的现金	17	=SUMIF(记账凭证表!K:K,MID(现金流量表主表!B25,3,60),记账凭证表!J:J)
投资支付的现金	18	=SUMIF(记账凭证表!K:K,MID(现金流量表主表!B26,3,60),记账凭证表!J:J)
取得子公司及其他营业单位支付的现金净额	19	=SUMIF(记账凭证表!K:K,MID(现金流量表主表!B27,3,60),记账凭证表!J:J)
支付其他与投资活动有关的现金	20	=SUMIF(记账凭证表!K:K,MID(现金流量表主表!B28,3,60),记账凭证表!J:J)
投资活动现金流出小计	21	=SUM(C25:C28)
投资活动产生的现金流量净额	22	=C24-C29
三、筹资活动产生的现金流量：		
吸收投资收到的现金	23	=SUMIF(记账凭证表!K:K,MID(现金流量表主表!B32,3,60),记账凭证表!I:I)
取得借款收到的现金	24	=SUMIF(记账凭证表!K:K,MID(现金流量表主表!B33,3,60),记账凭证表!I:I)
收到其他与筹资活动有关的现金	25	=SUMIF(记账凭证表!K:K,MID(现金流量表主表!B34,3,60),记账凭证表!I:I)
筹资活动现金流入小计	26	=SUM(C32:C34)
偿还债务支付的现金	27	=SUMIF(记账凭证表!K:K,MID(现金流量表主表!B36,3,60),记账凭证表!J:J)
分配股利、利润或偿付利息支付的现金	28	=SUMIF(记账凭证表!K:K,MID(现金流量表主表!B37,3,60),记账凭证表!J:J)
支付其他与筹资活动有关的现金	29	=SUMIF(记账凭证表!K:K,MID(现金流量表主表!B38,3,60),记账凭证表!J:J)

(续表)

项 目	行次	本月金额
筹资活动现金流出小计	30	＝SUM(C36:C38)
筹资活动产生的现金流量净额	31	＝C35－C39
四、汇率变动对现金及现金等价物的影响	32	—
五、现金及现金等价物净增加额	33	＝C17＋C30＋C40
加：期初现金及现金等价物余额	34	3 876 557.49
六、期末现金及现金等价物余额	35	＝C42＋C43

表 7-12　　　　　　　　　　　现金流量表　　　　　　　　　　会企 03 表

编制单位：烟台兴茂机械制造有限公司　　　2021 年 12 月　　　　　　　单位：元

项目	本月金额
一、经营活动产生的现金流量：	
销售商品、提供劳务收到的现金	1 313 000.00
收到的税费返还	—
收到其他与经营活动有关的现金	—
经营活动现金流入小计	1 313 000.00
购买商品、接受劳务支付的现金	649 870.00
支付给职工以及为职工支付的现金	1 026 000.00
支付的各项税费	179 993.00
支付其他与经营活动有关的现金	282 100.00
经营活动现金流出小计	2 137 963.00
经营活动产生的现金流量净额	－824 963.00
二、投资活动产生的现金流量：	
收回投资收到的现金	—
取得投资收益收到的现金	40 000.00
处置固定资产、无形资产和其他长期资产收回的现金净额	339 000.00
处置子公司及其他营业单位收到的现金净额	—
收到其他与投资活动有关的现金	—
投资活动现金流入小计	379 000.00
购建固定资产、无形资产和其他长期资产支付的现金	238 800.00
投资支付的现金	—
取得子公司及其他营业单位支付的现金净额	—

(续表)

项目	本月金额
支付其他与投资活动有关的现金	18 000.00
投资活动现金流出小计	256 800.00
投资活动产生的现金流量净额	122 200.00
三、筹资活动产生的现金流量：	
吸收投资收到的现金	—
取得借款收到的现金	500 000.00
收到其他与筹资活动有关的现金	—
筹资活动现金流入小计	500 000.00
偿还债务支付的现金	1 160 000.00
分配股利、利润或偿付利息支付的现金	10 000.00
支付其他与筹资活动有关的现金	—
筹资活动现金流出小计	1 170 000.00
筹资活动产生的现金流量净额	−670 000.00
四、汇率变动对现金及现金等价物的影响	—
五、现金及现金等价物净增加额	−1 372 763.00
加：期初现金及现金等价物余额	3 876 557.49
六、期末现金及现金等价物余额	2 503 794.49

本章练习

一、单项选择题

1. 按照编报主体的不同,会计报表可分为(　　)。
   A. 内部报表和外部报表　　　　B. 静态报表和动态报表
   C. 个别报表和合并报表　　　　D. 月报、季报和年报

2. 下列各项中,不属于中期财务报表的是(　　)。
   A. 年报　　　　　　　　　　　B. 半年报
   C. 季报　　　　　　　　　　　D. 月报

3. 我国的资产负债表采用的是(　　)结构。
   A. 多步式　　　　　　　　　　B. 报告式
   C. 账户式　　　　　　　　　　D. 单步式

4. 资产负债表中的各报表项目(　　)。
   A. 都按有关科目期末余额直接填列
   B. 必须对科目发生额和余额进行分析计算才能填列
   C. 应根据有关科目的发生额填列
   D. 有的项目可以直接根据科目的期末余额填列,有的项目需要根据有关科目的期末余额分析填列

5. 下列各项中,反映企业在一定会计期间经营成果的报表是(　　)。
   A. 资产负债表　　　　　　　　B. 利润表
   C. 现金流量表　　　　　　　　D. 所有者权益变动表

6. 利用 EXCEL 编制现金流量表,需要使用的函数不包括(　　)。
   A. IFERROR　　B. SUMIF　　C. SUM　　D. MID

7. 下列各项中,不属于现金流量表"筹资活动产生的现金流量"的是(　　)。
   A. 取得借款收到的现金
   B. 吸收投资收到的现金
   C. 处置固定资产收回的现金净额
   D. 分配股利、利润或偿付利息支付的现金

8. 利用 EXCEL 编制资产负债表,"短期借款"项目可使用函数公式"＝IFERROR(VLOOKUP(要查找的值,要查找的区域,返回数据在查找区域的第几列数,0),0)"。其中,"要查找的值"是指(　　)。
   A. "长期借款"　　　　　　　　B. "短期借款"
   C. "预收账款"　　　　　　　　D. "固定资产"

9. 下列事项中,不影响企业的现金流量的是(　　)。
   A. 取得短期借款　　　　　　　B. 支付现金股利

C. 偿还长期借款　　　　　　　　D. 购买三个月内到期的短期债券

10. 利用EXCEL编制现金流量表时,可以通过(　　)命令完成自动筛选设置,将"科目编码"为"1001""1002"和"1015"的行筛出。

A. 数据→记录单　　　　　　　　B. 文件→选项
C. 数据→筛选　　　　　　　　　D. 数据→有效性

11. 现金流量表是以(　　)为基础编制的会计报表。

A. 权责发生制　　　　　　　　　B. 收付实现制
C. 应收应付制　　　　　　　　　D. 费用配比制

12. 利用EXCEL编制现金流量表时,需要先设置"现金流量选项"的数据有效性,可以通过(　　)命令打开(　　)对话框进行系列操作。

A. 数据→记录单,记录单　　　　B. 文件→选项,Excel选项
C. 数据→筛选,筛选　　　　　　D. 数据→有效性,数据有效性

二、多项选择题

1. 资产负债表中的"应收账款"项目应根据(　　)填列。

A. 应收账款所属明细账借方余额合计
B. 预收账款所属明细账借方余额合计
C. 与应收账款有关的坏账准备科目的贷方余额
D. 应收账款总账科目借方余额

2. 利用EXCEL编制资产负债表,"存货"项目可使用函数公式"=IFERROR(VLOOKUP(要查找的值,要查找的区域,返回数据在查找区域的第几列数,0),0)",其中"要查找的值"可能为(　　)。

A. "库存商品"　　　　　　　　　B. "存货跌价准备"
C. "周转材料"　　　　　　　　　D. "材料采购"

3. 下列各项中,应列入资产负债表"其他应付款"项目的有(　　)。

A. 计提的短期借款利息
B. 计提的一次还本付息的债券利息
C. 计提的分期付息到期还本债券利息
D. 计提的分期付息到期还本长期借款利息

4. 函数公式"=MID(B36,3,10)"中"3"表示(　　),"10"表示(　　)。

A. "3"表示从单元格B36中的字符串3位(从左到右)开始截取
B. "10"表示从单元格B36中的字符串10位(从左到右)开始截取
C. "3"表示截取3个字符
D. "10"表示截取10个字符

5. 下列各项中,属于SUMIF函数参数的有(　　)。

A. logical_test(测试条件)　　　B. range(条件区域)
C. Criteria(求和条件)　　　　　D. Sum_range(实际求和区域)

6. 下列事项中,影响"经营活动现金流量"的项目有(　　)。

A. 发行股票支付的发行费用　　　B. 偿还应付购货款

C. 支付在建工程人员的工资　　　　　D. 收到的银行存款利息

7. 下列项目中,应在现金流量表中的"支付给职工以及为职工支付的现金"项目中反映的有(　　)。

　　A. 支付给管理人员的工资　　　　　B. 支付给促销人员的工资
　　C. 支付给生产车间工人的工资　　　D. 支付给在建工程人员的工资

8. 在编制资产负债表和利润表都需要使用的函数有(　　)。

　　A. IFERROR　　　　　　　　　　　B. VLOOKUP
　　C. SUM　　　　　　　　　　　　　D. MID

三、判断题

1. 按会计报表反映内容不同,可以分为资产负债表、利润表、现金流量表和所有者权益变动表等。　　　　　　　　　　　　　　　　　　　　　　　　　　　　　(　　)

2. "预付账款"科目所属明细科目期末有贷方余额的,应在资产负债表"预付款项"项目以负数填列。　　　　　　　　　　　　　　　　　　　　　　　　　　　　(　　)

3. "无形资产"项目,应根据"无形资产"科目期末余额减去"累计摊销"科目余额后的净额填列。　　　　　　　　　　　　　　　　　　　　　　　　　　　　　　　(　　)

4. 中期财务报表是指半年度报表。　　　　　　　　　　　　　　　　　　(　　)

5. MID 函数的功能是从一个字符串中截取出指定数量的字符。　　　　　(　　)

6. 现金流量表中的"现金"是指库存现金和银行存款。　　　　　　　　　(　　)

7. 利用 EXCEL 编制资产负债表,"实收资本(或股本)"项目可使用函数公式＝IFERROR(VLOOKUP("实收资本",要查找的区域,返回数据在查找区域的第几列数,0),0)。
　　　　　　　　　　　　　　　　　　　　　　　　　　　　　　　　　　(　　)

8. 资产负债表的"存货"项目中包含"工程物资"的余额。　　　　　　　(　　)

9. 编制现金流量表所使用的 SUMIF 函数的功能是对报表范围中符合指定条件的值求和。　　　　　　　　　　　　　　　　　　　　　　　　　　　　　　　　　(　　)

10. IFERROR 函数可以判断某些内容的正确与否,正确则返回正确结果,错误则返回需要显示的信息。　　　　　　　　　　　　　　　　　　　　　　　　　　(　　)

四、思考题

1. 资产负债表中"期末余额"栏的填制方法有哪些?
2. 利用 EXCEL 中的 IFERROR 和 VLOOKUP 函数编制资产负债表时,"固定资产"项目的自动生产公式应如何设置?
3. 如何使用 IFERROR 函数?

五、业务操作题

1. 烟台三立公司 2021 年 12 月 31 日货币资金余额为 72 345.39 元,2022 年 1 月财务人员根据发生的经济业务完成记账凭证表的编制,记账凭证表如图 7-7 所示。

要求:根据记账凭证表,利用 Excel 编制烟台三立公司 2022 年 1 月的现金流量表。

2. 烟台三立公司 2022 年 2 月的科目余额表如表 7-13 所示。

要求:根据科目余额表,利用 Excel 编制烟台三立公司 2022 年 2 月 28 日的资产负债表。

月	日	序号	凭证编号	摘要	科目编码	总账科目	借方金额	贷方金额
\multicolumn{9}{c}{2022年1月烟台三立公司记账凭证表}							
01	01	01	2022010101	提现	1001	库存现金	2,000.00	
01	01	01	2022010101		1002	银行存款		2,000.00
01	07	02	2022010702	收取货款	1002	银行存款	10,000.00	
01	07	02	2022010702		1122	应收账款		10,000.00
01	09	03	2022010903	购买材料	1403	原材料	20,000.00	
01	09	03	2022010903		2221	应交税费	2,600.00	
01	09	03	2022010903		1002	银行存款		22,600.00
01	10	04	2022011004	购买固定资产	1601	固定资产	10,000.00	
01	10	04	2022011004		1002	银行存款		10,000.00
01	14	05	2022011405	发工资	2211	应付职工薪酬	18,000.00	
01	14	05	2022011405		1002	银行存款		18,000.00
01	18	06	2022011806	支付借款利息	2231	应付利息	370.00	
01	18	06	2022011806		1002	银行存款		370.00
01	23	07	2022012307	支付广告费	6601	销售费用	2,000.00	
01	23	07	2022012307		1002	银行存款		2,000.00
01	27	08	2022012708	销售商品	1122	应收账款	700,000.00	
01	27	08	2022012708		6001	主营业务收入		619,469.03
01	27	08	2022012708		2221	应交税费		80,530.97
01	31	09	2022013109	结转销售成本	6401	主营业务成本	465,317.00	
01	31	09	2022013109		1405	库存商品		465,317.00
01	31	10	2022013110	计提税费	6403	税金及附加	7,793.01	
01	31	10	2022013110		2221	应交税费		7,793.01
01	31	11	2022013111	结转收入收益类	6001	主营业务收入	619,469.03	
01	31	11	2022013111		4103	本年利润		619,469.03
01	31	11	2022013111	结转成本费用类	4103	本年利润	475,110.01	
01	31	11	2022013111		6601	销售费用		2,000.00
01	31	11	2022013111		6401	主营业务成本		465,317.00
01	31	11	2022013111		6403	税金及附加		7,793.01

图 7-7 烟台三立公司 2022 年 1 月记账凭证表

表 7-13 科目余额表

单位：烟台三立公司　　　　　　2022 年 2 月　　　　　　单位：元

总账科目	期初余额		本期发生额		期末余额	
	借方金额	贷方金额	借方金额	贷方金额	借方金额	贷方金额
库存现金	9 500.00		2 500.00	500.00	11 500.00	
银行存款	502 054.00		32 470.00	44 560.00	489 964.00	
应收账款	651 355.00		22 600.00	22 600.00	651 355.00	
其他应收款	94 700.00				94 700.00	
坏账准备		4 500.00				4 500.00
原材料	640 281.00		12 000.00		652 281.00	
周转材料	182 200.00				182 200.00	
生产成本	408 498.00				408 498.00	
库存商品	1 036 000.00			13 000.00	1 023 000.00	
材料成本差异	2 870.00				2 870.00	
长期股权投资	300 000.00				300 000.00	
固定资产	23 028 050.00				23 028 050.00	

(续表)

总账科目	期初余额		本期发生额		期末余额	
	借方金额	贷方金额	借方金额	贷方金额	借方金额	贷方金额
累计折旧		5 099 949.00		4 720.00		5 104 669.00
无形资产	1 200 000.00		12 000.00		1 212 000.00	
累计摊销		80 000.00				8 000.00
长期待摊费用	90 045.00				90 045.00	
短期借款		100 000.00				100 000.00
应付票据		50 000.00				50 000.00
应付账款		1 461 292.00				1 461 292.00
预收账款		54 000.00				54 000.00
应付职工薪酬		18 000.00	16 500.00			1 500.00
应交税费		153 356.00	2 600.00	3 640.00		154 396.00
其他应付款		6 800.00				6 800.00
应付债券		1 200 000.00				1 200 000.00
实收资本		18 210 000.00				18 210 000.00
资本公积		120 000.00				12 000.00
盈余公积		579 655.63				579 655.63
本年利润			18 350.00	30 000.00		11 650.00
利润分配		1 008 000.37				1 008 000.37
主营业务收入			30 000.00	30 000.00		—
主营业务成本			13 000.00	13 000.00		—
销售费用			1 400.00	1 400.00		
管理费用			3 820.00	3 820.00		—
财务费用			130.00	130.00		
合计	28 145 553.00	28 145 553.00	167 370.00	167 370.00	28 146 463.00	28 146 463.00

第八章　Excel 在财务分析中的应用

知识导航

Excel 在财务分析中的应用
- 财务分析概述
  - 财务分析的概念
  - 财务分析的目的
  - 财务分析的方法
- 财务比率分析
  - 偿债能力分析
  - 营运能力分析
  - 盈利能力分析
  - 发展能力分析
- 财务状况趋势分析
- 企业间财务状况的比较分析
  - 采用标准财务比率进行比较、分析
  - 采用理想财务报表进行比较、分析
- 财务状况综合分析
  - 杜邦分析法
  - 沃尔评分法

学习目标

1. 掌握运用 Excel 进行财务比率分析的方法
2. 掌握运用 Excel 进行财务状况趋势分析的方法
3. 掌握运用 Excel 进行企业间的财务状况比较分析的方法
4. 掌握运用 Excel 进行杜邦分析与沃尔综合评分分析的方法

第一节　财务分析概述

一、财务分析的概念

财务分析又称财务报表分析,是指在财务报表及其相关资料的基础上,通过一定的方法和手段,对财务报表提供的数据进行系统和深入的分析研究,揭示有关指标之间的关系、变动情况及其原因,从而向使用者提供相关和全面的信息,也就是将财务报表及相关数据转换为对特定决策有用的信息,对企业过去的财务状况和经营成果以及未来前景做出评价。通过这一评价,可以为财务决策、计划和控制提供帮助。

二、财务分析的目的

财务报表的使用者包括投资人、债权人、政府部门、经理、雇员等利益相关者,不同使用者所关心的问题和侧重点有所不同,因此进行财务分析的目的也有所不同。财务分析的目的主要有以下几个方面。

1. 评价企业的财务状况

通过对企业的财务报表等会计资料进行分析,财务报表使用者能够了解企业资产的流动性、负债水平和偿债能力,从而评价企业的财务状况和经营成果,为企业管理者、投资者和债权人等提供财务信息。

2. 评价企业的资产管理水平

企业的生产经营过程实际就是利用资产取得收益的过程。企业资产的管理水平直接影响到企业的收益,它体现了企业的整体素质。通过财务分析可以了解企业对资金、存货、应收账款、固定资产等的周转利用情况,为评价经营管理水平提供依据。

3. 评价企业的获利能力

通过财务分析,财务报表使用者可以评价企业的获利能力。利润是企业经营的最终成果体现,是企业生存和发展的最终目的。因此,不同的利益关系人都十分关心企业的获利能力。

4. 评价企业的发展趋势

通过财务分析,财务报表使用者可以判断出企业的发展趋势,预测企业的经营前景,从而避免因决策失误而带来的重大经济损失。

三、财务分析的方法

财务分析的方法,通常有以下几种。

1. 纵向分析

纵向分析又称动态分析或趋势分析,是指不同时期财务报表之间相同项目变化的比较分析,即将企业连续多年的财务报表中的相同项目并行排列在一起,并计算其增减额及增减百分比,编制出比较财务报表,以揭示各项目的变化情况。

2. 横向分析

横向分析又称静态分析,是指同一时期财务报表中不同项目之间的比较和分析,主要是通过编制"共同比财务报表"(或称百分比报表)进行分析,即将财务报表中的某一重要项目(如资产总额或权益总额、营业收入等)的数据作为100%,然后将报表中其余项目的金额都以这个重要项目百分率的形式作纵向排列,从而揭示出各个项目的数据在企业财务中的相对重要程度。

采用这种形式编制的财务报表使得在同行业中规模不同的企业之间进行经营和财务状况比较成为可能,当然同时要求它们所采用的会计核算方法和财务报表编制程序也必须大致相同,否则就不会得到有实际意义的结果。

3. 财务比率分析

财务比率是相互联系的指标项目之间的比值,用以反映各项财务数据之间的相互关系,以揭示企业的财务状况和经营成果,是财务分析中最重要的分析方法。

财务比率包括同一张报表中不同项目之间的比较和不同财务报表的相关项目之间的比较,其比值有的用系数表示,有的用百分数表示。

4. 因素分析

因素分析是利用各种因素之间的数量依存关系,通过因素替换,从数量上测定各因素变动对某项综合性经济指标的影响程度的一种方法,具体包括差额分析法、指标分解法、连环替代法和定基替代法等。

5. 综合分析

综合分析是指将反映企业各方面的指标纳入一个有机的整体之中,以全面系统地对企业经济活动进行分析与评价的一种方法。在实际中,企业的各项经济活动、各种财务报表、各项指标之间并不是相互割裂、毫无联系的,而是相互联系、相互影响的。单独分析任何一项或一类财务指标,都难以全面评价目标企业的财务状况和经营成果。这就需要分析者将企业生产经营活动看作一个大系统,将不同财务报表和指标联系起来,对目标企业整体做出系统、全面的评价。

第二节 财务比率分析

财务比率分析按照反映的内容,一般可以分为四个方面:偿债能力分析、盈利能力分析、营运能力分析、发展能力分析。

一、偿债能力分析

偿债能力是指企业偿还到期债务(包括本息)的能力。企业偿债能力低不仅说明企业资金紧张,难以支付日常经营支出,而且说明企业资金周转不灵,难以偿还到期债务,甚至面临破产危险。由于债务按到期时间分为短期债务和长期债务,所以偿债能力分析包括短期偿债能力分析和长期偿债能力分析。

(一) 短期偿债能力分析

1. 流动比率

流动比率是企业流动资产与流动负债的比率,它表明企业每1元流动负债由多少流动资产作为偿还保证,反映企业可在短期内转变为现金的流动资产偿还到期流动负债的能力。其计算公式为:

$$流动比率 = \frac{流动资产}{流动负债}$$

一般情况下,流动比率越高,反映企业短期偿债能力越强,债权人的权益就越有保证。一般认为,工业企业合理的最低流动比率是2。这是因为流动资产中变现能力最差的存货金额约占流动资产总额的一半,剩下的流动性较大的流动资产至少要等于流动负债,企业短期偿债能力才会有保证。人们长期以来的这种认识因其未能从理论上证明,还不能成为一个统一标准。

2. 速动比率

速动比率是企业速动资产与流动负债的比率。它假设速动资产是可以用于偿债的资产,表明每1元流动负债由多少速动资产作为偿还保障。速动资产,是指流动资产减去变现能力较差且不稳定的存货等后的余额。由于剔除了存货等变现能力较差的资产,速动比率比流动比率能更准确、更可靠地评价企业资产的流动性及偿还短期债务的能力。其计算公式为:

$$速动比率 = \frac{速动资产}{流动负债}$$

一般情况下,速动比率越高,表明企业偿还流动负债的能力越强。一般认为速动比率为1较合适。速动比率过低,企业面临较高的偿债风险;但速动比率过高,会因占用现金及应收账款过多而增加企业的机会成本。

3. 现金比率

现金比率是企业现金资产与流动负债的比率,它表明每1元流动负债由多少现金资产作为偿还保障。现金比率的计算公式为:

$$现金比率 = \frac{货币资金 + 交易性金融资产}{流动负债}$$

一般情况下,现金资产就是速动资产扣除应收账款后的余额。速动资产扣除应收账款后计算出来的金额,最能反映企业直接偿付流动负债的能力。现金比率一般认为20%以上为好。但这一比率过高,就意味着企业流动负债未能得到合理运用,而现金类资产获利能力低,这类资产金额太高会导致企业机会成本增加。

(二) 长期偿债能力分析

长期偿债能力是指企业偿还非流动负债的能力。评价企业长期偿债能力的指标主要有资产负债率、股东权益比率、权益乘数、产权比率和利息保障倍数。

1. 资产负债率

资产负债率是企业负债总额与资产总额的比率,也称为负债比率,它反映企业的资产总额中有多少是通过举债而得到的。其计算公式为:

$$资产负债率 = \frac{负债总额}{资产总额} \times 100\%$$

资产负债率反映企业偿还债务的综合能力,这个比率越高,企业偿还债务的能力越差;反之,偿还债务的能力越强。保守的观点认为资产负债率不应高于50%,而国际上通常认为资产负债率等于60%较为适当。

2. 股东权益比率

股东权益比率是股东权益总额与资产总额的比率,该比率反映企业资产中有多少是所有者投入的。其计算公式为:

$$股东权益比率 = \frac{股东权益总额}{资产总额} \times 100\%$$

股东权益比率与资产负债率之和等于1。这两个比率从不同的侧面来反映企业长期财务状况,股东权益比率越大,资产负债率就越小,企业财务风险就越小,偿还长期债务的能力就越强。

3. 权益乘数

股东权益比率的倒数,称为权益乘数,即资产总额是股东权益的多少倍。其计算公式为:

$$权益乘数=\frac{资产总额}{股东权益总额}$$

权益乘数越大,表明股东投入的资本在资产中所占比重越小,企业负债程度越高;反之,该比率越小,表明所有者投入企业的资本占全部资产的比重越大,企业的负债程度越低,债权人权益受保护程度也越高。

4. 产权比率

产权比率又称资本负债率,是负债总额与所有者权益(或股东权益)总额的比率,它是企业财务结构稳健与否的重要标志。它反映了企业股东权益对债权人权益的保障程度。其计算公式为:

$$产权比率=\frac{负债总额}{所有者权益总额}\times 100\%$$

一般来说,产权比率越低,表明企业长期偿债能力越强,债权人权益保障程度越高,债权人越有安全感;反之,比率越高,表示企业长期偿债能力越弱,债权人安全感越小。

5. 利息保障倍数

利息保障倍数是指企业息税前利润与利息费用之比,又称已获利息倍数,用以衡量偿付借款利息的能力。其计算公式为:

$$利息保障倍数=\frac{息税前利润}{利息费用}=\frac{净利润+利息费用+所得税费用}{利息费用}$$

要维持正常偿债能力,利息保障倍数至少应大于1,且比值越高,企业长期偿债能力越强。如果利息保障倍数过低,企业将面临亏损、偿债的安全性与稳定性下降的风险。利息保障倍数的国际标准值为3,下限为1。

【例8-1】 烟台兴茂机械制造有限公司2021年的资产负债表和利润表分别如表8-1、表8-2所示。

要求:试计算烟台兴茂机械制造有限公司2021年年末偿债能力的各项指标。

表8-1　　　　　　　　　　　资产负债表(简表)

编制单位:烟台兴茂机械制造有限公司　　2021年12月31日　　　　　　金额单位:万元

资产	年初余额	期末余额	负债和所有者权益	年初余额	期末余额
流动资产:			流动负债:		
货币资金	125	250	短期借款	225	300
交易性金融资产	60	30	应付票据	20	25

(续表)

资产	年初余额	期末余额	负债和所有者权益	年初余额	期末余额
应收票据	55	40	应付账款	545	500
应收账款	995	1 990	预收款项	20	50
预付款项	20	60	应付职工薪酬	85	70
其他应收款	110	110	应交税费	145	520
存货	1 630	595	其他应付款	60	35
一年内到期的非流动资产	55	425	流动负债合计	1 100	1 500
流动资产合计	3 050	3 500	非流动负债:		
非流动资产			长期借款	1 225	2 250
长期股权投资	225	150	应付债券	1 300	1 200
固定资产	4 835	6 190	其中:优先股		
在建工程	175	90	永续债		
无形资产	40	30	其他非流动负债	375	350
递延所得税资产	75	25	非流动负债合计	2 900	3 800
其他非流动资产	0	15	负债合计	4 000	5 300
非流动资产合计	5 350	6 500	所有者权益:		
			实收资本	3 000	3 000
			资本公积	50	80
			盈余公积	200	370
			未分配利润	1 150	1 250
			所有者权益合计	4 400	4 700
资产总计	8 400	10 000	负债和所有者权益总计	8 400	10 000

表 8-2　　　　　　　　　　利润表(简表)

编制单位:烟台兴茂机械制造有限公司　　2021年度　　　　　金额单位:万元

项目	上年金额	本年金额
一、营业收入	14 250	15 000
减:营业成本	12 515	13 220
税金及附加	40	40
销售费用	100	110
管理费用	120	230

(续表)

项 目	上年金额	本年金额
财务费用	480	550
加：投资收益	120	200
二、营业利润	1 115	1 050
加：营业外收入	−85	50
减：营业外支出	25	100
三、利润总额	1 175	1 000
减：所得税费用	375	320
四、净利润	800	680

【操作步骤】

第一步，打开一个新的工作簿，将烟台兴茂机械制造有限公司的资产负债表和利润表分别复制到该工作簿的两个工作表 sheet1、sheet2 中，如图 8-1 和图 8-2 所示。

	A	B	C	D	E	F
1				资产负债表（简表）		
2	编制单位：烟台兴茂机械制造有限公司			2021年12月31日		单位：万元
3	资产	年初余额	期末余额	负债及所有者权益	年初余额	期末余额
4	流动资产：			流动负债：		
5	货币资金	125.00	250.00	短期借款	225.00	300.00
6	交易性金融资产	60.00	30.00	应付票据	20.00	25.00
7	应收票据	55.00	40.00	应付账款	545.00	500.00
8	应收账款	995.00	1,990.00	预收款项	20.00	50.00
9	预付款项	20.00	60.00	应付职工薪酬	85.00	70.00
10	其他应收款	110.00	110.00	应交税费	145.00	520.00
11	存货	1,630.00	595.00	其他应付款	60.00	35.00
12	一年内到期的非流动资产	55.00	425.00	流动负债合计	1,100.00	1,500.00
13	流动资产合计	3,050.00	3,500.00	非流动负债：		
14	非流动资产：			长期借款	1,225.00	2,250.00
15	长期股权投资	225.00	150.00	应付债券	1,300.00	1,200.00
16	固定资产	4,835.00	6,190.00	其中：优先股	0.00	0.00
17	在建工程	175.00	90.00	永续债	0.00	0.00
18	无形资产	40.00	30.00	其他非流动负债	375.00	350.00
19	递延所得税资产	75.00	25.00	非流动负债合计	2,900.00	3,800.00
20	其他非流动资产	0.00	15.00	负债合计	4,000.00	5,300.00
21	非流动资产合计	5,350.00	6,500.00	所有者权益：		
22				实收资本	3,000.00	3,000.00
23				资本公积	50.00	80.00
24				盈余公积	200.00	370.00
25				未分配利润	1,150.00	1,250.00
26				所有者权益合计	4,400.00	4,700.00
27	资产总计	8,400.00	10,000.00	负债及所有者权益总计	8,400.00	10,000.00

图 8-1 资产负债表(简表)

第二步，将 Sheet3 重命名为"偿债能力分析"，设置好偿债能力分析的格式，如图 8-3 所示。

第三步，计算流动比率。在偿债能力分析表的单元格 B4 中输入公式"＝资产负债表！C13/资产负债表！F12"，回车即得到流动比率为"2.33"，如图 8-4 所示。

	A	B	C
1	利润表（简表）		
2	编制单位：烟台兴茂机械制造有限公司	2021年度	单位：万元
3	项　　目	上年金额	本年金额
4	一、营业收入	14,250.00	15,000.00
5	减：营业成本	12,515.00	13,220.00
6	税金及附加	40.00	40.00
7	销售费用	100.00	110.00
8	管理费用	120.00	230.00
9	财务费用	480.00	550.00
10	加：投资收益	120.00	200.00
11	二、营业利润	1,115.00	1,050.00
12	加：营业外收入	85.00	50.00
13	减：营业外支出	25.00	100.00
14	三、利润总额	1,175.00	1,000.00
15	减：所得税费用	375.00	320.00
16	四、净利润	800.00	680.00

图 8-2　利润表（简表）

	A	B
1	财务比率分析——偿债能力分析	
2	指标名称	2021年指标值
3	一、短期偿债能力	—
4	流动比率	
5	速动比率	
6	现金比率	
7	二、长期偿债能力	—
8	资产负债率	
9	股东权益比率	
10	权益乘数	
11	产权比率	
12	利息保障倍数	

图 8-3　偿债能力分析

　　第四步，计算速动比率。在偿债能力分析表的单元格 B5 中输入公式"=（资产负债表！C13－资产负债表！C11－资产负债表！C12）/资产负债表！F12"，得到速动比率为 1.65。

　　第五步，计算现金比率。将偿债能力分析表单元格 B6 的格式设置为百分比，输入公式"=（资产负债表！C5＋资产负债表！C6）/资产负债表！F12"，得到现金比率为 18.67%。

　　第六步，计算资产负债率。将偿债能力分析表单元格 B8 的格式设置为百分比，输入公式"=资产负债表！F20/资产负债表！C27"，得到资产负债率为 53.00%。

　　第七步，计算股东权益比率。将偿债能力分析表的单元格 B9 的格式设置为百分比，输入公式"=资产负债表！F26/资产负债表！C27"，得到股东权益比率为 47.00%。

　　第八步，计算权益乘数。在偿债能力分析表的单元格 B10 中输入公式"=资产负债表！C27/资产负债表！F26"，得到权益乘数为 2.13。

　　第九步，计算产权比率。将偿债能力分析表的单元格 B11 的格式设置为百分比，输入公

Excel在会计中的应用

	A	B
1	财务比率分析——偿债能力分析	
2	指标名称	2021年指标值
3	一、短期偿债能力	—
4	流动比率	2.33
5	速动比率	
6	现金比率	
7	二、长期偿债能力	
8	资产负债率	
9	股东权益比率	
10	权益乘数	
11	产权比率	
12	利息保障倍数	

B4 单元格公式：=资产负债表!C13/资产负债表!F12

图 8-4 计算流动比率

式"＝资产负债表！F20/资产负债表！F26",得到产权比率为 112.77％。

第十步,计算利息保障倍数。在偿债能力分析表的单元格 B12 中输入公式"＝(利润表！C14＋利润表！C9)/利润表！C9",得到利息保障倍数为 2.82。

第四步至第十步各指标值如图 8-5 所示。

	A	B
1	财务比率分析——偿债能力分析	
2	指标名称	2021年指标值
3	一、短期偿债能力	—
4	流动比率	2.33
5	速动比率	1.65
6	现金比率	18.67%
7	二、长期偿债能力	—
8	资产负债率	53.00%
9	股东权益比率	47.00%
10	权益乘数	2.13
11	产权比率	112.77%
12	利息保障倍数	2.82

图 8-5 计算烟台兴茂机械制造有限公司偿债能力各项指标

二、营运能力分析

营运能力是指企业对资产利用的能力,即资产运用效率的分析,通常用各种资产的周转速度表示。一般而言,资产周转速度越快,说明企业的资产管理水平越高,资产利用效率越高。资产利用效率标志着资产的运行状态及其管理效果的好坏,这将对企业的偿债能力和获利能力产生重要影响。评价企业营运能力的指标主要包括：流动资产周转情况、固定资产周转率和总资产周转率三个方面。

（一）流动资产周转情况

反映流动资产周转情况的指标主要有应收账款周转率、存货周转率和流动资产周转率。

1. 应收账款周转率

应收账款周转率(周转次数)是指一定时期内应收账款平均收回的次数,是一定时期内商品或产品销售收入净额与平均应收账款余额的比值。其计算公式为：

$$应收账款周转率(周转次数)=\frac{营业收入}{平均应收账款余额}$$

$$应收账款周转期(周转天数)=\frac{平均应收账款余额 \times 360}{营业收入}=\frac{360}{应收账款周转率}$$

$$平均应收账款余额=\frac{应收账款余额年初数+应收账款余额年末数}{2}$$

公式中的应收账款包括会计报表中"应收账款"和"应收票据"等全部赊销账款在内,且其金额应为扣除坏账准备后的金额。

一般而言,应收账款周转率越高,则应收账款周转天数越短,说明应收账款的收回越快,可以减少坏账损失。注意该指标不适合季节性经营的企业。

2. 存货周转率

存货周转率(周转次数)是指一定时期内企业销售成本与存货平均资金占用额的比率,是衡量和评价企业购入存货、投入生产、销售收回等各环节管理效率的综合性指标。其计算公式为:

$$存货周转率(周转次数)=\frac{营业成本}{平均存货余额}$$

$$存货周转期(周转天数)=\frac{平均存货余额 \times 360}{营业成本}=\frac{360}{存货周转率}$$

$$平均存货余额=\frac{存货余额年初数+存货余额年末数}{2}$$

3. 流动资产周转率

流动资产周转率是反映企业流动资产周转速度的指标。流动资产周转率(周转次数)是一定时期销售收入净额与企业流动资产平均占用额之间的比率。其计算公式为:

$$流动资产周转率(周转次数)=\frac{营业收入}{平均流动资产总额}$$

$$流动资产周转期(周转天数)=\frac{平均流动资产总额 \times 360}{营业收入}=\frac{360}{流动资产周转率}$$

$$平均流动资产总额=\frac{流动资产总额年初数+流动资产总额年末数}{2}$$

在一定时期内,流动资产周转次数越多,表明以相同的流动资产完成的周转额越多,流动资产利用效果越好。流动资产周转天数越少,表明流动资产在经历生产销售各阶段所占用的时间越短,可相对节约流动资产,增强企业的盈利能力。

(二) 固定资产周转率

固定资产周转率是指企业年销售收入净额与固定资产平均净额的比率。它是反映企业固定资产周转情况,从而衡量固定资产利用效率的一项指标。其计算公式为:

$$固定资产周转率(周转次数)=\frac{营业收入}{平均固定资产净值}$$

$$固定资产周转期(周转天数)=\frac{平均固定资产净值 \times 360}{营业收入}=\frac{360}{固定资产周转率}$$

$$平均固定资产净值=\frac{固定资产净值年初数+固定资产净值年末数}{2}$$

固定资产周转率高,说明企业固定资产投资得当,结构合理,利用效率高;反之,如果固定资产周转率不高,则表明固定资产利用效率不高,提供的生产成果不多,企业的营运能力不强。

(三) 总资产周转率

总资产周转率是企业销售收入净额与企业资产平均总额的比率。其计算公式为:

$$总资产周转率(周转次数)=\frac{营业收入}{平均资产总额}$$

$$总资产周转期(周转天数)=\frac{平均资产总额\times 360}{营业收入}=\frac{360}{总资产周转率}$$

$$平均资产总额=\frac{资产总额年初数+资产总额年末数}{2}$$

计算总资产周转率时分子分母在时间上应保持一致。

总资产周转率越高,表明企业全部资产的使用效率越高;反之,如果该比率较低,说明企业全部资产营运效率较差,最终会影响企业的盈利能力。

【例 8-2】 沿用表 8-1、表 8-2 中的烟台兴茂机械制造有限公司 2021 年的资产负债表和利润表资料。

要求:计算烟台兴茂机械制造有限公司营运能力的各项指标。

【操作步骤】

第一步,将 Sheet4 重命名为"营运能力分析",设置好营运能力分析的格式,如图 8-6 所示。

	A	B
1	财务比率分析——营运能力分析	
2	指标名称	2021年指标值
3	应收账款周转率(次)	
4	存货周转率(次)	
5	流动资产周转率(次)	
6	固定资产周转率(次)	
7	总资产周转率(次)	

图 8-6 营运能力分析

第二步,计算应收账款周转率。在营运能力分析表的单元格 B3 中输入公式"=利润表!C4/((资产负债表!B7+资产负债表!B8+资产负债表!C7+资产负债表!C8)/2)",得到应收账款周转率为 9.74。

第三步,计算存货周转率。在营运能力分析表的单元格 B4 中输入公式"=利润表!C5/((资产负债表!B11+资产负债表!C11)/2)",得到存货周转率为 11.88。

第四步,计算流动资产周转率。在营运能力分析表的单元格 B5 中输入公式"=利润表!C4/((资产负债表!B13+资产负债表!C13)/2)",得到流动资产周转率为 4.58。

第五步,计算固定资产周转率。在营运能力分析表的单元格 B6 中输入公式"=利润表!C4/((资产负债表!B16+资产负债表!C16)/2)",得到固定资产周转率为 2.72。

第六步,计算总资产周转率。在营运能力分析表的单元格 B7 中输入公式"=利润表!C4/((资产负债表!B27+资产负债表!C27)/2)",得到总资产周转率为 1.63。

第二步至第六步营运能力各指标值如图 8-7 所示。

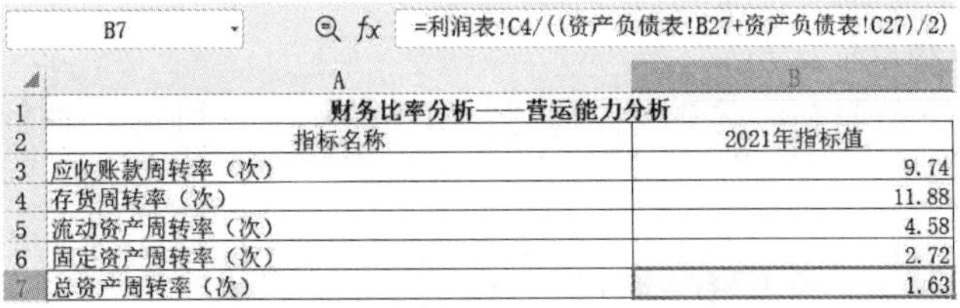

图 8-7 计算营运能力各项指标值

三、盈利能力分析

盈利能力是指企业一定时期内运用各种资源赚取利润的能力。评价企业盈利能力的指标主要有营业利润率、成本费用利润率、销售净利率、总资产报酬率、总资产净利率、股东权益报酬率、每股收益、每股股利、每股净资产、市盈率和市净率等。

（一）营业利润率

营业利润率是企业一定时期营业利润与营业收入的比率。其计算公式为：

$$营业利润率=\frac{营业利润}{营业收入}\times 100\%$$

营业利润率越高，表明企业的市场竞争力越强，发展潜力越大，从而获利能力越强。

（二）成本费用利润率

成本费用利润率是指企业一定时期利润总额与成本费用总额的比率，反映了企业所得与所耗的关系。其计算公式如下：

$$成本费用利润率=\frac{利润总额}{成本费用总额}\times 100\%$$

式中：成本费用总额＝营业成本＋税金及附加＋销售费用＋管理费用＋财务费用

成本费用利润率越高，表明企业为取得利润而付出的代价越小，成本费用控制得越好，获利能力越强。

（三）销售净利率

销售净利率是指企业实现净利润与销售收入的对比关系，用以衡量企业在一定时期销售收入的获取能力。其计算公式如下：

$$销售净利率=\frac{净利润}{销售收入}\times 100\%$$

（四）总资产报酬率

总资产报酬率是企业息税前利润与企业平均资产总额的比率。其计算公式为：

$$总资产报酬率=\frac{息税前利润}{平均资产总额}=\frac{净利润+所得税费用+利息费用}{(期初资产+期末资产)\div 2}$$

总资产报酬率越高，表明资产利用效率越高，说明企业在增加收入、节约资金使用等方面取得了良好的效果；该指标越低，说明企业资产利用效率越低，应分析差异原因，提高营业利润率,加速资金周转,提高企业经营管理水平。

(五) 总资产净利率

总资产净利率是企业在一定时期内获得的净利润与平均资产总额的比率,其计算公式为:

$$总资产净利率 = \frac{净利润}{平均资产总额} \times 100\%$$

(六) 股东权益报酬率

股东权益报酬率又称净资产收益率,是一定时期企业的净利润与平均股东权益总额的比率。它反映投入资本资金的收益水平,是企业获利能力的核心指标。其计算公式为:

$$股东权益报酬率 = \frac{净利润}{平均股东权益} \times 100\%$$

股东权益报酬率是企业盈利能力指标的核心,也是杜邦财务指标体系的核心,更是投资者关注的重点。

【例 8-3】 沿用表 8-1、表 8-2 中的烟台兴茂机械制造有限公司 2021 年资产负债表和利润表资料。

要求:计算烟台兴茂机械制造有限公司盈利能力的各项指标。

【操作步骤】

第一步,将 Sheet5 重命名为"盈利能力分析",设置好盈利能力分析的格式,将单元格 B3 至 B8 的格式设置为百分比,如图 8-8 所示。

A	B
财务比率分析——盈利能力分析	
指标名称	2021年指标值
营业利润率	
成本费用利润率	
销售净利率	
总资产报酬率	
总资产净利率	
股东权益报酬率	

图 8-8 盈利能力分析

第二步,计算营业利润率。在盈利能力分析表的单元格 B3 中输入公式"=利润表!C11/利润表!C4",得到营业利润率为 7.00%。

第三步,计算成本费用利润率。在盈利能力分析表的单元格 B4 中输入公式"=利润表!C14/(利润表!C5+利润表!C6+利润表!C7+利润表!C8+利润表!C9)",得到成本费用利润率为 7.07%。

第四步,计算销售净利率。在盈利能力分析表的单元格 B5 中输入公式"=利润表!C16/利润表!C4",回车得到销售净利率为 4.53%。

第五步,计算总资产报酬率。在盈利能力分析表的单元格 B6 中输入公式"=(利润表!C14+利润表!C9)/((资产负债表!B27+资产负债表!C27)/2)",得到总资产报酬率为 16.85%。

第六步，计算总资产净利率。在盈利能力分析表的单元格 B7 中输入公式"＝利润表!C16/((资产负债表!B27＋资产负债表!C27)/2)"，得到总资产净利率为 7.39%。

第七步，计算股东权益报酬率。在盈利能力分析表的单元格 B8 中输入公式"＝利润表!C16/((资产负债表!E26＋资产负债表!F26)/2)"，得到股东权益报酬率为 14.95%。

第二步至第七步盈利能力各项指标计算值如图 8-9 所示。

	A	B
1	财务比率分析——盈利能力分析	
2	指标名称	2021年指标值
3	营业利润率	7.00%
4	成本费用利润率	7.07%
5	销售净利率	4.53%
6	总资产报酬率	16.85%
7	总资产净利率	7.39%
8	股东权益报酬率	14.95%

图 8-9　计算盈利能力各项指标值

四、发展能力分析

发展能力是指企业未来生产经营活动的发展趋势和发展潜能。企业发展能力主要通过自身的生产经营活动，不断地增长销售收入、不断地增加资金投入和不断地创造利润形成。

评价发展能力的指标主要有营业收入增长率、净利润增长率、总资产增长率、资本积累率等。

（一）营业收入增长率

营业收入增长率是企业本年营业收入增长额与上年营业收入总额的比率。它反映企业营业收入的增减变动情况，是评价企业成长状况和发展能力的重要指标。其计算公式为：

$$营业收入增长率 = \frac{本年营业收入增长额}{上年营业收入总额} \times 100\%$$

式中：本年营业收入增长额＝本年营业收入总额－上年营业收入总额

（二）净利润增长率

净利润增长率是指企业本年净利润增长额与上年净利润总额的比率，它反映企业本期净利润的增长情况。其计算公式为：

$$净利润增长率 = \frac{本年净利润增长额}{上年净利润} \times 100\%$$

式中：本年净利润增长额＝本年净利润－上年净利润

净利润增长率反映了企业盈利能力的变化，该比率越高，说明企业的成长性越好，发展能力越强。

（三）总资产增长率

总资产增长率是指企业本年总资产增长额与年初资产总额的比率，它反映企业本期资产规模的增长情况。其计算公式为：

$$总资产增长率 = \frac{本年总资产增长额}{年初资产总额} \times 100\%$$

式中：本年总资产增长额＝年末资产总额－年初资产总额

总资产增长率是从企业资产规模扩张方面来衡量企业的发展能力，表明企业规模增长水平对企业发展后劲的影响。该指标越高，表明企业一定时期内资产经营规模扩张的速度越快。但在实际分析时，应注意考虑资产规模扩张的质和量的关系，以及企业的后续发展能力，避免资产盲目扩张。

（四）资本积累率

资本积累率是企业本年所有者权益增长额与年初所有者权益的比率。它反映企业当年资本的积累能力，是评价企业发展潜力的一项重要指标。其计算公式为：

$$资本积累率 = \frac{本年所有者权益增长额}{年初所有者权益} \times 100\%$$

式中：本年所有者权益增长额＝年末所有者权益－年初所有者权益。

【例 8-4】 沿用表 8-1、表 8-2 中的烟台兴茂机械制造有限公司 2021 年资产负债表和利润表资料。

要求：计算烟台兴茂机械制造有限公司发展能力的各项指标。

【操作步骤】

第一步，将 Sheet6 重命名为"发展能力分析"，设置好发展能力分析的格式，将单元格 B3 至 B6 的格式设置为百分比，如图 8-10 所示。

	A	B
1	财务比率分析——发展能力分析	
2	指标名称	2021年指标值
3	营业收入增长率	
4	净利润增长率	
5	总资产增长率	
6	资本积累率	

图 8-10 发展能力分析

第二步，计算营业收入增长率。在发展能力分析表的单元格 B3 中输入公式"＝（利润表！C4－利润表！B4）/利润表！B4"，得到营业收入增长率为 5.26％。

第三步，计算净利润增长率。在发展能力分析表的单元格 B4 中输入公式"＝（利润表！C16－利润表！B16）/利润表！B16"，得到净利润增长率为－15％。

第四步，计算总资产增长率。在发展能力分析表的单元格 B5 中输入公式"＝（资产负债表！C27－资产负债表！B27）/资产负债表！B27"，得到总资产增长率为 19.05％。

第五步，计算资本积累率。在发展能力分析表的单元格 B6 中输入公式"＝（资产负债表！F26－资产负债表！E26）/资产负债表！E26"，得到资本积累率为 6.82％。

第二步至第五步发展能力各项指标计算值如图 8-11 所示。

	A	B
1	财务比率分析——发展能力分析	
2	指标名称	2021年指标值
3	营业收入增长率	5.26%
4	净利润增长率	-15.00%
5	总资产增长率	19.05%
6	资本积累率	6.82%

图 8-11 计算发展能力各项指标值

第三节 财务状况趋势分析

通过连续几期财务报表数据的比较,对企业的财务状况进行趋势分析,可以大体了解企业的发展变化情况,同时可以进一步分析企业发生变化的原因。

进行趋势分析时,主要的是要确定基期。一般有两种确定方式:一种是定基分析,以某一选定时期为基期(固定基期),以后各期数值均以该期数值作为共同基期数值进行比较,这种比较说明了各期累积变化情况;另一种是环比分析,以相邻的前期数值为基期,各期数值分别与前期数值比较,这种比较说明了各期逐期变化情况。

【例 8-5】 烟台兴茂机械制造有限公司 2019 年至 2021 年三年的资产负债表和利润表,如表 8-3、表 8-4 所示。

要求:试对该公司近三年的资产负债表和利润表各项目进行趋势分析。

表 8-3　烟台兴茂机械制造有限公司 2019 年至 2021 年年末资产负债表(简表)

金额单位:万元

资产	2019 年	2020 年	2021 年	负债及所有者权益	2019 年	2020 年	2021 年
流动资产:				流动负债:			
货币资金	100	125	250	短期借款	90	225	300
交易性金融资产	55	60	30	应付票据	20	20	25
应收票据	50	55	40	应付账款	280	545	500
应收账款	1 450	995	1 990	预收款项	10	20	50
预付款项	45	20	60	应付职工薪酬	55	85	70
其他应收款	100	110	110	应交税费	35	145	520
存货	1 000	1 630	595	其他应付款	10	60	35
一年内到期的非流动资产	100	55	425	流动负债合计	500	1 100	1 500
流动资产合计	2 900	3 050	3 500	非流动负债:			
非流动资产:				长期借款	1 200	1 225	2 250
长期股权投资	200	225	150	应付债券	1 100	1 300	1 200

(续表)

资产	2019年	2020年	2021年	负债及所有者权益	2019年	2020年	2021年
固定资产	4 000	4 835	6 190	其中：优先股			
在建工程	200	175	90	永续债			
无形资产	50	40	30	其他非流动负债	400	375	350
递延所得税资产	50	75	25	非流动负债合计	2 700	2 900	3 800
其他非流动资产	0	0	15	负债合计	3 200	4 000	5 300
非流动资产合计	4 500	5 350	6 500	所有者权益：			
				实收资本	3 000	3 000	3 000
				资本公积	30	50	80
				盈余公积	120	200	370
				未分配利润	1 050	1 150	1 250
				所有者权益合计	4 200	4 400	4 700
资产总计	7 400	8 400	10 000	负债及所有者权益总计	7 400	8 400	10 000

表8-4　烟台兴茂机械制造有限公司2019年至2021年利润表（简表）　　金额单位：万元

项　目	2019年	2020年	2021年
一、营业收入	14 000	14 250	15 000
减：营业成本	12 600	12 515	13 220
税金及附加	35	40	40
销售费用	100	100	110
管理费用	110	120	230
财务费用	400	480	550
加：投资收益	150	120	200
二、营业利润	905	1 115	1 050
加：营业外收入	70	85	50
减：营业外支出	40	25	100
三、利润总额	935	1 175	1 000
减：所得税费用	250	375	320
四、净利润	685	800	680

【操作步骤】

第一步，将烟台兴茂机械制造有限公司2019年、2020年、2021年三年的资产负债表和利润表资料复制到工作表中，如图8-12、图8-13所示。

Excel 在财务分析中的应用 第八章

	A	B	C	D	E	F	G	H
1		烟台兴茂机械制造有限公司2019至2021年年末资产负债表（简表）						单位：万元
2	资产	2019年	2020年	2021年	负债及所有者权益	2019年	2020年	2021年
3	流动资产：				流动负债			
4	货币资金	100.00	125.00	250.00	短期借款	90.00	225.00	300.00
5	交易性金融资产	55.00	60.00	30.00	应付票据	20.00	20.00	25.00
6	应收票据	50.00	55.00	40.00	应付账款	280.00	545.00	500.00
7	应收账款	1,450.00	995.00	1,990.00	预收款项	10.00	20.00	50.00
8	预付款项	45.00	20.00	60.00	应付职工薪酬	55.00	85.00	70.00
9	其他应收款	100.00	110.00	110.00	应交税费	35.00	145.00	520.00
10	存货	1,000.00	1,630.00	595.00	其他应付款	10.00	60.00	35.00
11	一年内到期的非流动资产	100.00	55.00	425.00	流动负债合计	500.00	1,100.00	1,500.00
12	流动资产合计	2,900.00	3,050.00	3,500.00	非流动负债：			
13	非流动资产：				长期借款	1,200.00	1,225.00	2,250.00
14	长期股权投资	200.00	225.00	150.00	应付债券	1,100.00	1,300.00	1,200.00
15	固定资产	4,000.00	4,835.00	6,190.00	其他非流动负债	400.00	375.00	350.00
16	在建工程	200.00	175.00	90.00	非流动负债合计	2,700.00	2,900.00	3,800.00
17	无形资产	50.00	40.00	30.00	负债合计	3,200.00	4,000.00	5,300.00
18	递延所得税资产	50.00	75.00	25.00	所有者权益：			
19	其他非流动资产	0.00	0.00	15.00	实收资本	3,000.00	3,000.00	3,000.00
20	非流动资产合计	4,500.00	5,350.00	6,500.00	资本公积	30.00	50.00	80.00
21					盈余公积	120.00	200.00	370.00
22					未分配利润	1,050.00	1,150.00	1,250.00
23					所有者权益合计	4,200.00	4,400.00	4,700.00
24	资产总计	7,400.00	8,400.00	10,000.00	负债及所有者权益总计	7,400.00	8,400.00	10,000.00

图 8-12 烟台兴茂机械制造有限公司 2019 年至 2021 年资产负债表（简表）

	A	B	C	D
1		烟台兴茂机械制造有限公司2019至2021年利润表（简表）		单位：万元
2	项 目	2019年	2020年	2021年
3	一、营业收入	14,000.00	14,250.00	15,000.00
4	减：营业成本	12,600.00	12,515.00	13,220.00
5	税金及附加	35.00	40.00	40.00
6	销售费用	100.00	100.00	110.00
7	管理费用	110.00	120.00	230.00
8	财务费用	400.00	480.00	550.00
9	加：投资收益	150.00	120.00	200.00
10	二、营业利润	905.00	1,115.00	1,050.00
11	加：营业外收入	70.00	85.00	50.00
12	减：营业外支出	40.00	25.00	100.00
13	三、利润总额	935.00	1,175.00	1,000.00
14	减：所得税费用	250.00	375.00	320.00
15	四、净利润	685.00	800.00	680.00

图 8-13 烟台兴茂机械制造有限公司 2019 年至 2021 年利润表（简表）

第二步，根据烟台兴茂机械制造有限公司 2019 年至 2021 年年末资产负债表（简表）资料计算资产负债表各项目的逐年增减额。在单元格 B5 中输入公式"='2019 至 2021 资产负债表'！C4—'2019 至 2021 资产负债表'！B4"，回车得到货币资金项目 2020 年较 2019 年的增减额为 25 万元，将单元格 B5 公式复制到 B6：B21 以及 B25，即得到 2020 年较 2019 年资产各项目的增减额，同理可以得到负债和所有者权益各项目的增减额，以及 2021 年较 2020 年各项目的增减额，如图 8-14 所示。

第三步，根据烟台兴茂机械制造有限公司 2019 年至 2021 年资产负债表（简表）资料计算资产负债表各项目的逐年增减百分比。在单元格 C5 中输入公式"=B5/'2019 至 2021 资产负债表'！B4"，得到 25.00％，将单元格 C5 公式复制到 C6：C21 以及 C25，即得到 2020 年

Excel在会计中的应用

	B5		fx	='2019至2021资产负债表'!C4-'2019至2021资产负债表'!B4						
	A	B	C	D	E	F	G	H	I	J
1				烟台兴茂机械制造有限公司资产负债表环比分析						
2	资产	2020年较2019年		2021年较2020年		负债及所有者权益	2020年较2019年		2021年较2020年	
3		增减额（万元）	增减百分比	增减额（万元）	增减百分比		增减额（万元）	增减百分比	增减额（万元）	增减百分比
4	流动资产：					流动负债：				
5	货币资金	25.00		125.00		短期借款	135.00		75.00	
6	交易性金融资产	5.00		-30.00		应付票据	0.00		5.00	
7	应收票据	5.00		-15.00		应付账款	265.00		-45.00	
8	应收账款	-455.00		995.00		预收款项	10.00		30.00	
9	预付款项	-25.00		40.00		应付职工薪酬	30.00		-15.00	
10	其他应收款	10.00		0.00		应交税费	110.00		375.00	
11	存货	630.00		-1,035.00		其他应付款	50.00		-25.00	
12	一年内到期的非流动资产	-45.00		370.00		流动负债合计	600.00		400.00	
13	流动资产合计	150.00		450.00		非流动负债：				
14	非流动资产：					长期借款	25.00		1,025.00	
15	长期股权投资	25.00		-75.00		应付债券	200.00		-100.00	
16	固定资产	835.00		1,355.00		其他非流动负债	-25.00		-25.00	
17	在建工程	-25.00		-85.00		非流动负债合计	200.00		900.00	
18	无形资产	-10.00		-10.00		负债合计	800.00		1,300.00	
19	递延所得税资产	25.00		-50.00		所有者权益：				
20	其他非流动资产	0.00		15.00		实收资本	0.00		0.00	
21	非流动资产合计	850.00		1,150.00		资本公积	20.00		30.00	
22						盈余公积	80.00		170.00	
23						未分配利润	100.00		100.00	
24						所有者权益合计			300.00	
25	资产总计	1,000.00		1,600.00		负债及所有者权益总计	1,000.00		1,600.00	

图 8-14 烟台兴茂机械制造有限公司资产负债表各项目逐年增减额

较 2019 年资产各项目的增减百分比，同理可以得到负债和所有者权益各项目的增减百分比，以及 2021 年较 2020 年各项目的增减百分比，如图 8-15 所示。

	C5		fx	=B5/'2019至2021资产负债表'!B4						
	A	B	C	D	E	F	G	H	I	J
1				烟台兴茂机械制造有限公司资产负债表环比分析						
2	资产	2020年较2019年		2021年较2020年		负债及所有者权益	2020年较2019年		2021年较2020年	
3		增减额（万元）	增减百分比	增减额（万元）	增减百分比		增减额（万元）	增减百分比	增减额（万元）	增减百分比
4	流动资产：					流动负债：				
5	货币资金	25.00	25.00%	125.00	100.00%	短期借款	135.00	150.00%	75.00	33.33%
6	交易性金融资产	5.00	9.09%	-30.00	-50.00%	应付票据	0.00	-	5.00	25.00%
7	应收票据	5.00	10.00%	-15.00	-27.27%	应付账款	265.00	94.64%	-45.00	-8.26%
8	应收账款	-455.00	-31.38%	995.00	100.00%	预收款项	10.00	100.00%	30.00	150.00%
9	预付款项	-25.00	-55.56%	40.00	200.00%	应付职工薪酬	30.00	54.55%	-15.00	-17.65%
10	其他应收款	10.00	10.00%	0.00	0.00%	应交税费	110.00	314.29%	375.00	258.62%
11	存货	630.00	63.00%	-1,035.00	-63.50%	其他应付款	50.00	500.00%	-25.00	-41.67%
12	一年内到期的非流动资产	-45.00	-45.00%	370.00	672.73%	流动负债合计	600.00	120.00%	400.00	36.36%
13	流动资产合计	150.00	5.17%	450.00	14.75%	非流动负债：				
14	非流动资产：					长期借款	25.00	2.08%	1,025.00	83.67%
15	长期股权投资	25.00	12.50%	-75.00	-33.33%	应付债券	200.00	18.18%	-100.00	-7.69%
16	固定资产	835.00	20.88%	1,355.00	28.02%	其他非流动负债	-25.00	-6.25%	-25.00	-6.67%
17	在建工程	-25.00	-12.50%	-85.00	-48.57%	非流动负债合计	200.00	7.41%	900.00	31.03%
18	无形资产	-10.00	-20.00%	-10.00	-25.00%	负债合计	800.00	25.00%	1,300.00	32.50%
19	递延所得税资产	25.00	50.00%	-50.00	-66.67%	所有者权益：				
20	其他非流动资产	0.00	-	15.00	-	实收资本	0.00	-	0.00	-
21	非流动资产合计	850.00	18.89%	1,150.00	21.50%	资本公积	20.00	66.67%	30.00	60.00%
22						盈余公积	80.00	66.67%	170.00	85.00%
23						未分配利润	100.00	9.52%	100.00	8.70%
24						所有者权益合计	200.00	4.76%	300.00	6.82%
25	资产总计	1,000.00	13.51%	1,600.00	19.05%	负债及所有者权益总计	1,000.00	13.51%	1,600.00	19.05%

图 8-15 烟台兴茂机械制造有限公司资产负债表各项目逐年增减百分比

第四步，根据烟台兴茂机械制造有限公司 2019 年至 2021 年利润表（简表）资料计算利润表各项目的逐年增减额。新建"烟台兴茂机械制造有限公司利润表环比分析"工作表，在单元格 B4 中输入公式"='2019 至 2021 利润表'!C3-'2019 至 2021 利润表'!B3"，得到营业收入项目 2020 年较 2019 年的增减额为 250 万元，选中单元格 B4，将光标移至单元格右下角出现"+"光标，点击鼠标左键，将鼠标拖至单元格 B16，即得到 2020 年较 2019 年利润表各项目的增减额,同理可以得到2021年较2020年各项目的增减额,如图8-16所示。

项目	2020年较2019年		2021年较2020年	
	增减额（万元）	增减百分比	增减额（万元）	增减百分比
一、营业收入	250.00		750.00	
减：营业成本	-85.00		705.00	
税金及附加	5.00		0.00	
销售费用	0.00		10.00	
管理费用	10.00		110.00	
财务费用	80.00		70.00	
加：投资收益	-30.00		80.00	
二、营业利润	210.00		-65.00	
加：营业外收入	15.00		-35.00	
减：营业外支出	-15.00		75.00	
三、利润总额	240.00		-175.00	
减：所得税费用	125.00		-55.00	
四、净利润	115.00		-120.00	

图 8-16　烟台兴茂机械制造有限公司利润表各项目逐年增减额

第五步,根据烟台兴茂机械制造有限公司2019年至2021年利润表(简表)资料计算利润表各项目的逐年增减百分比。在单元格C4中输入公式"=B4/'2019至2021利润表'!B3",回车得到营业收入项目2020年较2019年的增减百分比为1.79%,选中单元格C4,将光标移至单元格右下角出现"+"光标,点击鼠标左键,将鼠标拖至单元格C16,即得到2020年较2019年利润表各项目的增减百分比,同理可以得到2021年较2020年各项目的增减百分比,如图8-17所示。

项目	2020年较2019年		2021年较2020年	
	增减额（万元）	增减百分比	增减额（万元）	增减百分比
一、营业收入	250.00	1.79%	750.00	5.26%
减：营业成本	-85.00	-0.67%	705.00	5.63%
税金及附加	5.00	14.29%	0.00	0.00%
销售费用	0.00	0.00%	10.00	10.00%
管理费用	10.00	9.09%	110.00	91.67%
财务费用	80.00	20.00%	70.00	14.58%
加：投资收益	-30.00	-20.00%	80.00	66.67%
二、营业利润	210.00	23.20%	-65.00	-5.83%
加：营业外收入	15.00	21.43%	-35.00	-41.18%
减：营业外支出	-15.00	-37.50%	75.00	300.00%
三、利润总额	240.00	25.67%	-175.00	-14.89%
减：所得税费用	125.00	50.00%	-55.00	-14.67%
四、净利润	115.00	16.79%	-120.00	-15.00%

图 8-17　烟台兴茂机械制造有限公司利润表各项目逐年增减百分比

第四节 企业间财务状况的比较分析

在进行财务报表分析时,计算出企业的财务比率后,会发现无法判断它是偏高还是偏低。如果仅仅将该数据与本企业的历史数据进行比较,只能看出自身的变化,无法知道企业在竞争中所处的地位。而如果将该数据与同行业、同规模的其他企业进行比较,就可看出与对方的区别,从而为发现问题和查找差距提供线索。通常采用"标准财务比率"或"理想财务报表"对企业间的财务状况进行比较和分析。

一、采用标准财务比率进行比较、分析

标准财务比率是指特定国家、特定时期和特定行业的平均财务比率。标准财务比率的建立主要采用统计方法,即以大量历史数据的统计结果作为标准。这种方法假定大多数数据是正常的,社会平均水平是反映标准状态的。脱离了平均水平,就是脱离了正常状态。

对于行业的平均财务比率,在使用时应注意以下问题:

(1) 行业平均指标是根据部分企业抽样调查计算的,不一定能真实反映整个行业的实际情况。如果其中有一个极端的样本,则可能歪曲整个实际情况。

(2) 每个公司计算平均数时采用的会计方法不一定相同,如资本密集型企业与劳动密集型企业可能放在一起进行平均,负有大量债务的企业可能与没有债务的企业放在一起进行平均。因此,在进行报表分析时往往要对行业平均财务比率进行修正,尽可能建立一个可比的基础。

二、采用理想财务报表进行比较、分析

理想财务报表是根据标准财务报表比率和所考察企业的规模来共同确定的财务报表,反映了企业的理想财务状况。决策人可以将理想财务报表与实际的财务报表进行对比分析,从而找出差距和原因。

1. 理想资产负债表

理想资产负债表的百分比结构来自于行业平均水平,同时进行必要的推理分析和调整。以百分比表示的理想资产负债表如表 8-5 所示。

表 8-5　　　　　　　　　　理想资产负债表的百分比结构

项目	理想比率	项目	理想比率
流动资产:	60%	负债:	40%
速动资产	30%	流动负债	30%
盘存资产	30%	长期负债	10%
固定资产:	40%	所有者权益:	60%
		实收资本	20%
		公积金	30%

(续表)

项目	理想比率	项目	理想比率
		未分配利润	10%
总计	100%	总计	100%

2. 理想利润表

理想利润表的百分率是以营业收入为基础的。通常情况,毛利率因行业而异,周转快的企业奉行薄利多销的原则,毛利率一般偏低;周转慢的企业毛利率一般较高。每一个行业都有一个自然形成的毛利率水平。

以百分比表示的理想利润表如表 8-6 所示,其中所得税费用由于纳税调整等因素,假设为 6%。

表 8-6　　　　　　理想利润表的百分比结构

项　　目	理想比率
营业收入	100%
销售成本(包括销售费用)	75%
毛利	25%
期间费用	13%
营业利润	12%
营业外收支净额	1%
税前利润	11%
所得税费用	6%
税后利润	5%

在确定了理想利润表后,即可根据企业某一会计期间的营业收入金额来设计以绝对数表示的理想利润表,然后再与企业实际的利润表进行比较分析,以判断企业实际利润表的优势与劣势,从而找到问题并寻找其原因,最终达到解决问题的目的。

【例 8-6】　沿用[例 8-1]至[例 8-4]计算的烟台兴茂机械制造有限公司 2021 年的财务比率数据,各项目标准财务比率如表 8-7 所示。

要求:对烟台兴茂机械制造有限公司进行标准财务比率分析。

表 8-7　　　　　　各项目标准财务比率

项目	标准财务比率
流动比率	2.58
速动比率	1.75
资产负债率	48.00%

(续表)

项目	标准财务比率
利息保障倍数	2.46
应收账款周转率（次）	8.58
总资产周转率（次）	1.43
营业利润率	25.00%
股东权益报酬率	18.00%

【操作步骤】

第一步，新建"标准财务比率分析"工作表，将表8-7中的标准财务比率及烟台兴茂机械制造有限公司实际财务比率数据输入工作表中，如图8-18所示。

	A	B	C	D
1	烟台兴茂机械制造有限公司标准财务比率分析			
2	项目	标准财务比率	本公司财务比率	差异
3	流动比率	2.58	2.33	
4	速动比率	1.75	1.65	
5	资产负债率	48.00%	53.00%	
6	利息保障倍数	2.46	2.82	
7	应收账款周转率（次）	8.58	9.74	
8	总资产周转率（次）	1.43	1.63	
9	营业利润率	25.00%	7.00%	
10	股东权益报酬率	18.00%	14.95%	

图8-18 烟台兴茂机械制造有限公司标准财务比率分析

第二步，计算公司实际财务比率与标准财务比率的差异。在单元格D3中输入公式"=C3-B3"，回车得到流动比率差异值为"-0.25"，选中单元格D3，将光标移至单元格右下角出现"+光标"，点击鼠标左键，将鼠标拖至单元格D10，即得到全部的比率差异值，如图8-19所示。

	A	B	C	D
	D3		fx	=C3-B3
1	烟台兴茂机械制造有限公司标准财务比率分析			
2	项目	标准财务比率	本公司财务比率	差异
3	流动比率	2.58	2.33	-0.25
4	速动比率	1.75	1.65	-0.10
5	资产负债率	48.00%	53.00%	5.00%
6	利息保障倍数	2.46	2.82	0.36
7	应收账款周转率（次）	8.58	9.74	1.16
8	总资产周转率（次）	1.43	1.63	0.20
9	营业利润率	25.00%	7.00%	-18.00%
10	股东权益报酬率	18.00%	14.95%	-3.05%

图8-19 计算实际财务比率与标准财务比率差异值

第五节 财务状况综合分析

财务状况综合分析就是将企业营运能力、偿债能力和盈利能力等方面的分析纳入到一个有机的分析系统之中,全面地对企业财务状况、经营状况进行解剖和分析,从而对企业经济效益做出较为准确的评价与判断。

财务综合分析的方法有很多,其中应用比较广泛的有杜邦分析法和沃尔评分法。

一、杜邦分析法

杜邦分析法又称杜邦财务分析体系,简称杜邦体系,是利用各主要财务比率指标间的内在联系,对企业财务状况及经济效益进行综合系统分析和评价的方法,该体系以股东权益报酬率为龙头,以总资产报酬率和权益乘数为核心,重点揭示企业获利能力及其前因后果。因其最初由美国杜邦公司成功应用而得名。

杜邦分析法各主要指标之间的关系如下:

$$股东权益报酬率 = \frac{净利润}{股东权益} = \frac{净利润}{销售收入} \times \frac{销售收入}{总资产} \times \frac{总资产}{股东权益}$$
$$= 销售净利率 \times 总资产周转率 \times 权益乘数$$

杜邦分析模型的结构如图 8-20 所示。

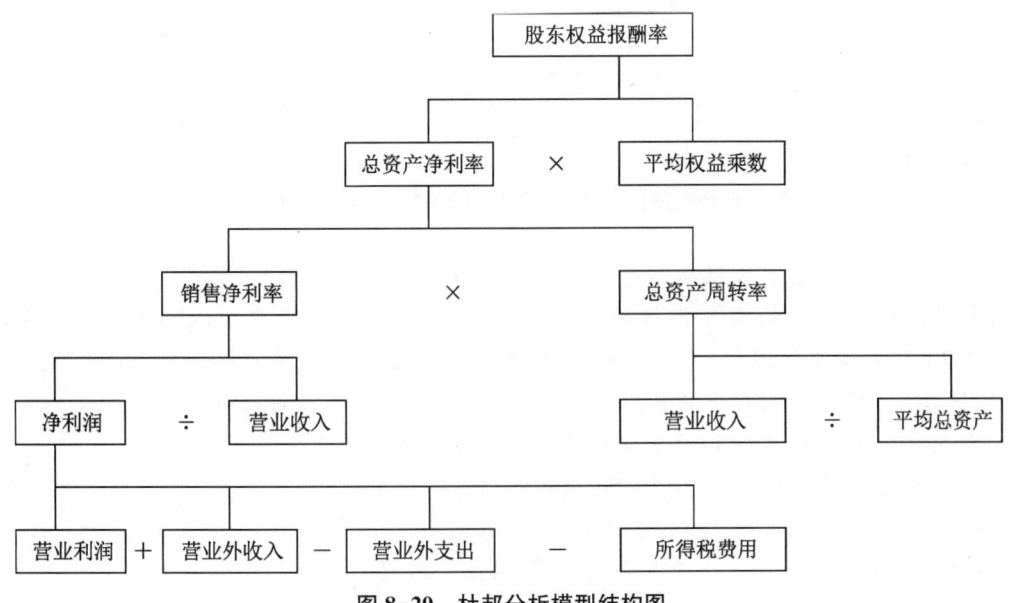

图 8-20 杜邦分析模型结构图

通过杜邦分析体系自上而下层层分解,不仅揭示了企业各项财务指标间的相互关系,而且为企业决策者查明各项主要指标变动的影响因素、优化经营理财状况、提高经营效率提供了思路。提升股东权益报酬率的途径主要包括扩大销售收入、控制成本费用、合理投资配置、加速资金周转、优化资本结构和树立风险意识等。

【例8-7】 沿用烟台兴茂机械制造有限公司2021年的资产负债表(简表)、利润表(简表)。

要求：建立烟台兴茂机械制造有限公司2021年的杜邦分析模型。

【操作步骤】

第一步，建立"杜邦分析模型"工作表，在表中建立烟台兴茂机械制造有限公司2021年杜邦分析模型结构图，如图8-21所示。

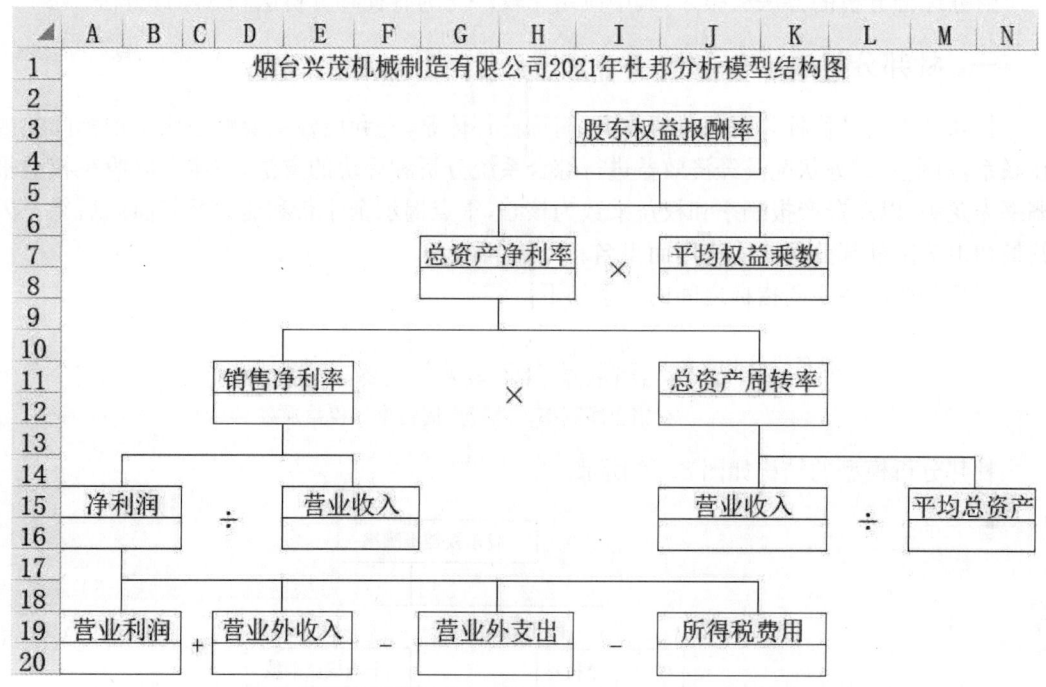

图8-21 烟台兴茂机械制造有限公司2021年杜邦分析模型结构图

第二步，利用烟台兴茂机械制造有限公司2021年的资产负债表(简表)、利润表(简表)，计算杜邦分析模型结构中各指标数值。在单元格A20或B20中输入公式"=利润表！C11"，回车得到营业利润为1 050万元，然后将A20和B20两个单元格合并并将数值居中。同理，可计算杜邦分析模型中的其他项目。其他项目有关公式及数据引用如下：

营业外收入，在单元格D20中输入公式"=利润表！C12"；

营业外支出，在单元格G20中输入公式"=利润表！C13"；

所得税费用，在单元格J20中输入公式"=利润表！C15"；

净利润，在单元格A16中输入公式"=利润表！C16"；

营业收入，在单元格E16和J16中输入公式"=利润表！C4"；

平均总资产，在M16单元格中输入公式"=(资产负债表！B27+资产负债表！C27)/2"；

销售净利率，在D12单元格中输入公式"=A16/E16"；

总资产周转率，在J12单元格中输入公式"=J16/M16"；

总资产净利率,在 G8 单元格中输入公式"＝D12＊J12";

平均权益乘数,在 J8 单元格中输入公式"＝((资产负债表！B27＋资产负债表！C27)/2)/((资产负债表！E26＋资产负债表！F26)/2)";

股东权益报酬率,在 I4 单元格中输入公式"＝G8＊J8";

烟台兴茂机械制造有限公司 2021 年杜邦分析模型中各项目的计算结果如图 8-22 所示。

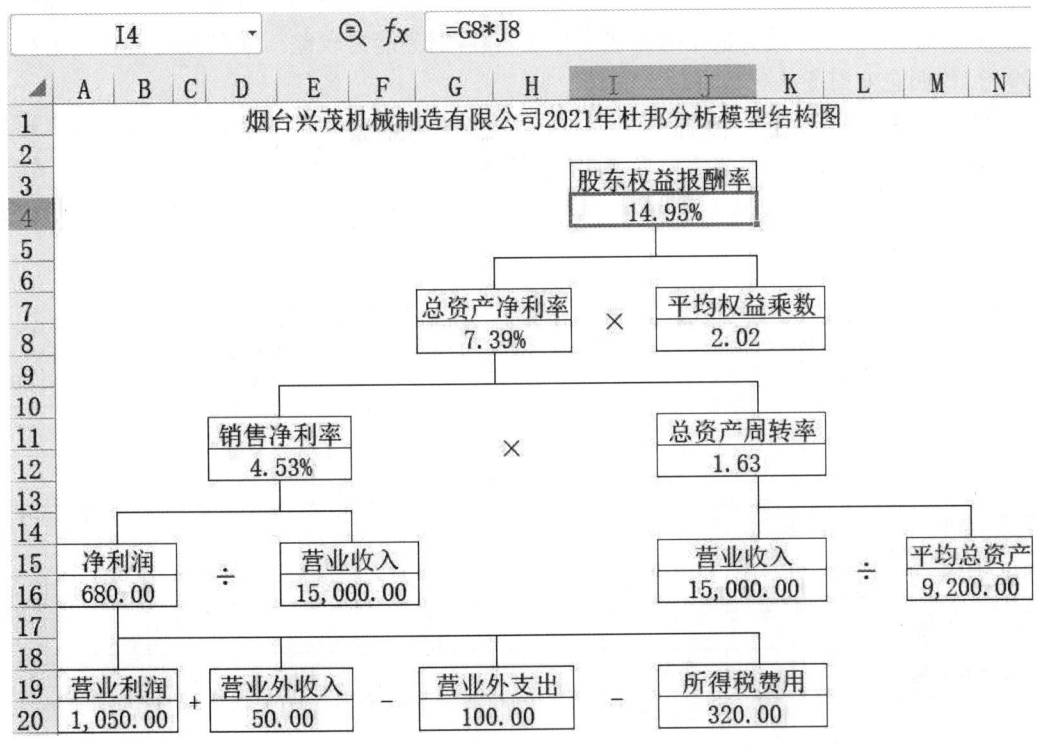

图 8-22　计算烟台兴茂机械制造有限公司 2021 年杜邦分析模型中各项目数值

二、沃尔评分法

沃尔评分法的基本原理是将选定的具有代表性的财务指标与行业平均值(或标准值)进行比较,以确定公司各项指标占标准值的比重,并结合标准分值来确定公司实际得分值。沃尔评分法的具体应用程序如下:

(1) 正确选择评价指标中的财务比率,这些指标包括偿债能力、营运能力和盈利能力 3 类。

(2) 根据各财务比率的重要程度,确定财务指标的标准评分值,各项财务比率的标准评分值之和应等于 100 分。

(3) 确定评价指标中各财务比率评分值的上限和下限,减少个别评价指标异常对总分造成的不合理影响。

(4) 确定各项财务比率的标准值,通常可以用行业的平均水平并经过调整后确定。

(5) 计算企业各项财务比率的实际值。

(6) 计算出各项财务比率实际值与标准值的比率,即相对比率。相对比率等于财务比率的实际值除以标准值的比值。

(7) 计算出各项财务比率的实际得分,即相对比率与标准评分值的乘积,每项财务比率得分都不得超过上限或低于下限。然后,将各财务比率得分加总得到企业财务状况的综合得分。

如果综合得分接近100分,说明企业财务状况良好,符合或高于行业平均水平。如果综合得分远低于100分,说明企业财务状况存在问题,财务能力较差。如果综合得分远远高于100分,说明企业财务状况很理想。

【例8-8】 沿用[例8-1]至[例8-3]烟台兴茂机械制造有限公司的各项财务比率计算结果数据资料。评分值、标准值数据如表8-8所示。

要求:采用沃尔评分法对烟台兴茂机械制造有限公司2021年的财务状况进行综合评价。

表8-8　　　　　　烟台兴茂机械制造有限公司2021年沃尔评分表

财务比率	评分值 (1)	上/下限	标准值 (3)	实际值 (4)	关系比率 (5)=(4)/(3)	实际得分 (6)=(1)×(5)
流动比率	10	20/5	2.00			
速动比率	10	20/5	1.20			
资产负债率	12	20/5	60%			
存货周转率	10	20/5	6.50			
应收账款周转率	8	20/4	13.00			
总资产周转率	10	20/5	2.10			
总资产净利率	15	30/7	15.00%			
股东权益报酬率	15	30/7	15.00%			
营业利润率	10	20/5	12.00%			
合　计	100	—	—			

【操作步骤】

第一步,建立"沃尔综合评分模型"工作表,将表8-8中的资料复制到工作表中,如图8-23所示。

第二步,根据[例8-1]至[例8-3]烟台兴茂机械制造有限公司的各项财务比率计算结果,采用数据链接方式,将相关数据输入"实际值"列。在单元格E3中输入公式"='8-1偿债能力分析'!B4",在单元格E4输入公式"='8-1偿债能力分析'!B5",在单元格E5输入公式"='8-1偿债能力分析'!B8",在单元格E6输入公式"='8-2营运能力分析'!B4",在单元格E7输入公式"='8-2营运能力分析'!B3",在单元格E8输入公式"='8-2营运能力分析'!B7",在单元格E9输入公式"='8-3盈利能力分析'!B7",在单元格E10输入公式"='8-3盈利能力分析'!B8",在单元格E11输入公式"='8-3盈利能力分

Excel 在财务分析中的应用 第八章

	A	B	C	D	E	F	G
1	烟台兴茂机械制造有限公司2021沃尔综合评分模型						
2	财务比率	评分值	上/下限	标准值	实际值	关系比率	实际得分
3	流动比率	10.00	20/5	2.00			
4	速动比率	10.00	20/5	1.20			
5	资产负债率	12.00	20/5	60.00%			
6	存货周转率(次)	10.00	20/5	6.50			
7	应收账款周转率(次)	8.00	20/4	13.00			
8	总资产周转率(次)	10.00	20/5	2.10			
9	总资产净利率	15.00	30/7	15.00%			
10	股东权益报酬率	15.00	30/7	15.00%			
11	营业利润率	10.00	20/5	12.00%			
12	合计	100.00	—	—	—	—	—

图 8-23 沃尔综合评分模型

析'!B3",得到各项财务比率实际值,如图 8-24 所示。

E3 f_x ='8-1偿债能力分析'!B4

	A	B	C	D	E	F	G
1	烟台兴茂机械制造有限公司2021沃尔综合评分模型						
2	财务比率	评分值	上/下限	标准值	实际值	关系比率	实际得分
3	流动比率	10.00	20/5	2.00	2.33		
4	速动比率	10.00	20/5	1.20	1.65		
5	资产负债率	12.00	20/5	60.00%	53.00%		
6	存货周转率(次)	10.00	20/5	6.50	11.88		
7	应收账款周转率(次)	8.00	20/4	13.00	9.74		
8	总资产周转率(次)	10.00	20/5	2.10	1.63		
9	总资产净利率	15.00	30/7	15.00%	7.39%		
10	股东权益报酬率	15.00	30/7	15.00%	14.95%		
11	营业利润率	10.00	20/5	12.00%	7.00%		
12	合计	100.00	—	—	—	—	—

图 8-24 计算沃尔综合评分实际值

第三步,计算各指标的"关系比率"。在单元格 F3 中输入公式"=E3/D3",回车得到流动比率指标的关系比率为 1.17,选中单元格 F3,将光标移至单元格右下角出现"+"光标,点击鼠标左键,将鼠标拖至单元格 F11,即得到全部的关系比率,如图 8-25 所示。

F3 f_x =E3/D3

	A	B	C	D	E	F	G
1	烟台兴茂机械制造有限公司2021沃尔综合评分模型						
2	财务比率	评分值	上/下限	标准值	实际值	关系比率	实际得分
3	流动比率	10.00	20/5	2.00	2.33	1.17	
4	速动比率	10.00	20/5	1.20	1.65	1.38	
5	资产负债率	12.00	20/5	60.00%	53.00%	0.88	
6	存货周转率(次)	10.00	20/5	6.50	11.88	1.83	
7	应收账款周转率(次)	8.00	20/4	13.00	9.74	0.75	
8	总资产周转率(次)	10.00	20/5	2.10	1.63	0.78	
9	总资产净利率	15.00	30/7	15.00%	7.39%	0.49	
10	股东权益报酬率	15.00	30/7	15.00%	14.95%	1.00	
11	营业利润率	10.00	20/5	12.00%	7.00%	0.58	
12	合计	100.00					

图 8-25 计算沃尔综合评分关系比率

第四步,计算实际得分。在单元格 G3 中输入公司"＝B3＊F3",得到流动比率指标的实际得分为 11.67,选中单元格 G3,将光标移至单元格右下角出现"＋"光标,点击鼠标左键,将鼠标拖至单元格 G11,即得到全部的实际得分,在单元格 G12 中输入公式"＝SUM(G3:G11)",得到烟台兴茂机械制造有限公司的总得分为 96.25,接近 100 分,说明公司财务状况良好,如图 8-26 所示。

	A	B	C	D	E	F	G
1	烟台兴茂机械制造有限公司2021沃尔综合评分模型						
2	财务比率	评分值	上/下限	标准值	实际值	关系比率	实际得分
3	流动比率	10.00	20/5	2.00	2.33	1.17	11.67
4	速动比率	10.00	20/5	1.20	1.65	1.38	13.78
5	资产负债率	12.00	20/5	60.00%	53.00%	0.88	10.60
6	存货周转率（次）	10.00	20/5	6.50	11.88	1.83	18.28
7	应收账款周转率（次）	8.00	20/4	13.00	9.74	0.75	5.99
8	总资产周转率（次）	10.00	20/5	2.10	1.63	0.78	7.76
9	总资产净利率	15.00	30/7	15.00%	7.39%	0.49	7.39
10	股东权益报酬率	15.00	30/7	15.00%	14.95%	1.00	14.95
11	营业利润率	10.00	20/5	12.00%	7.00%	0.58	5.83
12	合计	100.00	—	—	—	—	96.25

图 8-26 计算沃尔综合评分实际得分

本章练习

一、单项选择题

1. 下列各项财务比率中,反映企业短期偿债能力的是（　　）。
   A. 现金比率　　　　　　　　　　B. 资产负债率
   C. 权益乘数　　　　　　　　　　D. 利息保障倍数

2. 下列各项财务比率中,反映企业盈利能力的是（　　）。
   A. 存货周转率　　　　　　　　　B. 成本费用利润率
   C. 速动比率　　　　　　　　　　D. 净利润增长率

3. 运用资产负债表可以计算的比率是（　　）。
   A. 应收账款周转率　　　　　　　B. 总资产报酬率
   C. 存货周转率　　　　　　　　　D. 现金比率

4. （　　）指标不是评价企业长期偿债能力的指标。
   A. 流动比率　　　　　　　　　　B. 资产负债率
   C. 权益乘数　　　　　　　　　　D. 利息保障倍数

5. （　　）是企业财务结构稳健与否的重要标志。
   A. 资产负债率　　　　　　　　　B. 产权比率
   C. 现金比率　　　　　　　　　　D. 流动比率

6. 企业的应收账款周转率高,说明（　　）。
   A. 企业的信用政策比较宽松　　　B. 企业的盈利能力比较强
   C. 企业的应收账款周转速度较快　D. 企业的坏账损失较多

7. 国际公认标准为1的指标是（　　）。
   A. 速动比率　　　　　　　　　　B. 存货周转率
   C. 资产负债率　　　　　　　　　D. 流动比率

8. 下列分析法中,属于财务综合分析方法的是（　　）。
   A. 因素分析法　　　　　　　　　B. 比率分析法
   C. 趋势分析法　　　　　　　　　D. 沃尔评分法

9. （　　）指标是一个综合性最强的财务比率,也是杜邦财务分析体系的核心。
   A. 销售利润率　　　　　　　　　B. 资产周转率
   C. 权益乘数　　　　　　　　　　D. 股东权益报酬率

10. 在杜邦财务分析体系中,权益乘数（　　）。
    A. 只表示企业负债程度,与计算股东权益报酬率无关
    B. 不表示企业负债程度,与计算股东权益报酬率无关
    C. 既表示企业负债程度,又与计算股东权益报酬率有关
    D. 不表示企业负债程度,与计算股东权益报酬率有关

二、多项选择题

1. 财务分析的基本方法主要有（　　）。
   A. 纵向分析　　　　　　　　　　B. 因素分析
   C. 财务比率分析　　　　　　　　D. 综合分析

2. 下列各项中，反映流动资产周转情况的指标有（　　）。
   A. 应收账款周转率　　　　　　　B. 应收账款周转天数
   C. 存货周转天数　　　　　　　　D. 流动资产周转率

3. 财务综合分析的方法主要有（　　）。
   A. 杜邦分析法　　　　　　　　　B. 沃尔评分法
   C. 因素分析法　　　　　　　　　D. 趋势分析法

4. 影响股东权益报酬率的因素有（　　）。
   A. 销售净利率　　　　　　　　　B. 权益乘数
   C. 总资产周转率　　　　　　　　D. 资产负债率

5. 杜邦分析系统可以反映的财务比率关系有（　　）。
   A. 股东权益报酬率与总资产净利率及权益乘数之间的关系
   B. 总资产净利率与销售净利率及总资产周转率之间的关系
   C. 销售净利率与净利润及营业收入之间的关系
   D. 总资产周转率与营业收入及资产总额之间的关系

三、判断题

1. 现金比率越大越好。　　　　　　　　　　　　　　　　　　　　　　（　）
2. 短期偿债能力的分析与评价主要根据财务报表，尤其是利润表。　　　（　）
3. 对企业的财务状况进行趋势分析时，根据基期选择不同可以分为定基分析和环比分析。　　　　　　　　　　　　　　　　　　　　　　　　　　　　　（　）
4. 总资产周转率是反映企业总资产的周转速度和利用效率的一个重要的财务比率。　　　　　　　　　　　　　　　　　　　　　　　　　　　　　　（　）
5. 企业发展能力分析是指企业实现盈利、保持盈利的持续程度及价值增长的可能性。　　　　　　　　　　　　　　　　　　　　　　　　　　　　　（　）
6. 盈利能力分析主要分析企业各项资产的利用效率。　　　　　　　　（　）
7. 存货周转率是销售收入与存货平均余额之比。　　　　　　　　　　（　）
8. 在杜邦分析体系中计算权益乘数时，是用期末负债总额与期末资产总额来计算的。　　　　　　　　　　　　　　　　　　　　　　　　　　　　　（　）
9. 比率分析法是指利用财务报表中性质相同的指标进行对比分析。　　（　）
10. 沃尔评分法下，需要根据各财务比率的重要程度，确定财务指标的标准评分值，各项财务比率的标准评分值之和应等于100分。　　　　　　　　　　（　）

四、思考题

1. 财务分析的方法有哪些？
2. 常见的财务比率有哪些？
3. 如何进行企业间财务状况的比较分析？

4. 沃尔评分法的基本原理和应用程序是什么？

五、业务操作题

1. 烟台三立有限公司 2021 年的资产负债表（简表）和利润表（简表），如图 8-27 和图 8-28 所示。

	A	B	C	D	E	F
1			资产负债表（简表）			
2	编制单位：烟台三立有限公司		2021年12月31日			单位：万元
3	资产	年初余额	期末余额	负债及所有者权益	年初余额	期末余额
4	流动资产：			流动负债：		
5	货币资金	110.00	116.00	短期借款	180.00	200.00
6	交易性金融资产	80.00	100.00	应付票据	42.00	34.00
7	应收票据	50.00	70.00	应付账款	140.00	251.00
8	应收账款	300.00	402.00	应付职工薪酬	60.00	65.00
9	存货	304.00	332.00	应交税费	48.00	60.00
10	流动资产合计	844.00	1,020.00	流动负债合计	470.00	610.00
11	非流动资产：			非流动负债：		
12	长期股权投资	82.00	180.00	长期借款	280.00	440.00
13	固定资产	470.00	640.00	应付债券	140.00	260.00
14	无形资产	18.00	20.00	长期应付款	44.00	50.00
15	非流动资产合计	570.00	840.00	非流动负债合计	464.00	750.00
16				负债合计	934.00	1,360.00
17				所有者权益：		
18				实收资本	300.00	300.00
19				资本公积	50.00	70.00
20				盈余公积	84.00	92.00
21				未分配利润	46.00	38.00
22				所有者权益合计	480.00	500.00
23	资产总计	1,414.00	1,860.00	负债及所有者权益总计	1,414.00	1,860.00

图 8-27 烟台三立有限公司 2021 年资产负债表（简表）

	A	B
1		利润表（简表）
2	编制单位：烟台三立有限公司 2021年度	单位：万元
3	项　　目	本年累计金额
4	一、营业收入	5,800.00
5	减：营业成本	3,480.00
6	税金及附加	454.00
7	销售费用	486.00
8	管理费用	568.00
9	财务费用	82.00
10	加：投资收益	54.00
11	二、营业利润	784.00
12	加：营业外收入	32.00
13	减：营业外支出	48.00
14	三、利润总额	768.00
15	减：所得税费用	192.00
16	四、净利润	576.00

图 8-28 烟台三立有限公司 2021 年利润表（简表）

要求：

（1）计算该公司的财务比率，如图 8-29 所示。

(2) 对烟台三立有限公司进行标准财务比率分析。

	A	B	C	D
1	烟台三立有限公司2021年标准财务比率分析			
2	项目	标准财务比率	本公司财务比率	差异
3	流动比率	2		
4	速动比率	1.2		
5	资产负债率	42.00%		
6	存货周转率(次)	8.5		
7	应收账款周转率（次）	16		
8	总资产周转率（次）	2.65		
9	总资产净利率	19.88%		
10	销售净利率	7.50%		
11	股东权益报酬率	34.21%		

图 8-29 烟台三立有限公司标准财务比率分析

2. 已知烟台伟业有限公司 2020 年和 2021 年的有关资料如图 8-30 和图 8-31 所示。
要求：运用杜邦分析法对该公司的股东权益报酬率及其增减变动原因进行分析。

	A	B	C
1	烟台伟业有限公司信息		单位：万元
2	项目	2020年	2021年
3	营业收入	280.00	350.00
4	全部成本	235.00	288.00
5	其中：营业成本	108.00	120.00
6	管理费用	87.00	98.00
7	财务费用	29.00	55.00
8	销售费用	11.00	15.00
9	营业利润	45.00	62.00
10	营业外收入	8.00	4.00
11	营业外支出	3.00	2.00
12	利润总额	50.00	64.00
13	所得税费用	15.00	21.00
14	净利润	35.00	43.00
15	资产总额	128.00	198.00
16	其中：固定资产	59.00	78.00
17	库存现金	21.00	39.00
18	应收账款	8.00	14.00
19	存货	40.00	67.00
20	负债总额	55.00	88.00

图 8-30 烟台伟业有限公司基本信息

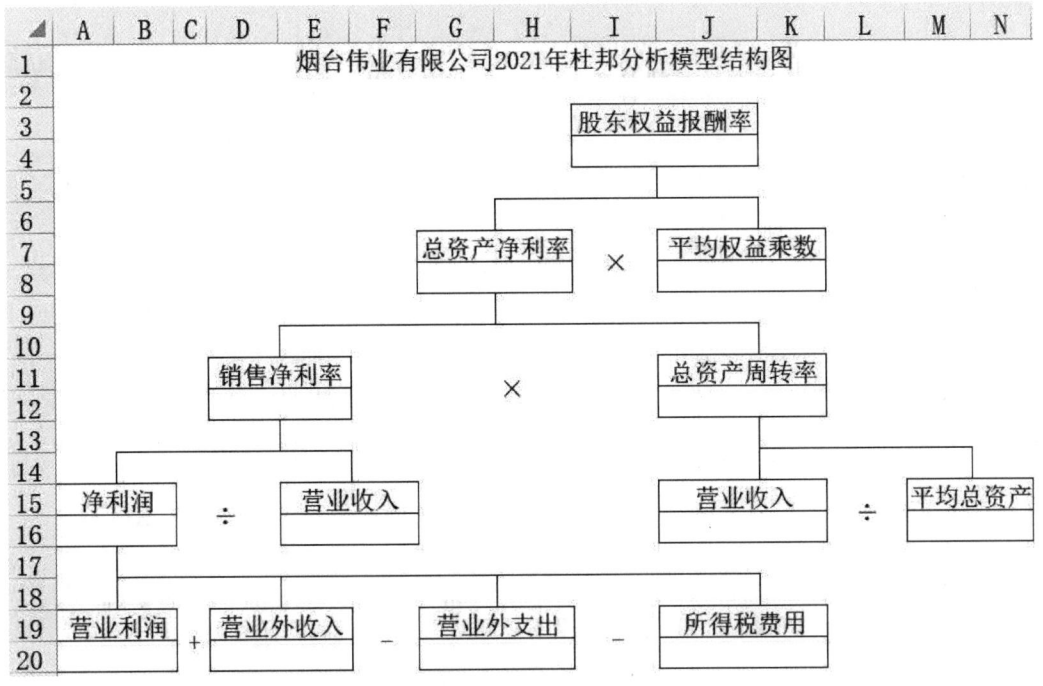

图 8-31 烟台伟业有限公司 2021 年杜邦分析模型结构图

3. 济南西城机械有限公司所处行业各指标的评分值、标准值以及公司实际值情况如图 8-32 所示。

要求：运用沃尔分析法对公司的实际状况进行评价。

	A	B	C	D	E	F
1		济南西城机械有限公司2021沃尔综合评分模型				
2	财务比率	评分值	标准值	实际值	关系比率	实际得分
3	流动比率	15.00	2.00	2.45		
4	速动比率	10.00	1.00	0.72		
5	资产负债率	10.00	60.00%	50.15%		
6	存货周转率（次）	10.00	15.00	11.88		
7	应收账款周转率（次）	5.00	12.00	10.00		
8	总资产周转率（次）	15.00	1.88	1.63		
9	销售净利率	15.00	12.00%	12.17%		
10	股东权益报酬率	20.00	10.00%	17.05%		
11	合计	100.00	—	—		

图 8-32 济南西城机械有限公司 2021 年沃尔综合评分模型